本书得到

西安美术学院重点学科建设优秀博士论文出版基金项目

教育部青年基金项目（09YJCZH098）

资助

建筑明器美学初探

JIANZHU MINGQI MEIXUE CHUTAN

● 周俊玲 著

中国社会科学出版社

图书在版编目(CIP)数据

建筑明器美学初探／周俊玲著 . —北京：中国社会科学
出版社，2012.10
ISBN 978 - 7 - 5161 - 1352 - 3

Ⅰ.①建… Ⅱ.①周… Ⅲ.①古建筑—明器—建筑美学—
研究—中国 Ⅳ.①K878.94

中国版本图书馆 CIP 数据核字(2012)第 206203 号

出 版 人	赵剑英	
责任编辑	罗 莉	
责任校对	孙洪波	
责任印制	李 建	

出 版	中国社会科学出版社	
社 址	北京鼓楼西大街甲 158 号 (邮编 100720)	
网 址	http://www.csspw.cn	
	中文域名:中国社科网 010 - 64070619	
发 行 部	010 - 84083685	
门 市 部	010 - 84029450	
经 销	新华书店及其他书店	

印 刷	北京君升印刷有限公司	
装 订	廊坊市广阳区广增装订厂	
版 次	2012 年 10 月第 1 版	
印 次	2012 年 10 月第 1 次印刷	

开 本	710 × 1000 1/16	
印 张	16.25	
插 页	6	
字 数	269 千字	
定 价	55.00 元	

凡购买中国社会科学出版社图书,如有质量问题请与本社联系调换
电话:010 - 64009791

图版 1　灰陶院落（东汉）
陕西勉县老道寺 1 号墓出土

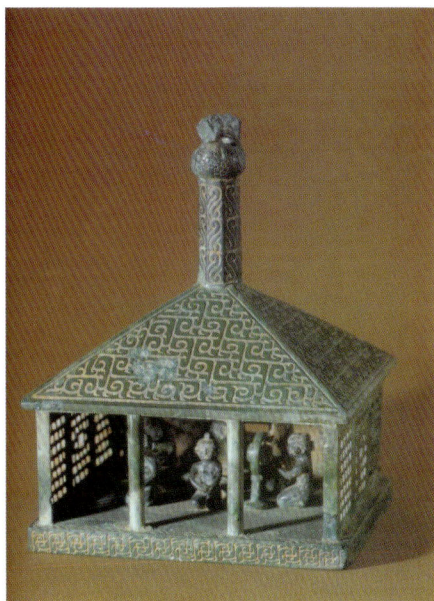

图版 2　铜屋模型（战国）
浙江绍兴市坡塘出土

图版 3　青铜虎形灶（春秋）
山西太原金胜村赵卿墓出土

假山模型

图版 4　三彩院落（唐）
西安西郊中堡村出土

图版 5　琉璃水榭（宋）
江苏溧阳出土

图版 6　灰陶院落（明）
河南郏县出土

图版 7　绿釉陶望楼（东汉）
西安市雁塔区三爻村出土

图版 8　绿釉陶百戏楼（东汉）
河南项城县老城邮电所院出土

图版 9　陶院落（东汉）
湖北云梦出土

图版 10　绿釉堡楼（东汉）
甘肃武威雷台出土

图版 11　厕所猪圈（东汉）
河南南阳建东小区 46 号墓出土

河南灵宝店头村出土

图版 12　彩绘陶仓楼（东汉）

河南焦作市李河村出土　　　　　　　　　河南焦作市白庄 6 号墓出土

图版 13　彩绘陶仓楼（东汉）　　　　图版 14　三彩仓房（唐）

河南焦作市马作村出土　　　　　　　　陕西汉中出土

图版 15　陶井 (汉)
西安博物院藏灰陶、绿釉陶井

图版 16　绿釉红陶井 (东汉)
　　陕西勉县长林镇杨寨村
2 号墓出土

图版 17　灰陶仓楼（东汉）
河南密县后士郭 2 号墓出土

图版 18　红陶楼（东汉）
宜宾市山谷祠 2 号汉墓出土

图版 19　绿釉陶望楼（东汉）
河南内乡县山口镇采集

图版 20　黄褐釉陶楼（三国）
湖北襄樊樊城菜越三国墓 M1 出土

图版 21　黄绿釉望楼（东汉）
河南南乐县宋耿洛村 1 号汉墓出土

图版 22　绿釉望楼（东汉）
山东高唐固河出土

图版 23　赭釉陶囷（汉）
陕西富县出土

图版 24　金灶（汉）
汉长安城遗址出土

图版 25　陶囷（汉）
陕西甘泉出土

目　录

序

　　周俊玲博士拿来她厚厚的书稿，让我作个序。她的本科、硕士、博士都是我带的，屈指 20 年了（其间她还在西安市的文物部门工作过），真是看着她长大的，所以写这个序不可推辞。我以为当个"导师"，最重要的，莫过于早点让学生超过自己，超过得越早、越多，教育也就越成功。俊玲在古代建筑、古代明器的研究上，作了艰苦的努力，这本书的雏形——她的博士论文，获得了省级优秀论文的高度评价，她的成绩超过了"导师"，我深深地感到欣慰。

　　明器即冥器，"送死之器"、"冥中所用之器"也，是中国葬俗所用的建筑模型、各种仿实用器，还包括俑类（人形、动物形、神怪形），其应用时间之长，投放品类之多，反映问题之丰富，世无其匹。有关中国古代明器，除了经史子集中有零星记载，还在《礼记》、《荀子》、《古冢橐盂记》等文献中有一些讨论。清末民国时期，罗福（Laufer）、滨田耕作、罗振玉、郑德坤与沈维钧、郑振铎等出版过一些图录。1949 年以来，随着考古学的发展，刊出了大量的见有明器的田野发掘报告、简报；出版了《广州出土汉代陶屋》、《河南出土汉代建筑明器》、《古明器鉴赏图录》；近年来，周学鹰、巫鸿、梁云、张颖岚等对明器作过一些论述文章。但是，古代建筑明器通论、概论性的文论很少见到，对于明器从建筑美学角度上更是缺乏总体性的讨论。周俊玲这部初探性的文稿，是近年来有关中国古代建筑明器最重要的研究著作，也是中国古代建筑艺术重要的研究著作之一，因此，我乐于向读者推荐。

　　先说这本书的材料与方法。距今 8000 年左右的河南舞阳贾湖遗址见到最早的随葬明器；新石器时代中晚期，仰韶文化、大汶口文化、马家浜——崧泽文化、大溪文化、屈家岭文化，在墓葬的随葬品中已见成套的明器，有的为小陶泥质房屋，这便是建筑明器的最早例证。建筑明器之制，一直发展到今天。俊玲的这本书里，以时代为经，以地域分布和民族文化影响为纬，纵横有序、网络化地展示了中国古代明器的大略面目，熟练地应用了诸如区系理论、地层学、标形学方法，这得益于她 20 年考古学科班功力。因为事关建筑明器之美的探讨，所以书中应用了古代建筑学理论、实用美学理论；由于取材幅员之广阔，书中应用了历史地理学和民族学、民俗学理论；这得益于她近年所从事的艺术考古研究与实践。本书的材料选取是比较全面的，方法也是科学得当的。

再说这本书的观点与建树。中国古建在世界建筑史上占有独特的重要地位；中国古建以适应不同地域，注重环境与选材的"天人合一"，服务于不同阶层，具有复杂社会功用，实用与艺术紧密结合，形成了具有中国元素和中国气派的建筑形式，以及中国式的建筑美学思想。由于自然的原因、人为的原因，中国地面古建绝大部分遭受破坏，现在所能看到的大多是明清以来的遗物，间或有少量隋唐、宋元的寺庙、佛塔等单体建筑。埋藏于地下建筑明器，相对保存完整，建筑明器是地面建筑的影子，是时代建筑美品的模拟，以明器来构筑一部中国建筑史略，的确是一个灼见。俊玲指出"建筑明器具有一定的想象成分，是在摹写基础上的夸张和抽象"，"建筑明器是用于随葬的物品，丧葬制度对其影响很大。因此，建筑明器研究必须在真实建筑和丧葬文化两个维度中进行"，建筑明器不仅是现实生活遮风避雨外壳的摹写，更是对黄泉生活的设想，是一种含有特殊意义的象征符号；建筑明器除了带给人们功能性的现实满足外，还有象征性的精神需求，二者的结合构成了建筑明器特有的艺术性；这些对于明器的存在意义乃至对意识形态的影响，是一种明晰的认识。因此，周俊玲着重发掘建筑明器美的元素，是一种由直观判断而生的"愉悦之感"，她认为建筑明器是"器"、"道"、"美"的统一，主要包含比例、尺度、均衡、对称、色彩、质感等；通过美"因"、美"形"、美"感"、美"意"、美"境"五个方面，分功能之美、装饰之美、愉悦之美、意匠之美、意蕴之美论述建筑明器所蕴涵的美的元素。这些观点与建树，朴实而流丽，值得人们思索。

周俊玲在书中讨论了对建筑明器内含基因的继承问题，这不由得引起人们的深思。建筑是无声的诗，是立体的画，是穿透时空的乐章……建筑之美不仅仅是供当代人欣赏，更为重要的是遗传给后人。埃及、希腊、罗马的最重要文化遗产，无不是寄托于他们精致宏伟的建筑，而昭示于人类子孙；中国古代多土木建筑，保存下来颇为不易，幸有建筑明器，差强人意模型般地留下了独具魅力的中国建筑实物史略。各个民族的古代建筑，反映了他们独到的气质精神、审美情趣，中国古建明器承担着这一任务。建筑又是与环境和谐而共彰其美的，埃及的沙漠与丰饶的尼罗河绿洲，希腊罗马的蓝色地中海与绮丽的群岛、半岛，中国的长江、黄河与广袤的原野山川，都是这些古老文明伟大建筑的必然背景，同时也融作伟大建筑文化传统的组成部分。反观今日中国的城市改造与现代建筑，大多成为短视政绩的幌子，成为暴富情态的外露，在当今未必好看，对未来增加垃圾。所以，搞规划设计与搞建筑艺术的人，读一读这本书，是一定有好处的。

这是一本老实人写的老实书，几年寒窗，几年索寞，终于看到了一个果子。周俊玲将此书定位为初探，我想不仅是出于谦虚，也是一种学无止境的自我期望吧。如是，那么希望她在取材的宏博，理论的深入，与域外建筑的比较，以科学方法的灌注，以具体的明器为切入点，扩充眼界以关注整体文化艺术的历史，等等诸多方面，再努力攀登，在文化艺术史上，留下跋涉的新痕迹。

一遍读毕，以律为结：

烟灭灰飞几废墟，浮屠宫阙又民居。

明旌明器埋冢墓，美奂美轮载羊车。

说破遗衷应无憾，忍看新厦似有疵。

静听旧国荒鸡杳，且剖熬心一本书。

周晓陆

2012 年 6 月

绪　论

梁思成提出："历史上每个民族的文化都产生了它自己的建筑，并且随着文化而兴盛、衰亡。"[1] 从新石器时代垒巢凿穴开始，先民们就建筑了最早的"房屋"。中国古代建筑经历了秦汉、唐宋、明清三个辉煌时期，形成具有中国元素和中国气派的建筑形态，它以体量宏大的建筑成就、独具匠心的艺术风格、天人合一的美学原则在世界建筑史上占有十分重要的地位。但是中国古代宫殿、民居、园林、寺庙等建筑，几乎都是土木结构，随着时光流逝，由于风吹日晒、雨水侵蚀、雷电火灾等自然原因，以及战争兵燹、不当使用等人为原因，绝大部分遭受严重破坏，以至于现在所能看到的地面建筑大多是明清以来的遗物，间或有少量隋唐、宋元的寺庙、佛塔等单体建筑[2]。虽然地面上留存的古代建筑至今所剩无几，但是探寻中国古代建筑容貌，除这些地面建筑、文献资料、典籍记载外，还可以从墓室、石阙、壁画和建筑明器等遗物中窥见一斑。

一　明器和建筑明器

本书研究的主题是建筑明器，研究的主要时段为秦汉，研究的视阈为美学。为使本研究能在比较严格的意义上进行，首先需要对生器与明器、建筑与建筑明器、建筑明器与建筑模型等相关概念的涵义进行厘清，并作必要阐析。

---

[1]　梁思成：《凝动的音乐》，百花文艺出版社 2006 年版，第 240 页。
[2]　建于东汉顺帝年间的山东孝堂山石祠堂是中国现存最早的地面房屋建筑，建于唐建中三年（782）的山西五台山南禅寺正殿为已知现存最早的木构建筑实例。

（一）生器与明器

生器①是指人们日常生活中使用的器物。早期人们相信"灵魂不死"、"万物有灵"，相信祖先的神灵可以佑护自己，所以将死者生前喜爱的物品、使用的日常用具等随之埋入地下，供灵魂在冥间继续使用，由此产生了原始的随葬习俗。正如马克思在《摩尔根〈古代社会〉一书摘要》中所说："生前认为最宝贵的物品，都与已死的占有者一起殉葬到坟墓中去，以便他在幽冥中继续使用。"②旧石器时代的随葬品，主要是一些生活用具和佩戴用具，但是由于考古资料的局限，这一时期是否已经出现专门用于随葬的明器，尚难确定。但是，从这一时期开始，用生器随葬就一直伴随着整个丧葬发展史。

"明"通"冥"，明器又称冥器，即"送死之器"、"冥中所用之器"，是中国古代墓葬中随葬的各种模拟与生活、生产有关的物品，如：灶、盆、杯、家具、农具、手工用具、建筑模型等，还包括俑类③。《礼记·檀弓》记载："夫明器，鬼器也；祭器，人器也。"明器不同于祭祀之器，随葬目的是供墓主之灵在阴间生活所需，是"具其形"的代用品，因为亡灵不能用生者的器具，所以明器必须和生者的用器有别。孔子对此的解释是："之死而致死之，不仁而不可为也；之死而致生之，不知而不可为也。是故竹不成用，瓦不成味，木不成斲，琴瑟张而不平，竽笙备而不和，有钟磬而无簨簴，其曰明器，神明之也。"《盐铁论·散不足篇》也指出："古者，明器有形无实，示民不可用。"

从目前考古发现来看，距今八千年左右的舞阳贾湖遗址中出现的具有器形不规整、火候不匀、陶质差等因素的陶器应是中国最早的随葬明器。到了新石器时代中晚期，西安半坡遗址的随葬品已经出现了作为明器的成套陶器，随葬品中的小口尖底瓶普遍比遗址中实用器形小，79 号墓（M79）还用了一个陶钵的泥坯随葬。一小部分陶器的器形不见于居址，

---

① 巫鸿认为："生器"也就是"用器"，是同一个概念在两个不同阶段的发展，并对生器的概念和实践进行论述。（详见巫鸿《"生器"的概念和实践》，《文物》2010 年第 1 期，第 87—96 页。）

② 《马克思恩格斯全集》第 45 卷，人民出版社 1985 年版，第 380 页。

③ 费鸣：《古明器鉴赏图录》，国际文化出版公司 1985 年版，第 1 页。出版说明中指出：明器的种类很多，粗分起来有俑和器物两大类。俑是中国古代一种重要的明器，它是人或动物殉葬的代用品。

即或见于居址，数量也很少，陶质粗糙，也是明器。有学者研究认为，浙川下王岗仰韶文化二期遗存一次葬墓葬中所用随葬品多是实用器，而同期二次葬墓葬中的随葬品多为明器①，"人们把死者的随葬品由生前的实用器改为冥器，显然是对传统思想的一种挑战"②。所以明器不同于"生活用品"、"实用器"，它一般制作粗疏、特征明显，是随葬制度发展到一定阶段的产物。根据考古发掘资料，至少在新石器时代明器已经出现，但是这一时期丧葬物品以实用器为主，明器为辅。

关于明器的最早记载始于春秋战国时期。《左传》记载："诸侯之封也，皆受明器于王室，以镇扶其社稷"，但此处并不指丧葬器物，而是指周王分封诸侯时赏赐的宗庙重器③。《仪礼·既夕礼》中始以明器指示丧礼所陈器物，其有"陈明器于乘车之西"的记载。对于明器系统论述的是《荀子》和《礼记·檀弓》。《礼记·檀弓》曰："其曰明器，神明之也，涂车刍灵，自古有之，明器之道也。"当时，有地位的"士"，按规定可以自备青铜礼器随葬，但由于财力不足，就用明器表明身份，"示其富"，以避"羞瘠"之嫌。因为丧礼规定："大夫以上，兼用鬼器、人器也。"④ 考古发现证明，当时真正用明器随葬的统治阶级为下层士一级，连大夫一级也用得极少，至春秋时期才开始在中上层人物中使用，到战国时期稍有普及。

秦汉时期，明器使用开始从礼器向生活用具转变，随葬明器类型与当时的社会生活密切相关，人们将涉及生存的东西首先放进墓葬里，诸如储存粮食的仓、打水的井、做饭的灶，以及供人方便的厕所等，这些皆为家居生活的现实体现。唐代出现了三彩明器，皇家也开始用法律形式将明器的使用制度确立下来。北宋以后陶、木、瓷、金属制的明器逐渐衰落，人们更加注重墓室装饰和纸质明器使用，但是在一些官宦和乡绅墓葬中也出土了一些精美的明器。

明器虽属"有物而不可用"之列，却又是最贴近不同时期社会生活

---

① 张勇：《建筑明器起源及其相关问题讨论》，《河南出土汉代建筑明器》，大象出版社 2002 年版，第 273 页。

② 袁广阔：《试析姜寨出土的一幅彩陶图案——兼谈半坡类型鱼纹消失的原因》，《中原文物》1995 年第 2 期，第 38 页。

③ 巫鸿：《"明器"的理论和实践——战国时期礼仪美术中的观念化倾向》，《文物》2006 年第 6 期，第 72—81 页。

④ 郑玄注：《仪礼·既夕礼》。

的"形似"之物，对研究中国古代历史、社会、风俗、工艺美术、建筑等有极为重要的参考价值。《周易·系辞》中说"形而上者谓之道，形而下者谓之器"，人们对于器物的分类和阐释一般都在"器"的范畴里，但是"器以藏礼"，我们不能停留在"形而下"的层面，而应对器物的分类和象征意义进行深入的思考，以探索中国古代文化的"话语"系统。

（二）建筑与建筑明器

中国人有强烈的家园意识，认为家是生我、养我、居我、归我的地方，是身体的居所和灵魂的皈依，而家有阳宅和阴宅之分，虽然属于两个空间，但在观念上，二者同样重要。阳宅是地面建筑，包括狭义和广义两个概念。狭义的建筑以"房屋"和"建筑物"为中心，希腊哲学家亚里士多德称之为抵抗风雨的遮蔽物。广义的建筑不仅包含人与建筑物，而且包含人类居住的环境，由大到小，环境包含了都市、景观、建筑、室内与家具等观照层面。① 阴宅是黄泉下的建筑，包括墓室建筑和建筑明器，它与阳宅一样反映社会的等级划分、伦理观念及经济状况。中国人对先祖的崇拜和未来的希冀导致对阴宅如同阳宅一样，在环境、意境、装饰等方面十分讲究。本书所研究的地面建筑与建筑明器相对，是狭义的建筑物。

中国古代建筑以独特的结构体系、优美的艺术造型和绚丽的装饰彩绘，在世界建筑史上独树一帜，是世界文化艺术宝库的重要组成部分。旧石器时代，先民们普遍"穴居巢居"，还没有出现真正意义上建筑房屋，据《礼记·礼运》记载："昔者先王未有宫室，冬则居营窟，夏则居橧巢"，由此可知中国史前建筑，多为穴居和巢居（图1）。

新石器时代，中国古代建筑艺术开始萌芽，半坡遗址已经出现了方形或长方形木骨泥墙的地面建筑，而夏开始出现"上栋下宇"的宫室，它们最终成为中国古代建筑的主要形制（图2、图3）。《诗经·小雅·斯干》中描述的建筑形制为："秩秩斯干，幽幽南山。……似续妣祖，筑室百堵，西南其户。爰居爰处，爰笑爰语。如跂斯翼，如矢斯棘，如鸟斯革，如翚斯飞。"在《诗经·大雅·绵》中也有："其绳则直，缩版以载，作庙翼翼"的描写，可见当时木构建筑已颇具规模，并且具有审美功能。

---

① 刘育东：《建筑的涵意》，百花文艺出版社2006年版，第3—9页。

从"翼翼"来看，已有舒展如翼、四隅飞张的艺术效果。中国古代建筑历经漫长的原始社会和夏、商、周时期的不断发展，到了春秋战国时期，建筑的审美要求达到高峰，一股"美轮美奂"的热潮盛极一时地蔓延开来，建筑不只为遮风避雨，还追求赞叹的华美，日益成为新兴贵族的需要和兴趣所在。

秦汉时期，中国古代建筑已经形成了自己独特的风格和比较完备的体系。这股建筑热潮以秦始皇并吞六国扩建咸阳宫而达到最高点。据《史记·始皇本纪》记载，"秦每破诸侯，写放其宫室，作之咸阳北阪上"，形成的建筑群，宫室复道、周阁相连。两汉时期长达四百余年里，经济发展、社会繁荣，豪门富户广起庐舍，高楼连阁地建造了许多工艺精湛的

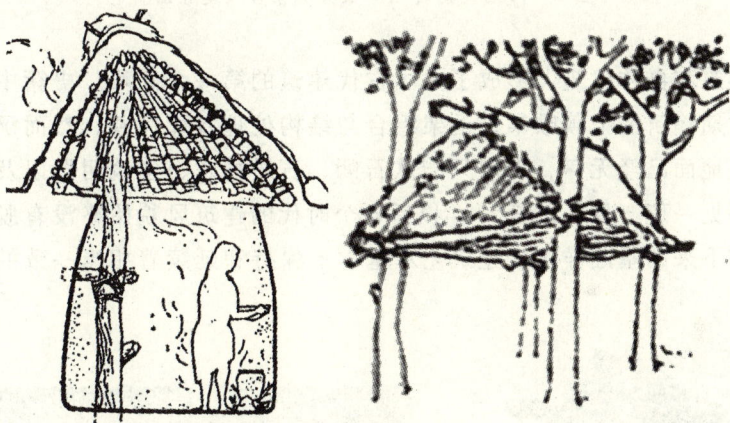

图1　穴居巢居

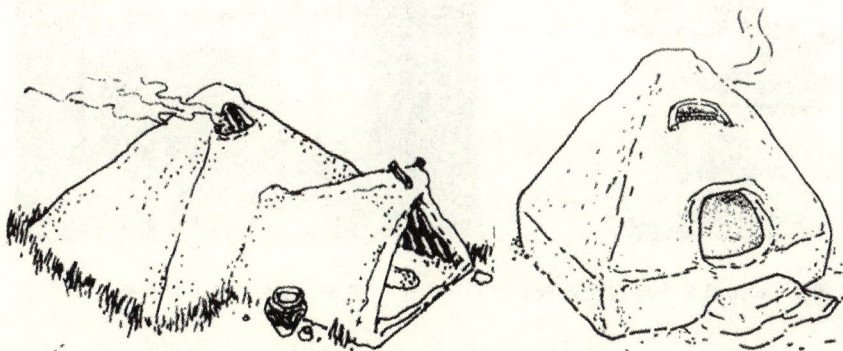

图2　西安半坡遗址房屋模型

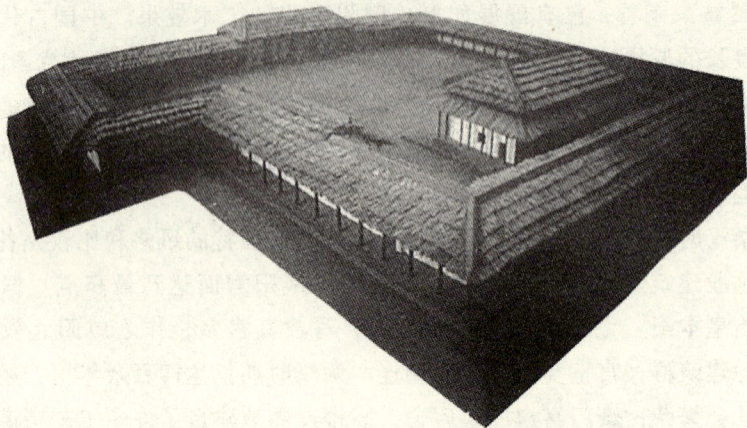

图3 河南夏商时期二里头1号宫殿复原图

单体建筑和群体建筑,形成了中国古代建筑的第一个高峰。史籍中关于
这一时期建筑的记载颇丰,框架组合与结构处理日臻完善,然而汉代木
构建筑地面已经无存,人们只能从石阙、石质祠堂、建筑明器以及画像
石中略见一斑(图4、图5)。以后各个时代的建筑风貌始终没有脱离秦
汉奠定下来的基础样态,建筑艺术基本上保持和延续着相当一致的美学
风格。

图4 四川雅安高颐阙(西阙)

图5 山东孝堂山石祠堂

唐代是中国历史上最辉煌的时代,经济繁荣、社会稳定、国力强大,
在此基础上,中国古代建筑达到了发展的第二个高峰。北宋后期编成的

《营造法式》，把已经成熟定型的建筑制度，以法规的形式固定下来。明代制定了严格的建筑制度，从布局、间数、屋顶形式、色彩等都有明确使用规定①，形成了中国古代建筑发展的第三个高峰。

日月交替、沧海变迁，由于风雨剥蚀、社会更替等原因，很多古建筑被摧毁或拆除，至今大多数已经不复存在，有关古代建筑的专门文献也是寥寥无几。目前，人们能见到的年代久远，较为完整、形象而且立体的古建筑资料，主要是陵墓和用于随葬的建筑明器。②

建筑明器一般指古代墓葬中随葬的各种各样几乎真实的"建筑模型"。它根据地面建筑设计构思，按比例缩小，用以表现建筑物或建筑群的面貌以及与环境的关系（图6）。20世纪50年代以来，随着不断的考古发掘，出土了大量的建筑明器，种类繁多，包括宅屋、仓房、院落、楼阁、台榭以及作坊、厕所、牲畜圈等。建筑明器是古人"事死如事生，事亡如事存"忠孝礼制支配下用来随葬的建筑模型，但它也是地面建筑的摹写，是各式建筑形象的替代物，在一定意义上反映了当时的建筑技术和艺术特征（图版1）。

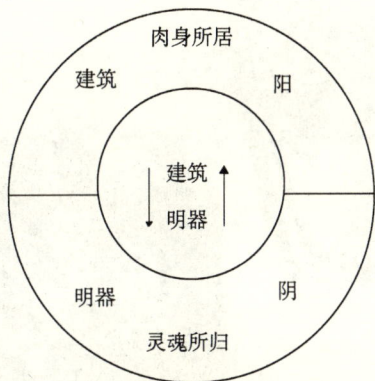

图6　建筑和明器的关系

说明：建筑是阳间的住宅，是身体的家；建筑明器是阴间的居室，是灵魂的住所，建筑明器既内涵了建筑的元素，又囊括了明器的因子。

---

① 傅熹年：《中国古代建筑十论》，复旦大学出版社2004年版，第6—16页。
② 张勇：《河南出土汉代建筑明器》，《中原文物》1999年第2期，第75—81页。

与中国的情况一样，在国外，人类早期的建筑式样也多是以模型的形式出现在人们的视野中。威廉·奈德指出："事实上，只要洞穴一旦换上茅屋或像北美印第安人那样的小屋，建筑作为一种艺术也就开始了。"[①]根据现存的资料与考古发现，类似印第安人那样的"小屋"在世界各地均有发现。如在黑海沿岸、墨西哥等地发现用于祭祀的神庙模型，有的内部有女神像[②]（图7）。古埃及也出现了两种类型住宅模型，一种以木材为墙基，上面造木构架，以芦苇编成墙垣，外表面抹泥，屋顶围成拱形，用芦苇、紫草疏密排成，比较轻快，多细节，有装饰。另一种以卵石砌墙基，用土坯墙密排圆木成屋顶，上面再铺一层土，外形像一座长方形的土台，单纯而厚重（图8）。古希腊也出现了用以祭祀的类似中国古代建筑明器的陶土神庙模型，这种将模型当作仪式性使用的做法，一直延续到中世纪甚至文艺复兴初期，如：乌尔温教堂的仪式性模型（图9）。这个模型由建筑师背负，乌尔温市市长及夫人在两旁抬着奉献给上帝。这个模型和埃及、希腊、黑海沿岸的模型一样并不是在建筑前作为建筑意念的表现方式，而是建筑后的宗教性纪念物。[③]

图 7　黑海沿岸神庙模型

① 威廉·奈德：《美的哲学》，转引自汪正章《建筑美学》，东方出版社 1991 年版，第 6 页。
② 弗拉基米尔·谢苗洛夫：《史前艺术》，彼得堡精典知识出版社 2008 年版，第 241—242 页。
③ 陈志华：《外国古建筑二十讲》，三联书店 2002 年版，第 250 页。

图 8　古埃及房屋模型

图 9　乌尔温教堂模型

（三）建筑明器与建筑模型

中国从公元 6 世纪开始，重大的建筑工程已经普遍采用模型设计方案，审定后依照模型放大施工，[①] 留传至今的建筑"烫样"可以反映这种

[①]　赵广超：《不只中国木建筑》，三联书店 2006 年版，第 38 页。

模型（图10）。而西方在文艺复兴时期已经将模型直接用于设计思考，出现了精确、细部的建筑模型。^① 这些建筑模型不同于建筑明器，首先它是在建筑前作为建筑意念的表现，而建筑明器是对当时一些特色建筑的复制；其次建筑模型是现实建筑的摹写，而建筑明器不仅是摹写，也包含明器的一些特质；再次建筑模型是建筑设计的模板，所以制作比较细致、精确，而建筑明器是作为祭祀和随葬用品，制作比较粗糙。同时，由于受使用材料、制作水平、使用工具、经济能力以及思想观念，包括艺术思想等方面的限制，建筑明器本身也只是对实际建筑物较为逼真的模仿，并带有一定程度的抽象，其实际的模拟程度也是各不相同的。建筑明器既是地面建筑的地下模拟，又不是完全的真实描绘。其一，建筑明器具有一定的想象成分，是在摹写基础上的夸张和抽象；其二，建筑明器是用于随葬的物品，丧葬制度对其影响很大。因此，建筑明器研究必须在真实建筑和丧葬文化两个维度中进行。

图 10　"样式雷"烫样

① 刘育东：《建筑的涵意》，百花文艺出版社 2006 年版，第 170—187 页。

二　建筑明器之美学探讨

建筑明器是契合建筑、雕塑、绘画、陶艺为一体的丧葬用器，是生活中的美品。基于此，本书在对全国出土建筑明器进行系统梳理的基础上，探究建筑明器的构造技术、文化意蕴和美的元素，以构建建筑明器美学研究的框架体系。

第一，建筑明器属于广义美术研究的范畴，对于建筑明器的研究可以部分地还原中国古代建筑的技术、艺术元素。郭沫若说："中国旧时的所谓'乐'，它的内容包含的很广。音乐、诗歌、舞蹈本是三位一体可不用说，绘画、雕镂、建筑等造型美术也包含着，甚至于仪仗、田猎、肴馔等都可以涵盖。"[①] 建筑明器是包含建筑、绘画、雕镂、陶艺、丧俗等因素的综合造型艺术，所以也属于"乐"的范畴，属于大美术的研究内容。在人类文明发展历程中，建筑是不容忽视的光彩诗篇，其发展首先表现为建筑技术的进步；其次表现为建筑装饰的美化。建筑技术在超越既往的基础上，又通过局部装饰，使建筑由最初的遮风、避雨、防兽、御敌发展为尊天、礼神、求仙、宣威，使建筑从居室上升为宗教、财富、权力、业绩等的象征。本书通过对历史上不同发展阶段建筑明器的分析和研究，了解建筑明器所反映的地面建筑技术特征和艺术元素，以便更好地继承和发展中国古代建筑的优秀品质。

第二，建筑明器属于礼制文化的范畴，通过对建筑明器的研究可以了解中国古代建筑所包含的建筑文化和社会制度。"建筑不仅是一种工程技术对象，也不仅是一种艺术对象，而更是一种社会、文化对象"[②]，反映一定的"建筑意"。建筑明器不仅是明器，而且是地面建筑的缩写，是现实建筑在虚幻世界的模拟，它不但反映当时人们的居住状况和居住环境，而且是其他建筑，如宫殿、寺庙、作坊等发展和演变的源泉和基础。因此研究建筑明器不仅可以还原当时的建筑状况，而且还可以进一步了解其所具有的建筑文化特点。

---

① 郭沫若：《青铜时代·公孙尼子与其音乐理论》，群艺出版社民国三十六年版，第163页。

② 沈福煦：《建筑概论》，同济大学出版社1994年版，第69页。

第三，建筑明器是立体的建筑，对于建筑明器的研究可以丰富中国古代建筑的研究视野。首先，建筑明器属于随葬物品，相对于文献中记载的建筑资料，它是实体的、具象的，可以弥补文献记载不足。其次，建筑明器是实物的建筑模型，相对于画像砖、壁画中的建筑，它是立体的、形象的模拟真实生活场景，是中国古代建筑的实物展现。再次，建筑明器是现实生活中的美品，高于当时一般建筑，包含着匠人对未来生活的想象；反映了墓主人居住的建筑等级或者更高一个级别的建制；反映了墓主人对现实或来世生活的期盼；反映了从明器建筑到地面建筑，从地面建筑到人居环境的选择。

本书将建筑明器置于中国历史发展和丧葬文化的背景之中展开研究，不仅可以获取当时社会政治、经济、民俗等发展变化的情况，而且可以获得当时建筑的实物形体，这也是本研究的初衷所在。

三　国内外相关研究

目前，建筑史学界对于中国古代建筑技术和建筑美学的研究，已经取得了丰硕成果。中国古代建筑史研究起步较早，从 1929 年中国营造学社成立算起，至今已有八十多年时间，梁思成的《中国古代建筑史》、刘敦桢的《中国古代建筑史》是本领域研究的奠基之作。中国古代建筑技术和艺术的专著主要有：中国科学院自然科学史研究所主编的《中国古代建筑技术发展史》、中国艺术研究院主编的《中国建筑艺术史》、沈福煦和沈鸿明的《中国建筑装饰艺术文化源流》、王振复的《建筑美学笔记》……这些论著几乎涵盖了中国古代建筑研究的方方面面，梁思成对中国建筑宏观特点、形式特征的阐释；刘敦桢对造园意匠、造园理论的阐释；傅熹年对中国建筑设计规律、设计方法的阐释；王世仁对中国建筑美学精神、审美价值的阐释；李允鉌对中国建筑设计意匠、设计原理的阐释，等等，都是里程碑式的。

中国古代建筑研究主要是总体观照，即整体的介绍古代的宫殿、寺庙、佛塔、民居等建筑的技术特色和文化蕴涵。他们所利用的资料绝大多数是历史上较为有名的建筑，历史文献记载较为清楚的建筑或者存世的建筑。中国古代建筑的木结构特性决定了绝大多数古代建筑现已荡然无存，通过文献记载、地面有限遗存或古代建筑基址的考古发掘报告，人们只能认识和还原中国古代建筑的部分原貌。而且中国古代建筑研究主要以"史"为主，对于建筑论的研究还处于较零散的状态，许多重要的理论课题尚未展开，系统的、整体性的研究还比较薄弱，所以深化中国古代建筑研究依然是学人的自觉。

有关明器的论述，中国古代仅在《礼记》、《荀子》，（宋）岳珂《古冢槃盂记》等文献中有零星记载。晚清时期，由于铁路工程的兴起，经常挖掘到文物古迹，其中在洛阳附近发现古迹数量最多，这些"古明器流出国外者日众"。"外国之研究著论，1909 年罗福有《汉陶》出版（*Laufer*：*Chinese Pottery of the Han Dynasty*），1924 年滨田耕作氏著《支那古明器泥象图说》，1928 年衡子又著《中国明器》（*Hentze*：*Chinese Tomb Figure*），其他研究论文及图像的刊印，在考古的杂志图谱中往往有之。"①1916 年，罗振玉出版了《古明器图录》（上海广仓学会出版），这是中国学者对明器进行系统研究的开端。1931 年，郑德坤、沈维钧随容庚、顾颉刚两位教授到洛阳考察古墓，收集购买汉代、六朝、唐代明器数十种，后出版《中国明器》（1933）。费鸣教授在系统搜集整理罗振玉、滨田耕作研究资料的基础上，出版了《古明器鉴赏图录》②。在中国古代社会文化研究的许多方面，如雕塑、绘画、建筑、陶艺等都会涉及明器，但是在明器研究中对于陶俑的研究较多，而对于建筑明器的研究则比较少。1958 年，广州市文物管理委员会编辑出版了《广州出土汉代陶屋》③，该书把广东出土的建筑明器分为房屋、仓、囷三类，并附井和灶，开创了分地域、分时期研究建筑明器的先河。但是受条件限制，该书皆为黑白图片，而且仅仅对房屋类建筑明器进行分类，没有展开论述。

20 世纪 90 年代以后，随着大量考古资料的发现，人们对建筑明器的认识进一步加深，建筑明器研究受到越来越多学者的重视。相关研究成果有：周学鹰的《谈"明器"式建筑》（2000）、《汉代"建筑明器"探源》（2003）、《汉代"建筑明器"的性质和分类》（2010），张勇的《河南出土的汉代建筑明器》（1999）、《人形柱陶楼的定名和年代问题探讨》（2001），以及张建锋的《两汉时期陶囷的类型学分析》（1995）、梁云的

① 郑德坤、沈维钧：《中国明器》，上海文艺出版社 1992 年影印版，第 10 页。
② 费鸣：《古明器鉴赏图录》，国际文化出版公司 1985 年版。
③ 广州市文物管理委员会：《广州出土汉代陶屋》，文物出版社 1958 年版。

《论秦汉时代的陶灶》（1999）、张颖岚的《秦墓出土陶囷模型及相关问题研究》（1999）、李桂阁的《试论汉代的仓囷明器与储粮技术》（2005）、曹云钢和张旖旎的《对汉代建筑明器中屋顶特征形式的初探》（2007）等文章。他们对明器及相关概念进行说明和阐释，对建筑明器的产生背景、类型及其相关问题进行论述，但是文章基本上用的是考古学方法，对于建筑明器所具有的美的元素没有论述。巫鸿的《"明器"的理论和实践》、《黄泉下的美术》等文章和著作从理论建构和美术视野上给予明器以"形上"探讨，但是由于研究畛域的不同，没有系统论及建筑明器。2002年，河南博物院编著出版了《河南出土汉代建筑明器》①。该书对河南出土的汉代建筑明器进行综合整理和分期分类，推出一批精美的建筑明器图片，其所用方法仍属考古学的，从建筑学和美学角度上考虑甚少。

时至今日，关于建筑明器的研究虽然积累了大量成果，但也存在一些问题：其一，对于建筑明器大多属于单体研究或者区域研究，单体研究的主要对象是陶楼、陶仓；分区研究主要有《广州出土汉代陶屋》、《河南出土汉代建筑明器》。目前还没有系统地、整体地对建筑明器进行专门研究的论著和图录，费鸣主编的《古明器鉴赏图录》仅以罗振玉和日本学者滨前耕作的藏品为主要资料，而且由于条件限制，全部为黑白图片，建筑明器数量很少。对建筑明器研究，应该在地域性基础上进行总体观照、系统把握，这样才有更大的意义，这也是本研究的缘由。其二，对于建筑明器的研究主要是考古学方法，而且在研究过程中往往把建筑明器作为墓葬制度的一个方面来进行论述。近年来，关注建筑明器研究的学者虽然越来越多，但是具体到建筑明器的装饰艺术及建筑艺术研究方面则内容较少，而且主要针对房屋类、楼阁类建筑，其他类型建筑明器涉及很少。

本书认为建筑明器因其包括建筑、雕刻、绘画等因子而属于"大美术"的研究范畴，并将建筑明器研究置于中国建筑史和中国艺术史的长河之中，企望发现其所蕴含的美的元素，增加对建筑明器研究的美的维度。

---

① 河南博物院：《河南出土汉代建筑明器》，大象出版社2002年版。

四　研究方法和研究框架

（一）方法

第一，文献搜集和实地调研相结合。"工欲善其事，必先利其器"，大量占有资料是开展科学研究的基础。本书以公开发表的考古期刊为资料库，尽可能详尽地收集、整理有关建筑明器的图文资料。本书还就有关中国古代建筑的相关文献进行阅读和研究，以了解中国古代建筑的基本形制。目前出土的建筑明器主要陈列于各个博物馆以及考古所中，还有一部分流落于民间收藏，为尽量收集第一手的资料，笔者对收集、展出、研究建筑明器的多个博物馆、考古所以及民间收藏家进行实地调研和拜访，尽可能搜集到第一手研究资料。

第二，历时性和共时性分析相结合。共时性是横向的分析，历时性是纵向的分析。本书首先采用历时性角度，以建筑明器发展最辉煌的秦汉时期为主要研究阶段，分先秦、秦汉、秦汉后三个时期，搜集、整理建筑明器资料，总结不同历史阶段建筑明器所具有的特色，并分析其发展流变和形制；其次本书采取共时性角度，将同时态下南北地区出土的建筑明器进行比较，在分析地域性的基础上，进一步概括建筑明器所反映的地面建筑特征和内含的美的因素，以汲取其建筑基因，并在现代建筑中予以继承和创新。

第三，系统分析和比较分析相结合。系统分析是整体分析，比较分析是就各个部分之间，以及系统与系统之间的关系进行分析。目前，发掘出土的建筑明器种类繁多，几乎涵盖了后世所能见到的所有建筑类型，本书既立足于建筑明器材料，又借鉴画像石（砖）、墓室建筑、壁画等具有建筑特征和建筑构件的其他考古资料；既立足于考古资料，又借鉴文献记载，把建筑明器看成是一个系统，并在系统分析和比较研究的基础上对建筑明器所表现的技术、艺术特征进行归纳整理。

第四，建筑学、考古学与美术学等多学科研究相结合。建筑明器是随葬明器，是黄泉下的建筑，所以必然属于考古学的研究对象；建筑明器是地面建筑的模拟，在一定意义上内含有建筑的所有元素，所以也属于中国建筑史的研究对象；建筑明器还是民族民间艺术的载体，是生活中的美品，所以也属于中国美术史的研究对象。基于此，本书把建筑明器置于中国建筑史及美术史图景之中，利用现有考古资料，通过多学科研究方法的综合运用，对建筑明器进行多视角研究。

（二）基本框架

按照"总分合"的研究思路，本书首先对出土建筑明器进行梳理和形制研究，然后讨论建筑明器所反映的建构之美和内涵的美的元素，形成一个严整的结构体系（图11）。

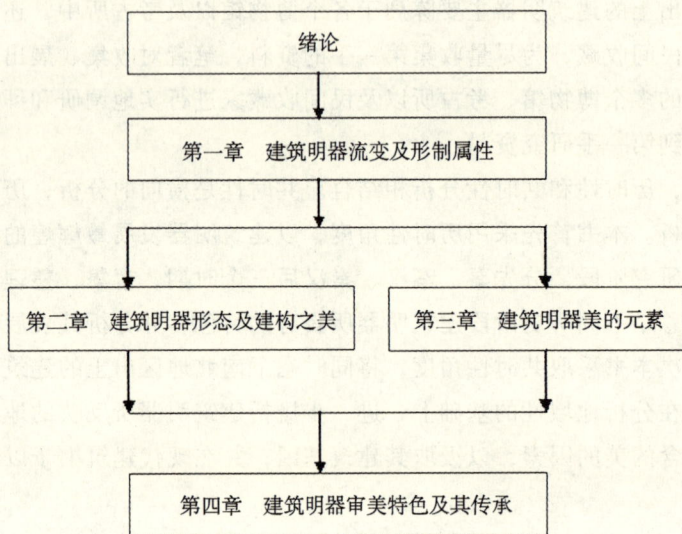

```
┌─────────────────────────┐
│          绪论           │
└─────────────────────────┘
             │
             ▼
┌─────────────────────────┐
│ 第一章  建筑明器流变及形制属性 │
└─────────────────────────┘
       │              │
       ▼              ▼
┌──────────────┐  ┌──────────────┐
│第二章 建筑明器形态│  │第三章 建筑明器美│
│   及建构之美   │  │    的元素     │
└──────────────┘  └──────────────┘
       │              │
       ▼              ▼
┌─────────────────────────┐
│ 第四章  建筑明器审美特色及其传承 │
└─────────────────────────┘
```

图 11　本书研究框架

绪论　首先厘清明器和建筑明器的基本概念，简要阐释本研究的主题和意义；其次对国内外相关研究现状进行评述，并在此基础上对本书的研究方法、基本框架进行大致描写。

第一章　建筑明器流变及形制属性。本章首先将建筑明器分为先秦、秦汉、秦汉之后三个阶段，厘清其流变历程和阶段特色。其次依据建筑功能将出土建筑明器分为用于居住的房舍、储藏粮食的仓、烧火做饭的灶和汲水灌溉的井。在对建筑明器进行历时性分析的基础上，本章还从地域性和民族性两个方面对建筑明器进行论述，以构建建筑明器研究的"时空框架"。

第二章　建筑明器形态及建构之美。本章首先按照中国古代建筑的"三段式"，就单个建筑明器反映的地面建筑技术之美进行论述；其次对反映建筑群的住宅明器进行阐述，分析其中轴对称和内向布局特质；最后还对其他建筑明器的建构之美进行分析。

第三章　建筑明器美的元素。本章通过美"因"、美"形"、美"感"、美"意"、美"境"五个方面，分功能之美、装饰之美、愉悦之美、意匠之美、意蕴之美论述建筑明器所蕴涵的美的元素。

第四章　建筑明器审美特色及其传承。本章在总结建筑明器建构之美及其内涵的美的元素基础上，认为建筑明器是"器"、"道"、"美"的统一，并对建筑明器的审美特征进行归纳和总结。最后论述了如何对建筑明器内含的建筑基因进行继承。

梁思成当年曾向学生展示一个出土的汉代陶猪，并说当你们能够体味其美感时，便可从建筑系毕业了。①

让我们一起来体悟这融合技术和艺术于一体的建筑明器所蕴藏的美吧！

---

① 梁思成：《建筑文章》，三联书店 2006 年版，第 5 页。

第一章

建筑明器流变及形制属性

黑格尔在《美学》中指出："每一门艺术都有它在艺术上达到了完满发展的繁荣期，前次有一个准备期，后次有一个衰落期。因为艺术作品全部都是精神产品，象自然界产品那样，不可能一步就达到完美，而是要经过开始、进展、完成和终结，要经过抽苗，开花和枯谢。"① 作为黄泉下艺术的重要载体，建筑明器在时间上经历了产生、发展、衰落的过程，在形制上包括居住的房舍、储藏粮食的仓、烧火做饭的灶以及饮水灌溉的井等，且不同时段艺术特征各不相同。作为建筑和明器的契合体，建筑明器所蕴含的基因是恒在的，但是由于文化和环境的差别，不同地区出土建筑明器风格存在差异。基于此，要研究建筑明器就需要在历时性和共时性结合之上，构建研究的"时空框架"。

一　发展阶段

建筑明器的广泛使用是随葬物品从礼器向生活用器转变过程中产生的。如果说秦汉属于建筑明器繁荣期的话，那么先秦之前就是准备期，而魏晋南北朝以后则属于衰落期。秦汉时期，大到供人们居住的屋舍，小到诸如储存粮食的仓、打水的井、做饭的灶，以及供人方便的厕所等与人们生活密切相关的东西在明器中均有体现。尽管它们是随葬的建筑模型，但却能直观形象地为研究中国古代建筑技术、艺术以及社会生活提供十分珍贵的实物资料。

（一）滥觞——先秦之前

目前中国考古发掘的最早建筑模型是陕西省武功县游凤仰韶时期遗址中

---

① 黑格尔：《美学》第 3 卷上册，朱光潜译，商务印书馆 1991 年版，第 5 页。

的五件陶房模型，皆为圆形建筑。一种泥质红陶，尖顶，中空，横椭圆形门，通高11.2厘米；自尖顶与墙壁相接处饰有密集排列的竖直粗绳纹，象征着屋顶的茅草结构；屋顶以下微向内倾斜，似为半地穴式房屋。还有一种陶器盖，钮作房屋形，底部边缘残缺；泥质灰陶，残高22.6厘米；尖顶，屋顶出檐，中空，顶有长方形天窗，下有圆形门；屋顶饰锥刺纹，像一捆捆茅草依次叠压的形状（图1.1）。① 此外在长安县五楼仰韶时期遗址中也发现一件泥质夹粗砂的红陶房子模型，中间有一个门洞，与游凤遗址相似。②

这一时期全国其他地区也出土了一些房屋模型，如江苏邳县大墩子中期墓葬出土三件陶房模型，形式有方、圆两种，

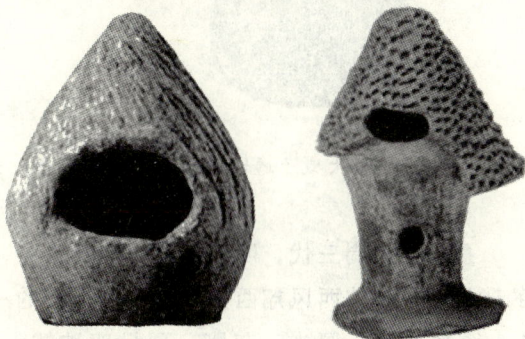

图1.1 武功县游凤遗址出土陶屋模型

基本上具备了后代房屋的雏形。一件立面呈长方形，通高23.9厘米，短檐、攒尖顶，一面设门，三面设窗，门下还线刻有一条守门的狗（图1.2）。③ 甘肃灰地儿新石器时代遗址中出土陶屋，通高11.2厘米、腹径9.6厘米，平面方形，开一近似长方形门，四角攒尖顶，同样也表现了当时的建筑物形象（图1.3）。④ 这些"建筑模型"还不能确定是否全部为明器，但"由于此时墓葬本身往往就是利用生活中的建筑物，或是生活中建筑物本身较为简陋，建筑明器极有可能就是对生活中日常使用建筑物形象的直接模拟"。⑤

① 西安半坡博物馆、武功县文化馆：《陕西武功发现新石器时代遗址》，《考古》1975年第2期，第97页。
② 中国科学院考古研究所：《陕西长安鄠县调查与试掘报告》，《考古》1962年第6期，第306页。
③ 南京博物院：《青莲岗文化的经济形态和社会发展阶段》，《文物集刊（1）》，第43页。
④ 马承源：《甘肃灰地儿及青岗岔新石器时代遗址的调查》，《考古》1961年第7期，第355—368页。
⑤ 周学鹰：《汉代建筑明器探源》，《建筑史论文集》第17期，清华大学出版社2003年版，第13页。

图 1.2 江苏邳县大墩子遗址出土陶屋模型　　图 1.3 甘肃灰地儿遗址出土陶屋模型

夏、商、周三代，明器主要以礼器为主，目前还很少发现具有生活化的建筑明器。陕西凤翔西村战国秦墓出土的一座陶房屋，长 5.1 厘米、宽 4.1 厘米、高 5 厘米；灰陶，顶呈四坡式，中有脊，四面出檐，四壁敞开；整个建筑似建在一台面上，台面作平板状，四缘伸出，台面之下刻划出十分整齐的横竖交叉的纹饰，形成无数个略呈菱形的突起面；除此纹饰外，其余部分均为素面，制作时留下的刀削痕迹很清晰。此物可能不是建筑明器，或即陶拍，但穿孔较小，亦不光滑，似不曾使用（图 1.4）。[①]

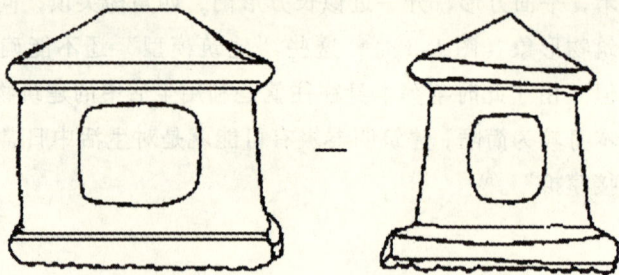

图 1.4 陕西凤翔西村战国秦墓出土陶房屋

根据考古发掘资料，最早的铜质房屋类建筑明器应是浙江省绍兴市坡塘战国墓葬中出土的铜屋模型（图 1.5、图版 2）。这个铜质建筑模型，通

---

① 雍城考古队李自智、尚志儒：《陕西凤翔西村战国秦墓发掘简报》，《考古与文物》1986 第 1 期，第 8 页。

高 17 厘米、面宽 13 厘米、进深 11.5 厘米；平面接近方形；面宽和进深
均为三开间，正面明间稍宽；南面敞开，有圆形立柱两根，东西两面为长
方格透空落地式立壁，北墙近在中央部位开一长方形小窗；屋顶为四角攒
尖形，顶心立一根八角形断面的柱子，柱高 7 厘米，柱顶卧一大鸟，柱子
各面饰 S 形勾连云纹；屋内有六人，裸体，两人端坐，四人弹奏乐器。①

图 1.5　绍兴市坡塘战国墓出土铜屋模型

　　春秋战国时期，陶仓开始出现，主要为圆形。根据文献记载及器物
的自命名，圆形陶仓习惯上称为陶囷，形制单一，纹饰以素面和刻划纹
为主。这一时期陶仓主要出现在秦墓之中，从现有的考古资料分析，最
早的作为建筑明器的陶仓出土于西安地区的客省庄战国早期秦墓中。②
陕西凤翔马家庄一号春秋中期秦国宗庙建筑遗迹中发现 3 件陶囷，形制
大致相同，泥质灰陶；尖顶，出浅檐，囷体微鼓，腹下斜收，小平底，
檐下出小方门，通体光素。③ 凤翔高庄秦墓出土陶囷 10 件。其中 I 式六
件，体呈圆筒形，攒尖圆顶，周围出檐，下腹收束。圆平底，周边出
轮。仓门呈方形、孔开在近檐处。有的仓顶饰倒置的分裆鬲，有的饰立

----

　　① 浙江省文管会、浙江省文物考古所等：《绍兴 306 战国墓发掘简报》，《文物》1984 年第
1 期，第 10—26 页。
　　② 考古研究所沣西发掘队：《陕西长安沣西发掘简报》，《考古》1959 年第 11 期，第
516 页。
　　③ 陕西省雍城考古队：《凤翔马家庄一号建筑群遗址发掘简报》，《文物》1985 年第 2 期，
第 1—29 页。

体鸟（图1.6）。① 此外宝鸡晁峪东周秦墓②、凤翔县西村战国秦墓③、铜川枣庙秦墓④、咸阳任家嘴秦墓⑤等皆出土有陶囷。这一时期比较有代表性的是1989年西安茅坡光华胶鞋厂秦墓中出土的陶仓（图1.7），以及西

图1.6　凤翔高庄秦墓出土陶囷、陶灶

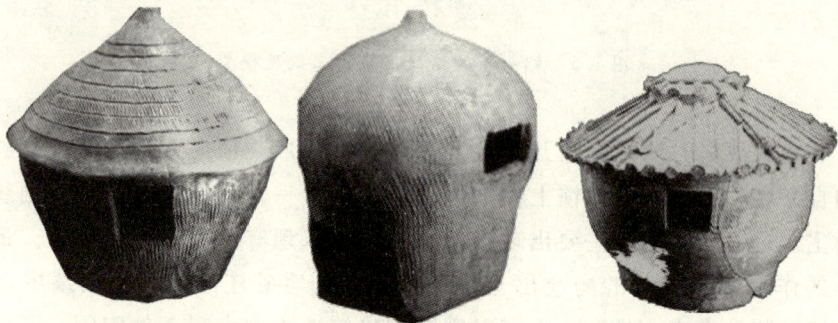

图1.7　西安茅坡光华胶鞋厂秦墓出土陶囷

　　① 雍城考古队吴镇烽、尚志儒：《陕西凤翔高庄秦墓地发掘简报》，《考古与文物》1981年第1期，第12页。
　　② 陕西省考古研究所：《陕西宝鸡晁峪东周秦墓发掘简报》，《考古与文物》2001年第4期，第3页。
　　③ 雍城考古队李自智、尚志儒：《陕西凤翔西村战国秦墓发掘简报》，《考古与文物》1986年第1期，第8页。
　　④ 陕西省考古研究所：《陕西铜川枣庙秦墓发掘简报》，《考古与文物》1986年第2期，第7页。
　　⑤ 咸阳市博物馆：《咸阳任家嘴殉人秦墓清理简报》，《考古与文物》1986年第6期，第22页。

安市潘家庄世家星城秦墓出土的陶仓（图1.8）①，它们包含了以后陶仓的基本形制。

M185：22　　　　　　M151：6　　　　　　M201：1

图1.8　西安市潘家庄世家星城秦墓出土陶仓

用陶灶随葬最早可追溯到仰韶文化时期，陕西丹凤县茶坊乡巩家湾村发现一仰韶时期陶灶残片。为夹砂红褐陶，但不能明确其一定是灶，所以简报中名其为"灶形器"。②渭南北刘遗址出土了一件庙底沟文化时期的陶灶，方形火门，凹底，有纹饰。③1993年，陕西千阳县丰头村仰韶文化遗址出土一件双釜陶灶。下腹有火门，顶部左、右分置两罐形釜。两釜间有两个出烟孔，肩部等距离排列8个烟孔。通体绳纹，上腹与口沿外各有一道附加堆纹，中腹两侧有鸡冠状。这一时期釜灶组合已成为庙底沟类型的标志性器物之一，在几乎所有已发表的同类遗存中均有发现，如河南灵宝西坡墓地出土的釜灶（图1.9）。④

A.千阳县丰头村出土　　　B.灵宝西坡M30出土　　　C.灵宝西坡M6出土

图1.9　仰韶时期陶灶

---

①　参见西安市文物保护考古所《西安南郊秦墓》，陕西人民出版社2004年版，第527、595、626页。

②　陕西省考古研究所、商洛地区文管会：《陕西丹凤县巩家湾遗址发掘简报》，《考古与文物》2001年第6期，第3页。

③　高蒙河：《先秦陶灶初步研究》，《考古》1991年第11期，第1019—1022页。

④　中国社会科学院考古研究所、河南省文物考古研究所：《灵宝西坡墓地》，文物出版社2010年版，第270—281页。

　　春秋战国时期，除了沿袭以往的陶灶随葬，随葬墓葬中还出现了青铜灶，最具特色的是 1988 年山西太原金胜村赵卿墓出土的青铜虎形灶。由灶、釜、甑和烟囱等四部分组成，通高 160 厘米、宽 46 厘米。灶体火门为大口张开的老虎，虎眼周围饰蟠龙纹，背上设圆形灶眼，尾端有烟道口。烟道上接四节烟囱，用子母口相互套接。此器整体较大，可以拆卸成数件，便于行军作战和游牧时使用（图版 3）。①

　　秦人墓葬中大都有陶灶出现，如西安半坡战国秦墓出土釜灶 2 件，在陶釜的肩部附加绳纹模制成的灶壁一周，灶壁的一侧开有弧形火口，另一侧开有长方形通地烟道，灶壁外张，便于将火力聚集在釜底②。西安茅坡光华胶鞋厂秦墓出土灶一件，灶台台面前方后圆，上有三釜，与灶连体，前有长方形灶门，用阳线塑出边框，上饰菱形纹，后有烟囱③。临潼刘庄发掘两座战国晚期秦砖室墓，出土陶灶 1 件，伴出釜、甑、盆、缶。陶灶平面呈圆形，灶面上有三个火眼，灶门为通底的半圆形，显示出较原始的特点④。凤翔高庄 42 号秦墓出土陶灶 1 件，伴出缶、盆等日用陶器及 1 件双耳罐，时代被定在统一秦。平面作半圆形，灶面上有三个火眼，前面两个火眼中的一个特别小，显得极不对称。灶前面不出檐，前壁开方形火门，火门装饰有简单的几何图案，灶尾有凸出的烟囱（图 1.6）。⑤

　　从夏、商、周一直到春秋时期，在相当长的历史过程中，随葬品以礼器为主，很少有建筑明器的出现。战国之前的房屋模型，似乎不像是专门为死后灵魂安置的住所，还不能认定为专门制作的明器，有学者认为这是当时的雕塑艺术品，原始艺术家死后，作品也随之一起埋葬。但是也不能排除这些建筑模型包含先民潜意识的作为死后居所的概念。⑥

---

　　① 左正华：《太原晋国赵卿墓晋阳城肇建者最后的奢华》，《中国文化遗产》2008 年第 1 期，第 53 页。

　　② 金学山：《西安半坡的战国墓葬》，《考古学报》1957 年第 3 期，第 63—92 页。

　　③ 西安市文物保护考古所：《西安南郊秦墓》，陕西人民出版社 2004 年版，第 130 页。

　　④ 陕西省考古研究所秦陵工作站、临潼县文物管理委员会：《陕西临潼刘庄战国墓地调查清理简报》，《考古与文物》1989 年第 5 期，第 9 页。

　　⑤ 雍城考古队吴镇锋、尚志儒：《陕西凤翔高庄秦墓地发掘简报》，《考古与文物》1981 年第 1 期，第 12 页。

　　⑥ 张勇：《建筑明器起源及相关问题的讨论》，《河南出土汉代建筑明器》，大象出版社 2002 年版，第 276 页。

根据国内学者研究，以及国外出土的同类文物，本书认为这类房屋模型应该是祭祀用品。战国时期是建筑明器出现的一个转折点，这一时期秦墓随葬品以仓、灶等生活用器为主，礼器随葬减少，这种丧葬文化随着秦的扩张而出现在全国各地。而春秋时期的陶仓还是祭祀用品，如凤翔县马家庄一号建筑遗址的中庭部集中发现了181个祭祀坑，坑内埋有数量极多的牛、马、羊动物牺牲及少量人牲，同时还发现陶制礼器、玉器。由此有学者推断这种规格较小的模型陶仓是与宗庙祭祀活动有关的祭祀用品之一。① 此后，仓的随葬意义逐渐扩大。这一时期的陶灶有的是明器，有的还是实用器，而且往往与盆、甑、茧形壶等日用陶器共出。秦墓建筑明器主要以储藏粮食的仓和烧火做饭的灶为主，房屋类明器较少，与六国相比作风比较平实，反映了当时的社会经济状况。

（二）繁盛——秦汉时期

从秦开始，随葬品由代表社会地位的礼器向世俗生活用器转型，但是秦统治的时间很短，所以出土的秦代建筑明器较少，而且战国秦和秦代墓葬分辨较为困难，所以本书将这一时期的建筑明器在第一部分描述。"汉承秦制"，两汉时期由于社会经济发展、丧葬观念变化以及建筑技术的成熟，出现了大量建筑明器，在审美文化史上，出现了"崇实趣尚"的特殊景观。汉武帝之前，建筑明器基本继承了秦代以仓、灶为主的组合。武帝之后，随着社会经济的发展，儒家文化的推广，建筑明器增加为仓、灶、井的组合，并在西安、洛阳等地流行起来。

到了东汉时期，作为随葬品的建筑明器种类逐渐增多，有屋、院、望楼、水榭、厕所、牲畜圈等。有研究者将河南出土的汉代建筑明器，按用途划分为"可供人居住的楼院、庄园；供储存粮食的仓廪；供登高瞭望的楼阁；供表演乐舞百戏的戏楼；供椿米磨面加工粮食的作坊；供烹饪做饭的灶具；供饲养家畜的羊舍、猪圈；以及供满足人们生活需要的厕所、水井……凡是人们日常生活中所涉及到的建筑，明器中可以说应有尽有"②。东汉后期，由于外戚专权、宦官乱政、官僚党争，社会矛盾空前尖锐，人们连基本的生活都无法保证，更不要说厚葬，所以建筑明器种类

---

① 黄晓芬：《汉墓的考古学研究》，岳麓书社2003年版，第225页。
② 张勇：《河南出土汉代建筑明器》，《中原文物》1999年第2期，第75页。

逐渐减少，制作也日趋衰落。

从目前考古资料来看，全国许多地区都有秦汉建筑明器出现，尤以甘肃、陕西、河北、河南、湖北、广东为多。相对其他地区来说，陕西出土建筑明器数量较少、形制较单一，主要因为两汉时期，关中地区属于中央集权的控制地区，对于墓葬形制和随葬品要求相对严格，以至于人们不敢越制，而远离政权中心的地方反倒可以按照自己的意愿做事。总观秦汉建筑明器主要有以下几个方面的特色：

第一，秦汉建筑明器多为陶器，而且以釉陶为多。战国秦墓出土建筑明器多为泥质灰陶，西汉武帝时期，墓葬里出现了釉陶。根据考古资料，西汉宣帝之后釉陶发现有所增加，但在社会上的使用还不普遍。此后关东地区即潼关以东地区汉墓中出土釉陶数量逐渐增多。西汉末期，釉陶随葬品就相当普遍了。釉陶生产初期只是少数几种生活用具，如壶类，西汉末期到东汉初期增加了仓、樽、钵、盒、魁、几、勺、杯等。从章帝、质帝到汉末，墓葬里除了上述器物以外，又增加了猪圈、猪、狗、鸡、水井模型等。

东汉是釉陶制作工艺的成熟期，这一时期的釉陶制品种类齐全、形式多样，人物动物造型、家庭院落、坞壁楼橹、家畜家禽圈舍，等等，反映了庄园经济的特点。东汉晚期以降，釉陶逐渐减少，这可能与当时战争频繁、社会动乱有关，但到南北朝隋唐时期釉陶又重获发展。早期釉陶釉色多为黄褐色，釉面不够光润，从宣帝到王莽时期出现复色釉，即在一件作品上同时施黄、绿、褐色釉。绿釉是从汉成帝时期开始的，这种釉色出现以后施在各种器物之上，色调也很丰富，是釉陶数量最多、表现力最强的品种。① 除了釉陶以外，这一时期建筑明器的质料还有铜、瓷、木、金、石等。

第二，秦汉大量建筑明器的使用与当时厚葬观念有关。"厚葬以明孝"，大量明器的出现与中国传统的厚葬观念有关。从原始社会到三代，再发展到春秋战国，厚葬之风逐步加剧，所谓"棺椁必重，葬埋必厚，衣裘必多，文绣必繁，丘陇必巨；存乎匹夫贱人死者，殆竭家室；（存）乎诸侯死者，虚车府，然后金玉珠玑比乎身，纶组节约，车马藏乎圹，

---

① 李知宴：《汉代釉陶的起源和特点》，《考古与文物》1984年第2期，第91页。

又必多为屋幕"。① 秦汉时期，厚葬达到了无以复加的地步，"是以华夏之士，争相陵尚，违礼之本，事礼之末，务礼之华，弃礼之实，殚家竭财，以相营赴。废事生而营终亡，替所养而为厚葬，岂云圣人制礼之意乎?"②

首先，升仙思想是厚葬之风形成的关键。鲁迅先生在《中国小说史略》指出："中国人信巫，秦汉以来，神仙之说盛行，汉末又大畅巫风，而鬼道愈炽。"③ 神仙故事弥漫整个朝野，这样就造成一个富丽的神仙时代。发展到汉武帝时期达到了极端，以至于武帝本人的一生就是在不断学仙中度过的。统治阶级的提倡、各级官吏的效仿、底层百姓的追随，汇成了一股强烈的升仙之风，到了东汉时期，有了完备的鬼神理论。在"天人合一"思想的支配下，升仙思想笼罩着整个社会，其对艺术的影响更是无孔不入。④ 由升仙思想而来的是祖宗崇拜和灵魂不死的观念，这"是汉代社会形态形成的深层依据，也是厚葬习俗形成的关键"⑤。"在古人观念中，阴间是一个客观的存在，人死不过是从此一世界回到彼一世界。那另一世界即是一个鬼神世界。"⑥所以祭祀是中国古代礼仪的核心，出土的大量秦汉建筑明器就是他们"事死如生"而为阴间所用的生活器用的摹写。

其次，孝是厚葬之风形成的理论基础。贤以孝为首，孔子曰"事亲孝，故忠可移于君"⑦。儒家的"事死如生，事亡如存"、"慎终追远"，不仅对春秋战国以前的厚葬进行总结，并把它推到礼制的高度，所谓"礼者，谨于治生死者也。生，人之始也；死，人之终也，终始俱善，人道毕矣。故君子敬始而慎终。始终如一，是君子之道，礼义之文也。"⑧儒家丧葬理论从主观感情上立论，追求人伦道义上的完备，对汉代丧葬风俗影响很大，这是厚葬之风盛行的理论源泉。汉代推行"举孝廉"的官吏选拔制度，孝廉者可推荐为官。在"名利"的驱动下，世家大族、豪

---

① 《墨子·节葬下》。
② （南朝·宋）范晔：《后汉书·刘赵淳于江刘周赵列传》卷三十九。
③ 鲁迅：《中国小说史略》，上海文艺出版社 2005 年版，第 34 页。
④ 周学鹰：《徐州汉墓建筑》，中国建筑工业出版社 2001 年版，第 20 页。
⑤ 李宏：《原始宗教的遗留》，《中原文物》1991 年第 3 期，第 99 页。
⑥ 陈江风：《汉画像中的玉璧与丧葬观念》，《中原文物》1994 年第 4 期，第 70 页。
⑦ 《孝经·广扬名章第十四》。
⑧ 《荀子·礼论》。

门富商以及平民百姓，皆以事孝为重，殚尽财富、极尽沽名钓誉之能事，以求"孝悌"之名，作为进身之阶。而大起坟冢，倾产治丧是恭行孝道的最好证明，这是厚葬之风盛行的现实根源。

再次，经济繁荣是厚葬之风形成的物质条件。经济基础决定上层建筑，厚葬之风盛行离不开财力的支撑。西汉中期以后，政治稳定、经济繁荣、军事强盛，又因取得北击匈奴的决定性胜利，整个汉代呈现出蓬勃发展的态势，因此厚葬之风迅速蔓延到整个社会。"今厚资多藏，器用如生人"；"今富者积土成山，列树成林，台榭连阁，集观增楼；中者祠堂屏合，垣阙罘罳"。① 这种厚葬之风的势头，虽因西汉末年社会巨大动荡而受到一定的影响，但到东汉时期并没有减弱，反而愈演愈烈。②

第三，秦汉建筑明器反映了当时审美文化的"大美"气象。中华民族走向政治、经济、文化的"大一统"是从秦汉开始的。"大一统"确立了文化规则和权威，也带给这一时代前所未有的生机、活力、幻想和激情。如果将先秦视为审美文化发展的"自发"阶段，将魏晋视为审美文化发展的"自觉"阶段，那么秦汉恰好可以看作中国审美文化由"自发"向"自觉"过渡转化的一条历史长廊。在普遍的审美文化形态上，秦汉时代最突出的特征是"大美"气象。③ 这种"大美"不仅表现为高大、博大、宏大之壮美，也表现为气魄、气势、气概之神韵。

正如鲁迅在谈到汉人对待外来事物的胆魄时所说的："遥想汉人多少闳放，新来的动植物，即毫不拘忌，来充装饰的花纹。"④ "大美"气象不仅表现在政治、经济、文化上，也蕴含在建筑里，浓缩在建筑明器中。"宏大雄伟，整肃壮观"的秦咸阳宫；"非壮丽无以重威"的汉长安城；"观夫巨丽惟上林"的宫苑；"丘垄高大若山陵"的陵墓造型；"拙实紧凑、结构充实"的民间宅院；"崇实疾虚、事死如生"的墓室结构；"古朴深沉、凡俗生动"的雕塑品格，等等，无不体现着这种"大美"的气象。

秦汉是中国古代建筑发展的第一个高峰期，尤其是西汉末期楼阁式建筑得到快速发展，出现了四阿式、两面坡式以及攒尖等多种屋顶形式，柱头上也已经使用成组的斗拱；而且还综合运用绘画、雕刻、文字等作为装

---

① （汉）桓宽：《盐铁论·散不足第二十九》。
② 周学鹰：《徐州汉墓建筑》，中国建筑工业出版社 2001 年版，第 24 页。
③ 陈炎主编、仪平策著：《中国审美文化历史》，山东画报出版社 2000 年版，第 3 页。
④ 《鲁迅全集》第 1 卷，人民文学出版社 1957 年版，第 301 页。

饰构件。秦汉地面木构建筑目前已经不复存在，但是这一时期建筑形象表现在画像石、石阙①、石祠堂②、建筑明器等之中。如河北阜城桑庄东汉墓出土的陶楼，通高216厘米，是目前中国发现的最高陶楼阁，最能体现汉代楼阁的宏大气象。建筑整体呈方形，由台阶、门楼、楼阁组成。从外观来看，以腰檐、平座和栏杆将楼阁分为五层。由内观察，在外观第四层以下的每层腰檐下部都有夹层，这样陶楼的内部空间就可分为九层。底座为长方形，正面中央有斜坡墁道，墁道两侧刻划扶手栏杆，斜坡墁道之上为大门，门楼为悬山式顶，密排瓦垅，卷云纹瓦当。檐下为门框和两扇门，门正面饰有辅首衔环。陶楼第一层为四面坡式，四角缝上挑出钉头拱（插拱），二层平座为卧棂栏杆，栏杆四角各蹲一仰头展翅的飞鸟。第三、四层陶楼的装饰与第二层基本相同。五层为陶楼顶层，有栏杆一周，四角各饰有狮子头像和一立柱，柱上为一斗二升斗拱。楼顶为四阿式，正脊很短，略具鸱尾形（图1.10）。③ 这座陶楼形体高大、结构复杂，每一层都单独烧制之后套装而成。明五暗九的楼层结构，平座腰檐的规整使用，角部斗拱的壮硕有力……都表明了东汉时期建筑技术的复杂壮美。

（三）衰微——秦汉以后

魏晋南北朝时期，社会动荡、经济萧条，国家长期处于分裂状态，厚葬之风逐渐淡化，薄葬之风开始盛行，加之北方主要是游牧民族政权，生活方式和风俗习惯与汉族不同，在随葬品方面表现为武士俑和动物俑增多，建筑明器减少。究其原因主要有以下几个方面：其一，社会不稳定和政权频繁更替是主要原因。魏晋南北朝是中国历史上战争最频繁的时期，

---

① 汉代石阙最著名的是位于四川雅安的高颐阙，建于汉献帝建安十四年（209），主阙13层，高约6米；子阙7层，高3.39米。阙顶仿汉代木结构建筑，有角柱、枋斗等，是我国保存最为完好的汉代仿木建筑。

② 山东孝堂山石祠堂，建于东汉章帝、和帝时期（76—105年），是中国现存最早的、建于地面的、呈房屋形态的建筑实物。建筑为石构单檐悬山式，面阔4.14米，进深2.5米，高2.64米。三面用石壁围合，一面开敞，立面正中的八角形石柱将房屋分为两间。立柱上部有大斗承托檐头，柱西下有覆斗状柱础。屋面刻划出瓦楞、正脊，檐部刻划出瓦当、椽部。石祠内壁刻划与墓主有关的车马出行、庖厨宴饮等图样。

③ 河北省文物研究所：《河北阜城桑庄东汉墓发掘报告》，《文物》1990年第1期，第26页。

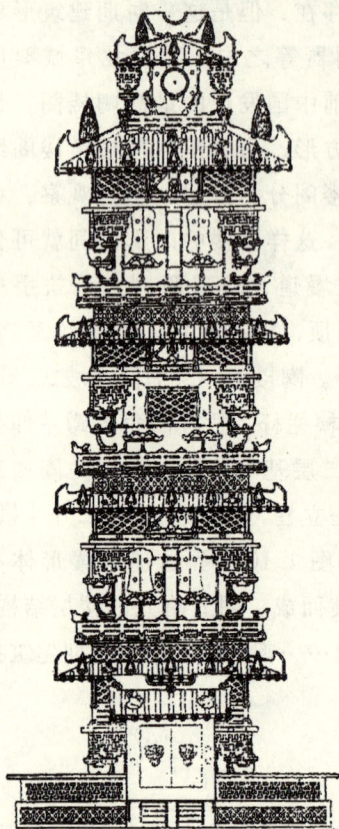

图 1.10

河北阜城桑庄出土五层绿釉陶楼

黄河流域人口集中地区变成"千里无鸡鸣"的无人区，汉以前的古镇多被掠夺。生存的不稳定导致丧葬观念改变，以至薄葬流行。其二，盗墓之风盛行是直接原因。在中国古代，厚葬与盗墓是一对孪生兄弟，东汉末期盗墓之风尤盛，曹操在军队中就设立"发丘中郎将"、"摸金校尉"专司盗墓，因此"丧乱以来，汉氏诸陵无不发掘，至乃烧取玉匣，金镂骸骨并尽，是焚如之刑"。① 其三，经济状况是根本原因。魏晋南北朝时期，由于长期战乱，使得经济遭到极大的破坏，缺乏充实的物质基础，自然就无法厚葬了。② 其四，统治者的倡导和模范是文化原因。魏晋南北朝时期，统治者大多反对厚葬，提倡薄葬。魏文帝认为盗墓之风"祸由乎厚葬封树"，倡导"无施苇炭，无藏金银铜铁，一以瓦器，合古涂车刍灵之义"。③ 南朝陈宣帝也倡导"反厥终制，事从省约，金银之事，不以入圹，明器皆用瓦"④，力求使丧葬礼仪简而合礼。

但是由于人们的传统信仰习俗没有从根本上改变，因此魏晋南北朝时期明器之用也不在汉代之下，只是制作已显粗糙。如浙江常山县何家西晋墓出土了青瓷灶、猪圈、狗圈等建筑明器⑤，江苏镇江东吴西晋墓出土了陶灶、鸡窝等⑥，另外在安徽、广西、河南、山东等地也出土有这一时期的建筑明器，它们从形制到种类与两汉

---

① （晋）陈寿撰，（宋）裴松之注：《三国志·魏书·文帝纪第二》。
② 李德喜、郭德维：《中国墓葬建筑文化》，湖北教育出版社 2004 年版，第 102 页。
③ （晋）陈寿撰，（宋）裴松之注：《三国志·魏书·文帝纪第二》。
④ （唐）李延寿：《南史·卷十·陈本纪下第十》。
⑤ 金华地区文管会：《浙江常山县何家西晋纪年墓》，《考古》1984 年第 2 期，第 192 页。
⑥ 镇江博物馆：《镇江东吴西晋墓》，《考古》1984 年第 6 期，第 528 页。

时期并没有太大的区别。陕西省历史博物馆藏晋代绿釉望楼残部，主要为楼的中间部分，现存一层。底部为长方形，每面中间开有菱形窗，之上为平座，平座上安装栏杆，栏杆每面为三道两层长方形镂空装饰。中间部位为房屋建筑，四角有出挑的斗拱支撑四面坡式屋檐。屋面有清晰的瓦垄和瓦当，屋面四角为六个瓦当呈"品"字排列形状。屋顶中间部位为中空的长方形，用以支撑更上一层楼体，四角为四个立熊。栏杆边有两个俑人站立张望。这件陶楼与两汉的楼阁造型差别不是很大（图1.11），反映了汉代丧葬文化的延续性。这一时期仓房类建筑和两汉时期差别较大，如北周宇文俭墓①出土陶仓和陶灶、咸阳文林小区出土北魏陶仓（图1.12）②、

图 1.11　西晋绿釉陶望楼

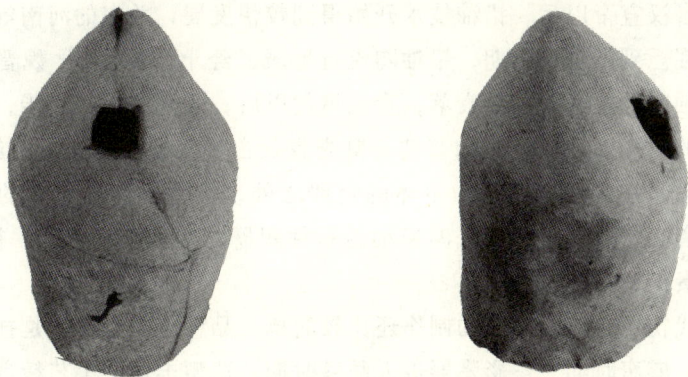

图 1.12　咸阳文林小区出土北魏陶仓

---

① 陕西省考古研究所：《北周宇文俭墓清理简报》，《考古与文物》2001年第3期，第35页。

② 咸阳文物考古研究所：《咸阳十六国墓》，文物出版社2006年版，第53页。

咸阳助剂厂出土十六国陶仓等，形制矮小、装饰简单、工艺粗糙，已经变为一种纯粹的随葬明器，与两汉时期复杂的造型、多变的装饰等特征不可同日而语。

在中国文化史上，可以将397年间的隋、唐、五代看成是一个相对完整的历史时段。长达289年的唐是轰轰烈烈的重头戏，而短仅37年的隋朝和53年的五代则只是这出"大戏"的"序幕"和"尾声"。拉开沉重的历史帷幕，在这个辉煌壮阔的"舞台"上，唐代的文化汇聚成一部大气磅礴的美学巨著，而建筑也以成熟而完美的姿态出现。① 隋唐建筑艺术在继承前代的基础上富于创新，具有恢宏质朴的气质及将雄浑阔大融于瑰丽严整之中的艺术风格，显现了社会盛期的时代风貌。唐代建筑明器集三彩与建筑技术于一体，是建筑明器发展的第二个高峰期。这一时期具有代表性的建筑明器有西安西郊中堡村出土的三彩院落（图版4）、长安区灵沼出土的三彩院落、铜川王石凹出土的三彩院落、山西长治唐王休泰墓出土的红陶三进院落等。② 总观唐代建筑明器，具有以下几个方面的特色：

第一，唐代建筑明器多为三彩器。唐三彩是在汉代低温铅釉陶的基础上发展而来的，它经历了由单色釉到多色釉的演变过程。汉代人们已经掌握了单色釉陶的制作工艺。根据考古材料，这种陶器在陕西关中地区首先出现。自汉宣帝以后，铅釉技术开始得到较快发展，关东的河南等地有较多的发现。到了东汉时期，铅釉陶流行地域已经十分广阔。③ 魏晋南北朝时期，釉陶的生产曾一度衰落，直至隋代以后，才开始重新起步，但是隋代所施的釉彩多为单色，如酱黄、蟹壳青及白釉，缺少搭配，不够丰富。初唐以后，在青瓷、白瓷为主体的瓷器之外，培育出陶瓷史上的一朵奇葩——唐三彩。这是一种低温铅釉的彩釉陶器，常呈现黄、绿、褐等色，形成高贵斑斓的装饰效果。

唐代初期，三彩陶器的制作还比较简单，品种也较少，多是挂釉后施以彩绘。盛唐时期，三彩陶器进入鼎盛时期，造型丰富、工艺精良、色彩艳丽、品种繁多，体现了热烈、壮观的盛唐气象。"安史之乱"后，唐三

---

① 陈炎：《中国审美文化历史·唐宋卷》，画报出版社2000年版，第3页。
② 山西省文物管理委员会晋东南文物工作组：《山西长治唐王休泰墓》，《考古》1965年第8期，第389—392页。
③ 阎存良：《古陶珍宝：唐三彩》，百花文艺出版社2005年版，第1页。

彩的制作逐渐进入后期，直至衰落。① 与唐三彩并行的还有彩瓷和彩绘制品，它们都以生活用品为主，也有明器。在题材上，可以分为器皿、人物俑、动物俑三大类。器皿涉及日常生活的各个方面，有酒器、食器、家具、建筑模型等，均色泽饱满，体现出一种社会安定、生活富足的盛世局面。

第二，唐代建筑明器大量出土与当时的厚葬之风有关。唐代社会安定、经济繁荣，厚葬之风再度兴起。厚葬之风首先表现在帝王陵墓的修建上，唐代帝陵以山为陵、规模浩大、气势宏伟。在唐代帝王的影响下，厚葬之风在全国迅速兴起，"商贾富人，厚葬越礼"。据《旧唐书·志第二十五·舆服》记载："近者王公百官，竞为厚葬，偶人像马，雕饰如生，徒以眩耀路人，本不因心致礼。更相扇慕，破产倾资，风俗流行，遂下兼士庶。"虽然《通典·唐会要·葬》规定：唐代三品以上，明器 90 事；唐代五品以上，明器 60 事；唐代九品以上，明器 40 事。以上明器并用瓦木为之。实际上，各品官员所用丧葬明器大都超过以上规定，有的总数达千件以上，奢侈日增。唐朝中央政府设有专门管理和按照官阶等级分发明器的官府，达官显贵们除按照官阶定额领取外，还可以从社会上大量购买，这样明器的数量和大小更难控制，因此唐墓中的随葬品极为丰富，数量浩大，规格惊人，如陕西乾县永泰公主墓出土陶俑 878 件，章怀太子墓出土陶俑 600 余件。②

第三，唐代建筑明器在一定意义上反映了当时的"唐风唐韵"。从西安中堡村出土的院落可以看出，唐代建筑恢宏大气，没有为装饰而附加的纯粹构件。斗拱结构作用鲜明，形体简洁有力，是斗拱中的典范；建筑色彩大都保持有汉代以来的传统，"朱柱素壁"、"白壁丹楹"，朱或赭红的木面与白墙对比，简洁明快，加之素灰的台基及绿釉屋顶，显得淳雅庄重；屋顶舒展平缓，屋脊和檐口都略向上弯，显示了唐代大屋顶的成就；脊吻用鸱吻，给人以稳健端庄、雄健有力的感觉；门窗多为直棂，朴实无华。从中堡村出土的三彩院落还可以管窥到当时的园林艺术。在唐代，大贵族的宅院号称"山池"，有的占地达四分之一坊，③ 中堡村院落的后院

① 陈炎：《中国审美文化历史·唐宋卷》，山东画报出版社 2000 年版，第 95 页。
② 阎存良：《古陶珍宝：唐三彩》，百花文艺出版社 2005 年版，第 18 页。
③ 傅熹年：《中国古代建筑十论》，复旦大学出版社 2004 年版，第 10 页。

就有假山模型，可能是当时宅院内部园林的缩写（图版4）。

从建筑明器中可以看出，唐代建筑技术和艺术更加成熟，形成建筑艺术和结构高度统一的"唐风唐韵"。这种"唐风唐韵"也可以从实物和石刻、壁画中得到显现（图1.13、图1.14）。

唐代中期以后，纸质明器渐增，正如司马光所说"至唐室中叶，藩镇强盛，不遵法度，竞其侈靡"。① 他们扎成祭屋，高达数丈，待枢车过

图1.13 大雁塔门楣石刻中的唐代建筑造型

图1.14 敦煌壁画中的唐代建筑

---

① （宋）司马光：《司马氏书仪》卷七《丧仪三》，第85页。

时焚烧。北宋以后由于造纸业和雕版印刷业的进一步发展，使得纸质建筑明器在一定程度上代替陶制建筑明器成为可能，所以宋代纸质明器部分的代替陶质明器。如果说以陶质俑代替活人和牲口殉葬是人类社会的一大进步，那么唐代中期以来以纸质明器代替陶制明器又是社会一次不小的发展。正是因为纸质明器的流行，导致陶质、瓷质和其他可以保留下来的建筑明器逐渐减少，以至于在全国范围内所能看到的唐以后建筑明器都比较少。

宋代主张薄葬者增多，官府也明文禁止厚葬，所以薄葬蔚然成风。朱熹提出，丧事不用冥器、粮瓶，这些东西"无益有损"，棺椁中不放置一件世俗的用物。① 宋代官府制定法律如《丧葬令》，对墓地的面积、坟的高度、墓前石兽和随葬明器的数量等都有身份和官员品级的限定。其中关于明器，规定五品、六品官准许用30件；七品、八品官用20件；非京朝官可用15件。②

受佛教影响，东汉时期火葬开始在民间出现，唐代逐渐推广，到了宋代则比较盛行，成为和土葬并行的丧葬形式。所以考古工作者从宋墓中获得的器物远远少于汉代和唐代。加之宋代出现大量砖雕墓，整个墓室建造仿地面建筑，这种墓葬形式对于用建筑明器随葬产生了一定的冲击。但是建筑明器并未消失，在一些墓葬中依然存在，如1978年江苏溧阳县出土一组宋代琉璃房屋模型，包括：琉璃陶楼一座、水榭一座、凉亭一座。陶楼分上下两层，通高46厘米、宽41厘米、进深29.5厘米，重檐歇山顶，正脊两端为鸱吻，岔脊为上翘的尖角。水榭一座，前后两座小亭，中以小桥相连，后为歇山式高台建筑，正脊两端为兽头，垂脊塑有坐狮，通高47厘米、宽30.4厘米、进深36.5厘米；前亦为歇山式，正脊两端为鸱吻，通高47厘米、宽30.4厘米、进深36.5厘米。凉亭一座，正脊两端为兽头，垂脊塑有坐狮，岔脊为上翘的尖角，通高38.5厘米、宽32.5厘米、进深28厘米（图版5）。③ 整座楼亭轩榭，布局合理、比例协调、做工精细，是宋代江南庭院布局的写实主义描绘。此外，福建南平④、四川

① 《朱子语类》卷八九《礼六·冠婚丧》。
② 《朱子家礼》卷四《丧礼·治丧》。
③ 镇江市博物馆、溧阳县文化馆：《江苏溧阳竹箦北宋李彬夫妇墓》，《文物》1980年第5期，第34页。
④ 南平市博物馆：《福建南平市洗清镇宋墓》，《考古》1991年第8期，第722页。

广汉①、安徽望江②等地也出土了一批琉璃、陶质、青瓷等质料的建筑明器，制作十分精美。1999 年，陕西省洛川县黄章乡潘窑科村发现一座宋代墓葬，出土仓 4 件、灶 1 套。③ 仓形制相同，皆为圆唇敛口，溜肩出仓檐，筒腹平底，相比南方明器较为粗糙。

元代出土建筑明器种类、数量和地域都较少，主要以仓、灶为多。如西安市雁塔区岳家寨出土元代陶仓 6 件，陶灶 1 件。④ 西安曲江乡孟村元墓出土陶仓 6 件，陶灶 1 件，其中有陶方仓 1 件，中部圆口相对四角处又刻出三角豁口，四壁较直，底部有方形圈足。⑤ 山东济宁发现的两座元代墓葬中出土有陶仓 4 件。⑥ 此外，江西省博物馆也藏有元代青花釉里红楼阁式瓷仓，等等。这一时期，房屋类、宅院类、水榭、百戏楼等建筑明器比较少见。

到了明代，在一些贵族大户的墓葬中建筑明器还在继续使用，但总的来说已经处于没落阶段。如江西宜春市官园明墓出土白陶房屋⑦、河北阜城明代廖纪墓出土房屋模型⑧、南昌明宁康王次妃冯氏墓出土陶房⑨、山东昌邑县新置二村明代墓出土陶三进院落模型⑩，等等。1960 年，河南郏县薛店公社前塚王生产队明墓出土陶院落 2 座。其中一座为泥质红陶，外涂白色粉土。院落内有房子 10 座，房檐下均使用斗拱，有耳门四个，把整个院落分为三进，中间一排房屋高大，悬山顶，有鸱吻兽头，制作精致。大门外有牌坊 1 座，歇山顶，有瓦垄、鸱吻兽头，檐下有斗拱。门楼有门墩和门框，均涂黑色，在可打开的板门上有成排的门钉。院内左前角

① 四川省考古研究所、广汉县文物管理所：《四川广汉县雒城镇宋墓清理简报》，《考古》1990 年第 2 期，第 123 页。

② 程霁红：《安徽望江发现一座北宋墓》，《考古》1993 年第 2 期，第 141 页。

③ 洛川县博物馆：《陕西洛川县潘窑科村宋墓清理简报》，《考古与文物》2004 年第 4 期，第 26 页。

④ 马志祥、张孝绒：《西安曲江元李新昭墓》，《文博》1988 年第 2 期，第 3 页。

⑤ 陕西省考古研究所：《西安曲江乡孟村元墓清理简报》，《考古与文物》2006 年第 2 期，第 21 页。

⑥ 济宁市博物馆：《山东济宁发现两座元代墓葬》，《考古》1994 年第 9 期，第 821 页。

⑦ 苏茂盛：《江西宜春市官园明清理一座明墓》，《考古》1995 年第 1 期，第 96 页。

⑧ 天津文化局考古发掘队：《河北阜城明代廖纪墓清理简报》，《考古》1965 年第 2 期，第 73 页。

⑨ 郭远渭：《南昌明宁康王次妃冯氏墓》，《考古》1964 年第 4 期，第 214 页。

⑩ 潍坊市博物馆、昌邑县图书馆：《山东昌邑县新置二村明代墓》，《考古》1989 年第 11 期，第 999—1005 页。

图 1.15　西安长安区韦曲镇出土明代陶房屋模型

靠近大门的地方，放置陶轿一顶。迎着大门有影壁一道，上绘红日、花树。第三进的最后是堂楼，楼高 53.5 厘米、宽 21.5 厘米、深 14 厘米，楼上靠后墙放置床一张，与罗汉床相似。后院左厢置灶，左角有磨、杵臼、猪羊俑及圈等，院内分立男俑 17 个，女俑 10 个。整个院落中轴对称，长 149 厘米、宽 89 厘米（图版 6）。① 西安是西北重镇，从明王朝建国初期开始，统治者就注重对其营建，朱元璋更是把次子朱樉封为首位秦王，此后有十三位秦王在西安就藩，他们的陵墓大致分布在今长安区的少陵原、鸿固原、高望原、凤栖原一带。近年来，随着对秦藩王墓的调查和发掘，出土了大批文物，为人们了解这段历史提供了直观的资料，如长安博物馆藏明代陶房屋，通高 47.5 厘米、长 38 厘米、宽 37.3 厘米，具有一定的代表性（图 1.15）。②

二　形制

建筑明器种类比较多，可以说人们日常生活中的各式建筑，明器中基本都有模仿。根据功能和用途上的不同，可以将其分为人、畜居住的房舍，烧火做饭的灶，储备粮食的仓，饮水灌溉的井四大类，每类中又依据

———————————

① 河南郏县文化馆：《河南郏县前塚王村明墓发掘简报》，《考古》1961 年第 2 期，第 102—103 页。

② 长安博物馆：《长安瑰宝》，世界图书出版公司 2002 年版，第 74 页。

造型和结构方面的差异，分成若干型式。

（一）房舍与圈

旧石器时代，先民们普遍"穴居巢居"，还没有出现真正意义上的房屋建筑。新石器时代，中国古代建筑艺术开始萌芽，从陕西武功县、甘肃灰地儿、江苏大墩子等地出土的陶屋模型上可以发现当时建筑的样式。汉代尤其是东汉时期，出土了大量房屋模型，内含了中国古代建筑第一个辉煌时期的所有技术和美学元素，以后各代建筑艺术基本上保持和延续着与此一致的美学风格。西安中堡村唐墓出土的三彩院落内含有了中国古代建筑第二个辉煌时代的成就，严整、疏朗、大气，是唐代庭院建筑的典型代表。陕西秦王墓和河南郏县出土的明代建筑明器则在一定程度上表现了中国古代建筑第三个辉煌时期的建筑之美。从建筑功能出发，本书将建筑明器中的房屋类分为用于瞭望和休闲娱乐的楼阁亭台；用于居住的房屋宅院；用于排除污物的厕所和用于饲养家禽家畜的圈舍。

1. 楼阁亭台

建筑明器的使用以秦汉时期为多，而秦汉时期的建筑明器又以楼阁类最为丰富。"欲穷千里目，更上一层楼。"人们或远望、或观赏风光、或出于军事方面的目的，都需要登高，这就产生了高台楼阁。1972年大连出土东汉晚期三层彩绘陶楼阁1座，底部阴刻有"高楼"二字，说明了当时人们对于此种建筑的认识。① 文献中对于楼的解释主要有三种：其一，两层以上的建筑，《说文解字》："楼，重屋也"。其二，台上建屋，《尔雅·释宫》："积土四方曰台，狭而修曲曰楼"②。其三，镂空，《释名·释宫室》："楼，为牖户之间，有射孔。楼，楼然也。"作为建筑物的"楼"可以理解为单层屋的竖向叠加，谓之重屋。"阁"通"隔"，《说文解字》曰："隔，障也。"阁蕴含着"隔"、"栏"之意，因此，平坐外部的平台与栏杆造型成为阁的重要特征。原来楼和阁是有区别的，楼是屋上叠屋，为单层屋的竖向叠加，来源于"累叠式"的设计考虑；阁是平座上建物，来源于"架构式"的设计考虑，也就是"屋上建屋为楼，平座

---

① 于临祥、王珍仁：《大连市出土彩绘陶楼》，《文物》1982年第1期，第75页。
② （宋）李诫著，梁思成注：《营造法式注释》，中国建筑工业出版社1983年版，第28页。

上建屋为阁"①。随着文化的变迁、技术的发展，楼与阁的建筑形式日益接近，直至融合，统称楼阁。② 唐代将带有"平坐"的楼房称为阁，无"平坐"者则称楼。③ 到了宋代，平座上建屋的阁已经很少，《营造法式》中已经是楼、阁不分。

两汉时期，各地豪强纷纷建造楼橹，作为生产、警戒及游赏之用，楼阁建筑蔚然成风，建筑技术极大发展，成为中国古代楼阁建筑的第一个高峰期。楼阁的种类十分丰富，有城楼、角楼、谯楼、市楼及宅院楼阁等类型。由于中国古代建筑的木质结构特性，目前没有汉代楼阁的实物遗存，但是两汉时期大量建筑明器的使用，使人们不但能从文献中想象它的雄伟，更能从这种缩微的建筑实体中感知它的壮丽。这些汉代"出土的楼阁式建筑明器，从使用性质来看，或者是仓楼、或者是阙观、或者是兼有娱乐和阙观双重功能等；也有阙观与生产相结合的特例"。④ 楼阁式"建筑明器"形制较多，本书所论及的亭台楼阁主要包括望楼、水榭、百戏楼和亭。因为宅院中的楼阁不仅用于瞭望和娱乐，更重要的是用于居住，所以在宅院中论述；仓楼主要用于储存粮食，所以在仓的形制中论述；角楼是坞堡的组成部分，所以在坞堡中论述。

（1）望楼

望楼主要出现于汉代，较少用于居住，多用于登高求仙、高空瞭望、军事目的等。在汉代建筑明器中，凡三层以上的楼阁，不论种类，最高一层，往往建成开设有多个窗口的小房子，显然是为瞭望而设。⑤ 望楼在北方各地均有发现，形制基本相同。

1959 年，陕西潼关吊桥发掘 7 座汉墓，M5 出土楼阁 1 座。红胎绿釉，为院墙环绕的四层楼阁式建筑，四阿顶，通高 117 厘米。院落一面有悬山顶门房一座，三面为围墙，后墙长 35 厘米、两边墙长 40 厘米。门房面阔 35 厘米、进深 9.5 厘米、高 27 厘米，平面呈长方形，正中有两道门，前门长方形，后门拱形。楼阁各层系分开制作，再垒叠起来。下层前

---

① 陈明达：《营造法式大木作研究》，文物出版社 1981 年版，第 144 页。
② 马晓：《中国古代木楼阁》，中华书局 2007 年版，第 69 页。
③ 乐嘉藻：《中国建筑史》，团结出版社 2005 年版，第 9 页。
④ 周学鹰：《中国汉代楚（彭城）墓葬建筑及相关问题研究》，2000 年同济大学博士学位论文，第 223—252 页。
⑤ 张勇：《河南汉代建筑明器定名与分类概述》，《河南出土汉代建筑明器》，大象出版社 2002 年版，第 210 页。

图 1.16
陕西潼关吊桥出土绿釉陶楼

面不出檐，刻阴线以示门形，一扇门作半掩状。后面中间部分不出檐，作斜十字形镂孔花窗，窗的上面有两个对称的圆孔，孔径 4 厘米，两面山墙上各有方形窗一个。第二层以上正面檐下两边转角都有螭状斗拱一朵，屋顶作出瓦垅和云纹瓦当。三、四层设平座，正面有方形菱纹格子窗，山墙上有长方形窗，窗内一俑，手扶窗向外瞭望。楼阁从下至上逐渐收小，外观极高大（图 1.16）。①

河南陕县出土的 1 座东汉晚期绿釉陶望楼为五层连体，通高 90 厘米、面阔 28 厘米、进深 31 厘米。正面墙两边各开一方形大门，无门扉，中部靠左有一上圆下三角形门洞。院墙上置瓦垅式墙帽，左门上置悬山顶廊式建筑，后山墙与楼体连接，廊前正中立方柱一根，以承廊檐，正脊中部置一鸟雀，前端有叶形装饰。第一层正面中部开一长方形门，右侧置一楼梯，可上二层；第二层正面右边开一长方形门，左右山墙皆开洞门及凸起的菱格镂孔窗，上置雨搭，楼体正面两角斜出挑梁，上承四阿顶；第三层正面中部开一长方形门，大门左右置凸起的菱格镂孔窗，其他形制与二层相似；第四层正面两边各开长条形门，中部置凸起的菱格镂孔窗，其他形制与下层相似；第五层为廊式建筑，前有平座，置横条长镂空栏杆，平座右有一俑凭栏远眺。平座前栏杆两角各立一柱，上承四阿顶，正脊两端翘起，中部置一鸟雀（图 1.17）。② 河南陕县出土的这座望楼形制及装饰与陕西潼关吊桥出土的都极为相近，说明这一时期两个地区地面建筑和丧葬文化具有一定的同质性。

1985 年，陕西韩城市财税局基建工地东汉墓出土陶楼 1 座，通高 155

① 陕西省文管会：《潼关吊桥汉代杨氏墓群发掘简报》，《文物》1961 年第 1 期，第 56 页。
② 河南博物院：《河南出土汉代建筑明器》，大象出版社 2002 年版，第 177 页。

厘米、宽43厘米，呈方形，通体施绿釉。楼为仿木结构，坐落于四方形院落中心。院墙四角均建有角楼。正面开歇山顶大门。整栋楼由五部分套装，组成重檐四阿式大板瓦屋顶四层楼房。楼底层正面开门，上部斗拱支托二层四周之回廊。三层四面开门设窗，四层四面皆窗。楼体四周墙壁和回廊栏杆，雕米字、卧棂等几何纹饰（图1.18）。[1] 1960年，陕西韩城县芝川镇东汉墓出土釉陶楼1座，呈方形，通高100厘米，底部缺失，现余三层。一层正面开门，屋顶为四面坡式；二层正面开门，四周有回廊，回廊正面镂刻长方形、菱形等几何纹饰；顶上用斗拱支撑三层回廊，三层回廊形制同二层，回廊四角用斗拱挑出立柱支撑四阿式屋面。[2]

　　1998年，西安三爻村出土汉代绿釉陶望楼1座，通高136厘米、座长40厘米。泥质红陶。望楼从屋檐来看，为三层楼阁式，从门窗和斗拱设置来看应是五层楼阁式，为"明三暗五"结构。一层有长方形院落围

图1.17　河南陕县出土绿釉陶楼　　　　图1.18　陕西韩城县出土釉陶楼

---

① 崔景贤：《韩城市东汉墓清理简报》，《文博》1987年第4期，第31—35页。
② 陕西省文物管理委员会：《陕西韩城县芝川镇东汉墓》，《考古》1961年第8期，第442—443页。

绕，正面中部开门，门上墙壁高于两边，似乎表示门楼。一层中部开门，四角挑出一斗三升斗拱承托二层房屋。二层房屋正中开一方形洞窗，上有平座栏杆。三层一面开门，两边开窗，四面坡式屋顶，垂脊起翘。四层有平座栏杆，中部开门，四角挑出一斗三升斗拱承托五层房屋。五层四面有洞窗，四阿式顶，有短正脊，垂脊起翘，屋面有瓦垅。望楼中有各色形态男女俑，或负重、或翘望、或梳妆，表现了当时人们登高瞭望的场景（图版7）。三爻村出土陶楼与韩城出土陶楼造型相似，说明此类建筑流行地域较为广阔。

（2）水榭

《义疏》："榭者，谓台上架木为屋名之榭。"《尔雅》也解释："观四方而高曰台，有木曰榭"，所以古代高台上的木结构亭状建筑为榭。明清以后，多指一面临水，一面在岸上的木结构园林建筑，所以称水榭。从汉代出土楼阁建筑来看，有的下部附有钵形之物或方形水池，点缀以鸭、鹅等水中动物，寓意楼阁在水池边，应为水榭。

水榭类建筑明器在河南地区出土数量较多。1972年，灵宝县张湾3号墓出土汉代三层绿釉陶水榭，通高130厘米、池边长42厘米。下为方盘式水池，平底，宽平沿外折。池内有鱼、鳖、龟、鸭等动物造型。池内正面和左右两侧共有九个陶俑，包括管家、迎宾人、伎乐人、武士。池中置方形平座，上立三层四阿顶水榭。一层开门，门上方和两侧均有凸起的菱格镂孔方窗。榭身四角各平出一挑梁，下有呈45°斜挑梁支撑组成三角结构，上置一斗三升斗拱，托住二层平座。二层平座有菱形图案隐作栏杆，榭身与一层基本相同，但四角斜出圆形挑梁上承四阿顶，四条垂脊下端反翘，置柿蒂纹。三层建筑形制与二层相同，顶部正脊两端起翘，中立一展翅欲飞的朱雀（图1.19）。[①] 此外还有，1955年陕县刘家渠3、8、73号墓出土的3座三层绿釉陶水榭[②]；1986年卢氏县蒋渠出土的二层陶水榭；1987年三门峡市刘家渠出土的三层绿釉陶水榭[③]，等等。

1982年，陕西华阴县岳庙公社发掘东汉司徒刘崎及其家族墓5座[④]，

① 河南省博物馆：《灵宝张湾汉墓》，《文物》1975年第11期，第75页。

② 黄河水库考古工作队：《河南陕县刘家渠汉墓》，《考古学报》1965年第1期，第107页。

③ 三门峡市文物队：《三门峡刘家渠汉墓的发掘》，《华夏考古》1994年第1期，第22页。

④ 杜葆仁、夏振英、呼林贵：《东汉司徒刘崎及其家族墓的清理》，《考古与文物》1986年第5期，第45页。

出土陶楼2件。其中M1：184为绿釉陶，
高105厘米，共有四层。底座为一方形
水池，底部塑有鱼、龟、鳖、蛙、蟹
等，池边有外侈的平折宽沿，一角上有
一陶塑人像，面向楼上。池中央为楼阁
主体，底层为方形座，座下有小过洞可
供池水穿流；正面开门；底上部正中有
一小方孔，代表上下出入孔道，内有斜
放的七级踏步梯子，四面正中有网格菱
形窗。第二、三层底部四边为栏杆回
廊，楼梯设在中间；正面设门，门侧有
夹门柱；背面墙壁上部开一小方孔，两
侧作圆形镂孔，四角中腰向外挑梁，上
施斗拱支撑腰檐；檐面塑有板瓦和筒
瓦，筒瓦檐头均有卷云纹瓦当。第四层
上有四阿式屋顶，飞檐上有四鸟向四方
眺望，屋脊正中塑有一只瑞鸟，展翅欲
飞，十分生动。此外楼上还塑有男女人

图 1.19

河南灵宝张湾出土绿釉水榭

物若干，有的端坐廊下，有的凭栏眺望，有的对镜梳妆，还有一批人手持
弩机，负责守护，展现了东汉时期庄园中日常生活的场景（图1.20）。

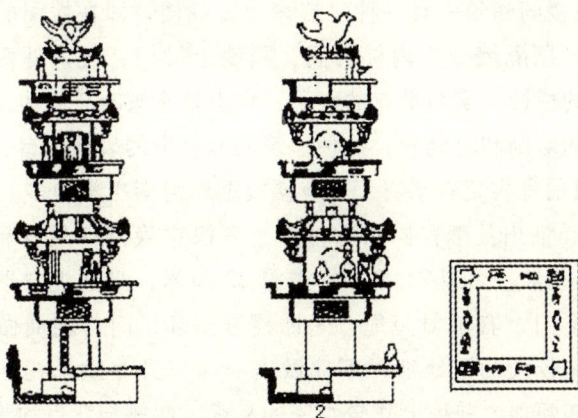

图1.20　陕西华阴司徒刘崎及其家族墓出土陶楼水榭

图 1.21
西安市新筑镇三里西村出土陶水榭

西安市新筑镇也出土有陶水榭模型，通高 54.5 厘米，置于圆形陶水池之内，池沿一周塑有人、马、鹅等造型。陶亭为两层楼阁，屋顶为四阿式，屋脊和檐角均饰有禽鸟。一、二层结构基本相同，均为四根柱子上部两侧出挑梁，承托一斗三升斗拱承接二层平座和屋顶，一层有楼梯通往二层。二层平座四角有持弩机的武士，中间为长袖歌舞的乐伎、琴师，及拍手伴歌者（图 1.21）。

水榭类建筑明器在汉以后也有出土，如江苏溧阳出土宋代琉璃水榭，形制与汉代大不相同。

（3）百戏楼

百戏是中国古代乐舞杂技等表演艺术的总称，汉代又称"角抵戏"。据《汉书》记载，汉武帝元封三年春，为了招待外来宾客，曾举办了盛大的百戏演出。汉郭宪《洞冥记·卷一》记载："建元二年，帝起腾先台，以观四远。于台上撞碧玉之钟，挂悬黎之磬，吹霜涤之篪，唱来云依日之曲。"在楼阁建筑中有一种建筑称为百戏楼，即在楼阁的第二层（少数在第一层）用隔墙分为内外两间，隔墙上设门，使内外两间相通，外间仅置低平的栏杆，实为敞口的台子，台上常常置有正在表演的乐舞百戏俑。从楼阁的形制和功能看，这种建筑颇似后世的表演舞台，因此称为百戏楼。[①] 从目前考古资料来看，百戏楼模型以河南出土为多。

1968 年，淅川县李官桥东堂村出土东汉中晚期四层绿釉陶百戏楼 1 座。通高 91 厘米、面阔 23 厘米、进深 22 厘米，平面近方形。第一层左边开一长方形门，有单扇门扉，上饰铺首衔环，门口四周做出门框的形式。右边置一较大的落地窗，下部做出一斗三升斗拱承托上部菱格镂孔窗。上部有四阿顶，前檐上作较细密的瓦垅，两侧与背后均无檐。第二层

---

① 河南博物院：《河南出土汉代建筑明器》，大象出版社 2002 年版，第 209 页。

正面下置低平的横条形栏杆。中部为敞开的台口，台分内外两间，外间为表演场所，台上有两男俑踞坐做吹奏状，一女伎俑挥长袖起舞。内间可能是化妆的场所。台口左右各置一扁柱，柱子中下部对称各雕一形状较大的人面脸谱，其上又各雕一男童形象，半蹲半跪。两手上托斗拱承四阿顶，上作细密的瓦垅。第三层正面下设栏杆，上开较大的洞窗，上置四阿顶，覆瓦垅。第四层正面置卧棂窗，两山墙均开有长条形洞窗，上置四阿顶，作瓦垅，正脊中立一鸟雀，四条垂脊各饰一卧鸟。第三、四层高、阔、进深逐层递减，使建筑的整体造型显得稳妥（图1.22）。①

1977年，项城县老城邮电所院内出土三层绿釉陶百戏楼1座，通高58厘米、面阔20厘米、进深20厘米。平面为正方形，第一层为亭式建筑，四周置"干"字形栏杆，栏杆四周置张口吐舌的怪物之首，亭内上部正中

图1.22　河南淅川县李官桥
出土绿釉陶百戏楼

有交叉抬梁，两梁交叉伸向四角，梁头分别放置在怪物头上，上置一斗二升斗拱承托四阿顶，顶上为细密的瓦垅，四条垂脊上各饰一鸟雀。亭内置一前二后三个伎乐俑，前面一俑正玩杂技，右腿弓曲，左腿跪地，右手心置一丸欲抛，左手前伸，掌心向上，似已将手中之丸抛出；后二俑踞坐，各手执排箫，鼓腮吹奏。第二层正面为一透空花墙，下部栏杆为"开"字形，上部为菱格形。后墙开一大洞窗，左右山墙各开一门，室正中坐一伎乐俑，双手捧物置口，做吹奏状。四根角柱上托四阿顶，形制与第一层均相同。第三层正面置一凸起的方形卧棂窗，后壁开一方形洞窗。上置四阿顶，顶上为细密的瓦垅，正脊上饰一大朱雀，四条垂脊亦各饰一鸟雀（图版8）。②

---

① 张西焕等：《淅川县博物馆收藏的汉代陶戏楼》，《中原文物》1987年第1期，第16页。
② 周口地区文化局文物科：《项城老城汉墓出土陶楼》，《中原文物》1984年第3期，第105页。

图 1.23

安徽涡阳县大王店出土百戏楼

从目前考古报告来看，望楼、水榭、百戏楼都属于楼阁建筑，一般三层，多者五层以上，以四阿顶为多，具有汉代楼阁的基本形制，而且楼阁内多有墓主、武士、伎乐等人物俑。这三类虽都属楼阁类建筑，但又存在明显区别：望楼一般底层或有围墙环绕，或有台基平座，对楼体起到承托和围护作用，楼内有墓主、武士等人物俑。水榭一般底层有水池，或圆或方，内有鱼、龟、鸭等水生动物造型，

1957 年，安徽涡阳县大王店也出土有同河南相类似的百戏楼模型。该百戏楼通高 99 厘米，砖红色，外施绿釉，共四层，二层为舞台，前台有 5 个乐伎俑正在表演（图 1.23）。1999 年，重庆巫山出土东汉陶戏楼（M47）1 座，通高 91.6 厘米、上宽 52 厘米、下宽 70 厘米、上厚 11 厘米、下厚 16 厘米，两层叠合。底层有耳房、斗拱、雀替、窗棂，房内一台子，上坐一个吹箫俑。顶层结构简单，双斗拱、瓦顶、栏杆。原发掘报告判断"此楼似为戏楼"①，应是依据底层正面开阔、无遮蔽；室内有台，台上有奏乐俑；一层檐下硕大斗拱两边有花朵形装饰，这与河南出土百戏楼两边人面装饰有异曲同工之妙（图 1.24）。

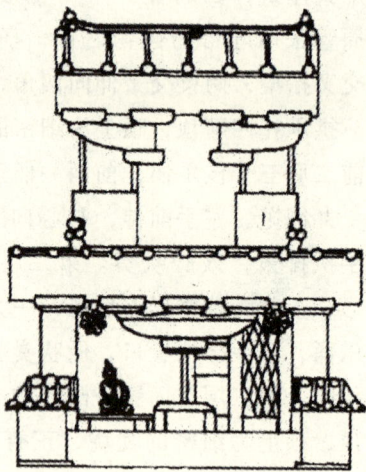

图 1.24 重庆巫山出土东汉陶戏楼

① 重庆市文化局、湖南文物考古研究所、巫山县文物管理所：《重庆巫山麦沱古墓第二次发掘报告》，《考古学报》2005 年第 2 期，第 202 页。

楼内有墓主、伎乐等人物俑。百戏楼一层或二层有演出平台，外置低平栏杆，台上有正在表演的乐舞百戏俑，而且百戏楼体一般在台口两侧柱身和前面雕有人面脸谱或人物造型，可能具有招揽观者的作用，建筑功能和艺术达到了和谐的统一，对后世舞台建筑有一定的影响。

两汉时期出现较多集高台建筑和干栏建筑于一体的楼阁建筑，原因是多样的。其一，人们登高成仙或者通天的愿望。汉人一面眷恋现实生活，一面追求成仙，如武帝应公孙卿言"仙人好楼居"而作"飞廉馆"、"通天台"。"汉代人对仙界的向往实际上体现的还是他们对人间生活的眷恋，与西方人对神的奉献精神不同，中国人对神是为我所用，对神的向往只是为了慰藉自己心灵的需要。"① 受升仙、享乐思想的影响，两汉时期，人们广建楼阁，无论是居住类还是娱乐类建筑，楼身珍禽瑞兽环绕其间，楼内笙歌燕舞，一派祥和的天上人间美好生活图景。其二，防御自保的需要。西汉末年至东汉时期，社会动荡，人口锐减，征战纷繁。各地豪强纷纷拥兵自保，高大的防御性建筑如坞堡、望楼之类大兴，胡肇椿对此作过专门论述。② 其三，建筑技术的发展实现了实的高台向虚的楼阁空间转变。相对单层屋而言，楼阁建筑技术更加复杂。随着人们对木构件技术认识的深入，建筑利用夯土支撑的需求相对越来越少，故所占实体空间越来越小，相应的木构架所形成的虚空必然越来越大，促使实与虚的转化。③

东汉之后，楼阁式明器出土减少，间接说明楼阁式建筑逐渐退出历史舞台。笔者认为楼阁式建筑消退可能有以下几个方面的原因。其一，基于当时的技术条件，高楼建筑必然带来生活上的不便，不能更好地满足人们生活之需。其二，这种向高空发展的建筑形制与儒学提倡的宗族概念有冲突，必然为以后的四合院建筑所取代。其三，由神性向人性的回归。楼阁建筑的出现与流行，或许与上古以来人们对自然界的模糊认识以及神仙思想的存在有关，高大的楼阁建筑表现了人们对上天的崇拜和向往，后来随着对现实社会认识的逐步提升，建筑高大楼阁的热潮也就逐渐淡化。但是这种楼阁式高台建筑形式并未消失，东汉以后的佛塔建筑应是这种思想的延续，园林建筑中的楼阁亭台也是对它的继承与保留。因此，以后在壁

① 李黎阳：《试论山东安丘汉墓人像柱艺术》，《中原文物》1991 年第 3 期，第 86 页。
② 胡肇椿：《楼橹坞壁与阶级斗争》，《考古》1962 年第 4 期，第 206—210 页。
③ 马晓：《中国古代木楼阁》，中华书局 2007 年版，第 161 页。

画、画像石等艺术题材中还可以看到楼阁造型。

（4）亭

亭有着悠久的历史，但是最早的亭并不是作为观赏之用的建筑，而是作为维护治安的小堡垒或者是作为基层一级的行政组织。之后亭又发展为交通要道旁为旅途歇息而筑的建筑，或者作为迎宾送客的礼仪场所，这些多是处于郊野的亭子。处于居所附近用于游观的亭始于汉，历经魏晋南北朝之后，到了隋唐成为园林建筑中点景的主要建筑。宋代亭类建筑形式多样，具备以后亭的基本样态。无论早期用于军事用途的亭，还是后代用于供行人休息的或乘凉观景的亭，一般都为开放性建筑，只用立柱支撑建筑的主体，四周鲜有墙壁围护，属于有顶无墙的建筑。

汉代建筑明器中亭的出现主要有三种形式，其一，亭为宅院建筑的一部分，如湖北云梦东汉晚期砖室墓出土的1座陶楼。由前后两列房屋组成，前列楼屋是建筑主体，有上下两层，各横分为数间居住用房。上层覆四阿顶，下层设披檐。后列为辅助用房。如果大门朝南方，则东部由厕所和猪圈组成小院，厕圈连体；中部设厨房；西部是高耸地望楼。后列建筑皆为悬山顶，望楼腰部带四注腰檐。这组建筑高低错落、体形多变，平面布局自由、合理，没有轴线对称关系。在陶楼外部东南角处另置一独立的亭状小建筑，上覆短脊四注顶（图版9、图1.25）。[①] 其二，亭为水榭的组成部分，如河南灵宝张湾2号墓出土二层绿釉水榭，通高54厘米，池边长40厘米。下有方盘形水池，宽沿外折，池沿四角各建有造型相同的

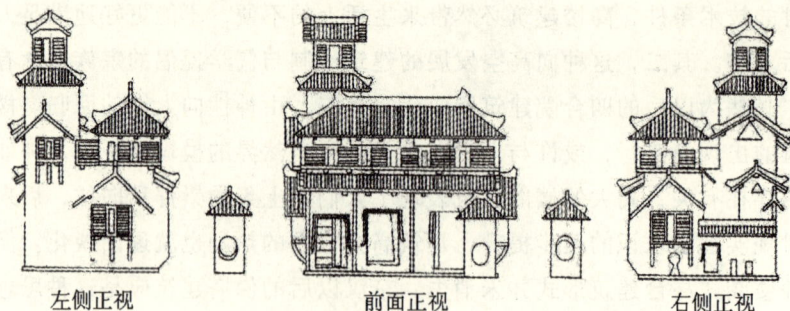

左侧正视　　　　　前面正视　　　　　右侧正视

图1.25　湖北云梦东汉晚期砖室墓出土陶楼

① 云梦县博物馆：《湖北云梦癞痢墩一号墓清理简报》，《考古》1984年第7期，第607—614页。

四角攒尖顶小凉亭，顶光面，无瓦垅①（图1.26）。其三，亭为井类建筑的组成部分，称之为井亭。这类建筑在汉代出土较多，主要有两面坡顶和四阿顶两种形制，这部分主要在井造型处论及，此处不再阐释。

唐代是亭类建筑使用较为广泛的时期。唐代两京地区多苑囿，亭之名称渐多。② 1959年，西安西郊中堡村发现一座唐墓，出土一组三彩四合院模型，其中包括2座亭子。一座为八角亭，赭色，下有两层台阶，八根立柱，立柱间有直棂窗，立柱上承托八角攒尖顶，屋脊上翘，

图1.26 河南灵宝出土绿釉水榭

上有宝珠，亭顶无瓦垄，而是刻划茅草纹。另一座为四角亭，亭顶全施绿釉，下有两层台阶，内外八根立柱，内柱两侧有墙，墙上用阴线画出直棂窗框。其余两侧为敞开式，设有门槛，但无门。外侧四根立柱支撑四角攒尖屋顶，屋檐起翘平缓，上有宝顶，屋面有瓦垄，四条垂脊下端有高起的装饰物（图1.27）。③ 1983年，铜川王石凹出土一组唐三彩院落。其中有四角方亭一座，四面坡式屋顶，上有宝顶，亭子四面开门。唐代之后，建筑明器中出现的亭子基本上为园林山池类建筑的附属，用途固定，不像两汉时期那样形制多样。

2. 房屋宅院

《黄帝宅经》记述："宅者，人之本。人以宅为家，居若安即家代昌吉。"历代人们对于住宅都十分讲究，从房屋选址，到建筑形制、内外装饰等都浸透着主人的社会影响和生活品位。中国古代住宅等级分明、形制多样，《广州出土汉代陶屋》一书中把广东出土汉代房屋类明器分为"栅

---

① 河南省博物馆：《灵宝张湾汉墓》，《文物》1975年第11期，第75页。
② 乐嘉藻：《中国建筑史》，团结出版社2005年版，第31—32页。
③ 陕西省文物管理委员会：《西安西郊中堡村唐墓清理简报》，《考古》1960年第3期，第38页。

图 1.27　西安中堡村出土唐三彩院落中的亭子

居式"、"曲尺式"、"三合式"、"楼阁式" 和 "城堡"。①本书根据是否有围墙环绕将出土房屋类建筑明器分为单体房屋和组合宅院。

（1）单体房屋

单体建筑平面以 "间" 为单元，由一间或若干间组成。"间" 有两个概念：一是指四柱之间的空间；二是指两缝梁架之间的空间。单体建筑开间中，数量最多、运用最广泛的是 "一明两暗"。从出土考古资料来看，"一明两暗" 式三开间平面住宅源远流长，早在仰韶文化时期就出现了面阔三间的建筑雏形。官式建筑的开间一般取阳数，有 1、3、5、7、9、11，其中 11 开间为最高规格，只能在皇宫和宗庙中使用。

从出土建筑明器材料来看，单体房屋一般包括两种类型：

第一，作为院落组成部分的单体房屋。建筑明器中的院落有的是制作时就粘合在一起的整体院落；有的是先制作单体建筑，在墓室摆放时再组合为院落。南方出土院落类建筑明器多为整体制作而成，而北方多为单体建筑的组合。如西安中堡村唐墓出土三彩院落，左右对称放置 3 座厢房、前后有门房、中堂、后殿，以及两座亭子（图版 4）。河南郏县出土明代灰陶院落，左右对称放置 3 座厢房、前后有牌坊、门房、中堂、后屋等（图版 6）。

第二，单体房屋。汉代建筑明器多为楼阁，主要因为使用明器进行丧事活动的不是一般的贫民，至少是有一定经济实力的中小地主以上的阶

———————————

① 广州市文物管理委员会：《广东出土汉代陶屋》，文物出版社 1958 年版，第 1—3 页。

层；而且建筑明器还包含墓主人某些生前未能实现的愿望，必定存在一定程度的夸张。因此，一般社会底层所住的房屋模型，在建筑明器中所占比例比较少。但是在岭南地区出土了许多单体的干阑式陶屋或铜屋模型，说明这一建筑形制在此地当时比较流行。如广西合浦出土有西汉铜屋，为三开间建筑，前出廊，悬山顶，8 根立柱，为干阑式建筑（图 1.28）。[1] 广东出土的青铜干阑式单体房屋也与此类似（图 1.29）。河南焦作市马作

图 1.28　广西合浦出土西汉铜屋　　图 1.29　广东出土青铜干阑式房屋

村出土东汉晚期彩绘房屋也为单体类建筑。平面呈长方形，面阔三间，进深一间。平面虽尺度较大，但是高度较矮，整体呈扁平状，与实体建筑区别较大。[2]

目前所见唐代住宅类建筑明器中最基本的还是单体房屋或者单体建筑组合成的院落，而且在高等级墓葬中出土的建筑明器也以结构简单的单体房屋为主。如在已经发掘的几座唐代帝陵陪葬墓中，懿德太子墓、节愍太子墓、长乐公主墓、永泰公主墓、惠庄太子墓等都有单体房屋类建筑明器出土（图 1.30）。虽然发掘报告中并没有全部给出这些房屋的结构形制或者图片，但是从发掘报告的描述和永泰公主墓出土的四件陶房屋形制来看，这一时期同级别

图 1.30
唐长乐公主墓出土陶房屋

① 刘敦桢：《中国古代建筑史》，中国建筑工业出版社 1984 年版，第 57 页。
② 河南博物院：《河南出土汉代建筑明器》，大象出版社 2002 年版，第 171 页。

墓葬中随葬建筑明器的形制和数量基本相同。

明代住宅类建筑明器有单体房屋,也有组合宅院,从出土资料来看,单体房屋数量较多。如陕西藩王墓已发掘出土的房屋类建筑明器皆为单体,且形制组合基本相同。以1999年西安南郊雁塔区曲江乡金潭沱村发掘的"皇明宗室汧阳端懿王朱公镗墓"出土陶房屋模型为例,此墓出土陶房共计3件,均为泥质红陶,烧后施彩绘。分二型。

Ⅰ型1座。屋宽70厘米、进深68厘米、高62.5厘米。仅存底和四壁,但是从考古发掘时房内残留的木、苇秆朽迹看,房顶原应为纸扎做成。屋四壁置于一方形薄板之上并与之连成一体,正面及两侧出廊沿。除后壁为素面外,其余三面均为仿木构建筑雕饰。四角为圆形立柱,下有圆形柱础石,上端柱头之间为额枋,额枋上有平板枋,平板枋上每面各托斗拱4朵,四角柱上各设角拱1朵,斗拱上面与墙壁高齐。正面额枋以下两柱之间,中间为大门,两边各有一槅扇。门框内上半部有牙板装饰,形成一壶门空间,槅心棂子为横4枚、竖8枚铜钱组成的图案,中绦环板刻卷云纹,裙板中间浮雕葵形团花一朵,绦环板素面。房屋后部由槛框及四槅扇组成,槅扇图案、尺寸与正面槅扇相同。除斗拱、枋板、柱头、门饰、裙板花饰施各色彩绘外,其余全部施红色彩绘。斗拱之间红色壁面上用白彩描绘有带翼升龙图案,正面的图案已漫患不清,平板枋绘三角图案,额枋两端彩绘图案后,其枋心彩绘粉绿底色,正面枋心底色之上以墨线勾描出白色二龙图形。额枋之上的彩绘色彩有蓝、灰、黑、白、红、粉绿6种。门框内牙板用金粉勾边,内以粉绿涂底,底色以墨线、白色彩绘带翼二龙戏珠图案,龙周围绘云纹。裙板花瓣以红、蓝、粉、绿、白间隔彩绘。

Ⅱ型2座。屋宽58厘米、进深50厘米、高73厘米。放置于后室两侧壁上的小龛内,东小龛内房子面向西北,西小龛内房子面向东南。为仿砖木构建筑,面阔3间。硬山顶,五脊六兽,正脊两端有龙形吻,吻背有孔,原应插有物,垂脊下端各有一怪兽头。房顶均涂绿彩。墙体灰彩,以白色勾出砖形。正面有4根红色圆形立柱,柱下有圆形柱础石,柱上端以黑、灰、粉绿彩绘出额枋、平板枋。平板枋彩绘三角图案,额枋彩绘卷云图案。中间两柱间设有门框,下有廊沿。门前两旁廊沿上各有两小孔,八字形排列。东龛内房子门下部有5块横板封门,从门形看,应视为存放谷物的仓库。西龛内房子中间较宽,门框后上有门转,下有门托,转孔及托窝内有朽木灰迹，原应安有木门两扇。房内有小动物骨节，应视为存放肉食所用（图 1.31）。[①]

Ⅰ型

Ⅱ型

图 1.31　西安雁塔区曲江乡金滹沱村出土明代陶屋

明代的单体房屋也有形制稍有不同的，如河北阜城明代墓出土厅堂、厨房各一座。厅堂长 55.5 厘米、宽 45.5 厘米、通高 62 厘米，为硬山顶，面阔三间、进深一间，正脊两端有吻兽，垂脊下端有套兽 1 个，小兽 2 个，正脊和垂脊刻划有蔓草纹饰。前坡出廊，有檐柱和廊柱各四根，柱下均有柱础。在廊两端，各有一券门。外墙刻划砖缝，厅堂的顶、壁为灰色，屋脊为绿色，柱子为红色（图 1.32）。[②]

---

① 西安市文物保护考古所：《西安南郊皇明宗室汧阳端懿王朱公镗墓清理简报》，《考古与文物》2001 年第 6 期，第 29 页。

② 天津市文化局考古发掘队：《河北阜城明代廖纪墓清理简报》，《考古》1965 年第 2 期，第 77—78 页。

图 1.32　河北阜城明代廖纪墓出土厅堂

（2）组合宅院

单体房屋绕以围墙，就形成封闭性的宅院，这是中国民居建筑的主体。从出土考古资料和文献记载来看，宅院式建筑明器以汉代和唐代最多，代表两种不同类型的建筑风格，其中汉代多为楼阁式宅院，而唐代多为单层式四合院。

第一，楼阁式宅院。楼阁式宅院以汉代出土建筑明器为主，它是集楼阁与宅院为一体的综合造型艺术。本书根据组合宅院的单体建筑数量和建筑功能特点将这类宅院分为单体式、双体式、三合式、围合式、复合式、坞堡式六种形制。

其一，由楼阁、院门和围墙组成的单体宅院。这类宅院最为简单，由一座楼阁加围墙（围栏）组合而成。河南南阳沼气公司出土东汉褐釉陶楼院 1 座，通高 42.5 厘米，平面呈长方形，前面用墙围成院落，墙上有瓦垄式墙帽。前墙偏左开一长条形门。院落后为三层楼体，二层为悬山顶，正脊平直；三层位于正脊左侧，为单间小屋，上置四阿顶（图 1.33）。南阳市电梯厂出土东汉黄绿釉陶楼院、南阳市汽车厂 2 号墓出土东汉灰陶楼院，皆为此类造型。① 湖南常德市三中工地 M1 出土陶楼阁宅院，通高 61 厘米、宽 23.1 厘米、底长 28.2 厘米。平面近四方形，一层宽大，二层、三层较小。一层前由横式栏杆围成小院，一、二层皆出

①　河南博物院：《河南出土汉代建筑明器》，大象出版社 2002 年版，第 184—185 页。

檐，二、三层有横格窗户和长条形窗户，四阿顶（图 1.34）。① 这种宅院形制与北方不同，围墙属于栏杆式。岭南地区出土了许多干阑式建筑，有的由最简单的房屋和围墙（栏杆）组成，也属于单体宅院，如广州市南郊大元岗出土的干阑式宅院，第一个长 20.5 厘米、宽 21 厘米、高 25.4 厘米，第二个长 21 厘米、宽 25.6 厘米、高 27.6 厘米，造型相似（图 1.35）。②

图 1.33
河南南阳沼气公司出土褐釉陶楼院

图 1.34
湖南常德市三中 M1 出土陶楼

图 1.35　广州市南郊大元岗出土的干阑式宅院

---

① 湖南省博物馆：《湖南省文物图录》，湖南人民出版社 1964 年版，第 84 页。
② 广州市文物管理委员会：《广州出土汉代陶屋》，文物出版社 1958 年版，第 5、7 页。

其二，由两座房屋、院门、院墙组成的双体式宅院。这类宅院一般由两座房屋加院墙组成，房屋或交叉、或平行。交叉式多出现在南方，也称曲尺式，为两座长方形房子组成一个曲尺的平面，这种陶屋结构布局比较简单，应为当时一种小型住宅建筑。《广州出土汉代陶屋》收录有多个曲尺式房屋资料，可见这种建筑模式在当地是比较流行的，如广州东郊龙生岗出土曲尺式宅院，长 26.4 厘米，宽 26.8 厘米、高 31.8 厘米；广州东郊茶亭出土曲尺式宅院，长 23 厘米，宽 21.2 厘米、高 21.8 厘米，结构相似（图 1.36）。① 1958 年，广西梧州市云盖山 5 号墓出土东汉五俑带圈

东郊龙生岗出土　　　　　　　　东郊茶亭出土

图 1.36　广州市出土的曲尺式宅院

陶屋，通高 20.2 厘米、底长 21.8 厘米、宽 21.5 厘米。陶屋平面呈曲尺式，与屋后猪圈矮围墙组成正方形院落。前屋中设一门，门两侧镂直棂窗，门左侧下方镂一圆洞。右墙设一门，右上方镂直棂窗，下方刻划双线菱形纹和戳印纹。后室山墙上镂窗，下方有一圆洞。前室内塑三人站立于臼旁持杵舂米，门口有一犬昂首卧地，侧门塑有一人。前室后壁开一长方窗，窗内一人探身喂猪。后院露天猪圈内两头猪在槽旁进食。外墙皆刻划梁柱和斗拱纹样（图 1.37）。河南偃师县也出土有类似的曲尺式建筑，区别在于这是一座做成曲尺式的单体陶仓楼，无院墙围护。②

双屋平行宅院多出现在北方地区，一般后面为楼阁式建筑，前面为门

① 广州市文物管理委员会：《广州出土汉代陶屋》，文物出版社 1958 年版，第 14、17 页。
② 河南博物院：《河南出土汉代建筑明器》，大象出版社 2002 年版，第 20 页。

楼，如河南灵宝张家湾 2 号墓出土
东汉绿釉陶院落，通高 93 厘米、面
阔 37 厘米、进深 41 厘米。院前正
面开门，上建有门楼。楼体坐落于
院落后部，一层前壁左侧开门，二
层左侧有一凸起的菱格镂孔方窗，
上置悬山顶，右侧正脊上翘，左侧
上建方形小阁楼，四阿顶，正脊中
央立一展翅朱雀（图 1.38）。[1]

图 1.37　广西梧州市云盖山 M5 出土陶屋

图 1.38　河南灵宝张家湾 M2
出土绿釉陶院

其三，由三座房屋、门、院墙组成的
三合式宅院。三合式就是由三座房子组成
"凹"字形平面，前面一座作横的长方形
房子，是主人居住、生活的地方；其余两
座对称于背面两侧，当中用矮墙连接，构
成后院。房屋两侧（或一侧）为走廊，设
斜梯通往后屋。后面的两屋，一为厕所，
一是畜舍。[2]　三合式多出现在南方，而且
形制基本相同。《广州出土汉代陶屋》收
录有多个三合式房屋资料，说明这种建筑
模式在当地是比较流行的。广州东郊十九
路军坟汉墓出土有两种形制三合式宅院，
A 式：长 27.8 厘米、宽 28.4 厘米、高
24.6 厘米，左右各开两门；B 式：长 23.4
厘米、宽 19.4 厘米、高 27.6 厘米，一侧有斜坡可供家畜进入圈舍（图
1.39）。[3] 1957 年，广西贵县粮食仓库 19 号墓出土东汉三合式陶宅院 1
座，陶楼由前屋、后屋及一侧厢房构成，后屋为重檐四阿式，中央是天

---

① 同上书，第 172 页。
② 广州市文物管理委员会：《广州出土汉代陶屋》，文物出版社 1958 年版，第 2 页。
③ 同上书，第 32—34 页。

井，前低后高，通高 32 厘米、进深 34 厘米、面阔 27 厘米（图 1.40）。在北方也有三合式宅院出现，只不过与南方形制不同，而且数量较少。如 1955 年河南陕县出土绿釉陶院落，通高 20.3 厘米、长 36.5 厘米、宽 30.5 厘米。前后各有一座长方形房屋，悬山顶；右侧建有一面坡式牲畜棚，棚内用墙分成三间；左侧围以矮墙。①

图 1.39　广州东郊十九路军坟出土汉代三合式宅院

　　其四，由主楼、门房、厢房组成的围合四合院。这类宅院一般四面皆有房屋，主楼为阁楼，两边为厢房或一厢房一库房，前面为门楼（门房），是最标准的四合院形制。1998 年，扶风县法门镇官务村汉墓出土一组泥质红陶四合院，由门楼房，左、右厢房和后寝房组成。门楼房为二层楼房，悬山顶。正脊两端和垂脊下端压印有云纹瓦当。正

图 1.40　广西贵县粮食仓库 M19
出土东汉三合式宅院

面上层中间开长方形窗，檐下两端有斗拱。下层中间为大门，下有"山"字形门槛。门上有出檐，檐两端有长方形斜撑。出檐两旁各有一斗拱。大门两侧各堆塑一张口瞪目、形象凶恶的兽头。门房的背面，楼上一侧留有长方形竖孔，似为出入小门。中间为长方形大窗。左、右厢房 2 座，形制

① 河南博物院：《河南出土汉代建筑明器》，大象出版社 2002 年版，第 185 页。

相同，高低略异。皆为两面坡式悬山顶，起五脊，正脊两端上翘成吻状。垂脊下端和正脊两头都压印着云纹瓦当。前檐无墙、后檐墙上两端用白色绘檐柱和斗拱。后寝房为两面坡式悬山顶，正脊两端上翘成吻。吻座外侧压印着"品"字形排列的三个云纹瓦当作为装饰。四垂脊下端亦各压印着一个云纹圆瓦当。前檐墙以黑色为底色，四周用白色勾边，并用白色直线将墙面划分成六个区间，区间内以白色菱形四方连续图案装饰，墙上开有门窗。后檐墙素面，两端用白色绘出檐柱、斗拱和横梁等（图1.41）。[①]

图1.41　陕西扶风县出土陶四合院　　图1.42　陕西华县文管会藏陶院

　　陕西华县文管会藏东汉陶庭院平面呈长方形，通长110厘米、宽83厘米。后面右侧为一座两层陶楼，高34厘米，四面坡顶。院落中部左右两侧为悬山顶建筑。院落后部与陶楼相对一角为低矮的厕所与猪圈。院落前部两侧有厨房和磨坊。院落前后有高耸的围墙，顶部为高低错落的三跌落式，上置护脊瓦（图1.42）[②]，该院落平面布局与官务村的稍有差异，各个建筑功能划分更为明显。

　　其五，由主体四合院和偏院组成的复合四合院。这类宅院不仅包括主体四合院，在旁边还开有偏院。1978年，陕西勉县老道寺出土东汉泥质灰陶院落1座。院落由19个单体建筑组成，平面126平方厘米，包括宅门、院墙、厢房、正楼为单元的主体四合院和偏门、佣人房、家禽家畜圈为单元的偏院等。门房面阔三间，悬山式顶，两端翘起作鸱尾状，脊面盖

　　① 周原博物馆：《陕西扶风县官务汉墓清理发掘简报》，《考古与文物》2001年第5期，第17页。所有房屋屋顶皆为悬山式，而原发掘报告写成歇山式。
　　② 史华：《陕西华县馆藏汉代陶建筑模型》，《考古与文物》2007年第5期，第112页。

筒瓦、板瓦。正面开大门，内安两扇平板式对开门。右厢是由三座单体楼层组成的三层楼房和一座望楼。楼房面阔两间，一层外间正面开门，里间楼顶上开楼口，可登平顶上的望楼；二层里间平顶中部开一楼口供登三楼；三层为四阿顶，正脊两端斜翘为鸱尾状，屋面铺筒瓦及板瓦。望楼置于一楼平顶的楼梯口上，是上下楼必经处，面阔一间，单檐悬山式。左厢为仓房。正楼为一幢面阔三间、进深一间的四阿顶重檐三滴水建筑，共四层。一层房脊为一方形脊圈梁，楼顶与房四面脊的直线平行拱起，形成四坡面顶，房面以筒瓦、板瓦铺盖；二层为长方形直壁，周饰横式栏杆；三层结构形式与一层相似；四层为四阿式。正脊两端作鸱尾。垂脊、戗脊、岔脊成一条线，房面盖筒瓦、板瓦。室外正面檐、两山檐下，背面中部皆有斜方格窗。

从主体四合院的左边后院墙的偏门可出入偏院。偏院由牲畜圈、猪圈、佣人房、鸡圈四个单体组成。佣人房面阔三间，悬山顶，正面檐下一侧开有门。两山墙的中部皆有窗，一个方形，一个长方形（图1.43）。①

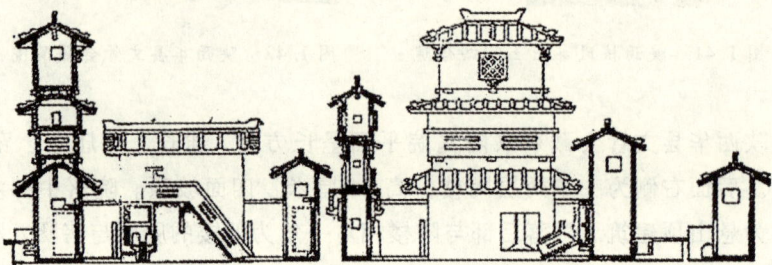

图1.43 勉县老道寺出土灰陶院落剖面图

其六，由围墙、门楼、角楼、楼阁（房屋）组成的坞堡。坞堡本来只是用于军事据点，东汉时已为民间的"豪尊富贵"之家所采用。连年的社会动乱，使得各地豪强拥部曲家兵，纷纷筑坞自守，故坞堡之筑从汉末到三国魏晋以至南北朝大为兴盛，这种建筑形制在出土明器中多有反映。坞堡类建筑明器在全国各地均有发现，但以广东、湖北、甘肃出土最多。现在南方许多地方还保留有明清时期修建的坞堡，其起源可能就是汉代的坞堡。

① 郭清华：《陕西勉县老道寺汉墓》，《考古》1985年第5期，第429—449页。

广东出土坞堡模型较多，如广
州动物园东汉建初元年墓出土的陶
城堡，四周围绕高耸的城墙，墙顶
之上有披檐，城墙上部开设有长条
形镂孔，墙壁上有长方形刻划图案。
前后大门各有楼阁式望楼一座，里
面设楼梯以供上下，四隅建角楼。
城堡长 41.2 厘米、宽 40 厘米、高
29.6 厘米，城堡内有两栋房屋，一
座为曲尺形，一座为长方形，两者

图 1.44　广州动物园东汉墓
出土陶坞堡

合成凹字形平面，屋子内部有演奏、跪拜等人物俑十二个（图 1.44）。①

　　湖北也多有坞堡出土，形制相近。鄂城东吴孙将军墓出土瓷院落 1
座，进深 44 厘米、宽 51 厘米，平面呈长方形，外绕围墙，墙头有双坡檐
顶。前墙正中开一大门，上设门楼一座，庑殿顶，檐头有瓦当，四壁均开
窗。楼顶内面刻有"孙将军门楼也"。后墙正中开有一门，在围墙四角各
设堡楼，屋顶与门楼同，顶下仅左右两侧有墙，并在一侧墙上有窗。大门
内正面为前堂，左右各有一厢房，再向里是正房，正房两侧也有厢房。在
正房后门两侧又各有一间厢房。各房的门都开在前壁，正房朝前，厢房向
院内，屋顶均与门楼相同，脊端上翘（图 1.45）。② 黄陂吴末晋初墓出土
瓷院落住宅 1 座，长 70 厘米、宽 50 厘米，由围墙、前后门楼、四角角
楼、左右厢房和后室组成。围墙上有双面坡顶，前后正中刻划出两扇门。
院落中的建筑均为四面坡式，脊端起翘，前后门楼和角楼的二层有围栏，
院落布局左右对称，整体施褐釉（图 1.46）。③ 黄陂出土坞堡同鄂城东吴
孙将军墓、安徽省马鞍山市东吴墓④、武昌莲溪寺吴墓⑤出土的坞堡基本
相同，反映出吴越文化和汉文化的交流和融合。

　　① 广州市文物管理委员会：《广州动物园东汉建初元年墓清理简报》，《文物》1959 年第 11
期，第 14 页。
　　② 鄂城县博物馆：《鄂城东吴孙将军墓》，《考古》1978 年第 3 期，第 164 页。
　　③ 武汉市博物馆：《武汉黄陂滠口古墓清理简报》，《文物》1991 年第 6 期，第 48 页。
　　④ 安徽省考古研究所：《安徽马鞍山市佳三吴墓清理简报》，《考古》1986 年第 5 期，第
404 页。
　　⑤ 湖北省文物管理委员会：《武昌莲溪寺吴墓清理简报》，《考古》1959 年第 4 期，第 189 页。

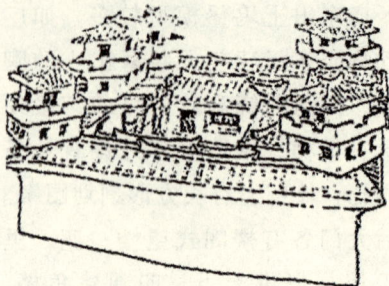

图1.45 湖北鄂城出土东吴瓷院落　　图1.46 湖北黄陂出土吴末晋初瓷院落

甘肃是北方出土坞堡较多的省份，如武威雷台东汉墓出土绿釉堡楼，通高105厘米，平面呈长方形，四周有院墙，正面开门，门侧各出一一斗三升斗拱承挑门楼屋檐，门两边各开一窗。院内有隔墙，将前院分为一大院，两小院。后院也一隔为二，隔墙有门相通，院中为五层楼，向上逐层收分，每层均四面出檐。院内四角各有一方形望楼，望楼之间以飞桥相连，桥身两侧皆有矮墙，呈悬槽之势以防外面敌人射击（图版10）。① 此外甘肃张掖也出土有东汉坞堡明器，形制基本相同，一是皆有方形院落；二是皆有一正楼和门楼，而且主楼为望楼；三是防御性皆很强，可能是当时西北边民苦于羌患，出于自我防御的需要。

甘肃的坞堡与广州、湖北的坞堡皆具有防御功能，这可以从四周设置的角楼得到体现，但是甘肃的坞堡中心为望楼，而湖北和广州出土坞堡中心为房屋，这是它们的区别。此外，从现有资料来看，岭南地区出土坞堡院墙更为高耸，一般院墙上部刻划出镂孔，墙面上多刻划有几何纹，而湖北、甘肃等地，坞堡院墙较之低矮，且少装饰。

汉代楼阁式宅院具有以下几个方面的特征：其一，多有以楼阁为标志的主楼，这应该是当时建筑技术和宅院布局的主要形态。其二，院落没有固定的布局，有的有中轴线，有的没有。如华县文管会藏陶庭院并非中轴布局；扶风县法门镇官务村陶四合院则具有明显的中轴线。但出现的这种封闭式四合院，对后世规制影响很大，从汉代到清末的住宅、宫殿庙宇及其他建筑也大都采取同样的构筑方法。其三，不仅有主院而且有偏院。如勉县老道寺复合四合院，主院为四合院式建筑，是主人居住和生活的场

① 甘博文：《甘肃武威雷台东汉墓清理简报》，《文物》1972年第2期，第19页。

所，偏院则包括禽畜圈、厨房、磨房、佣人房等，是为主人提供生活服务的设施。当然，汉代也有由单层平房组成的宅院，但是数量上还是比较少。

第二，单层宅院。单层宅院以唐代出土明器为主，它是集三彩、院落、亭台、人物为一体的多元造型艺术。从出土建筑明器来看，唐代单层宅院主要有三种类型：

其一，为一进式四合院，主体构件为门厅、后室、厢房，属于最简单的四合院造型。1983 年，铜川王石凹出土一组唐三彩院落，由院门、厅堂、厢房、方亭、井、箭靶、床榻、人、马等 23 件单体组成，它仿照死者生前的宅院建造，从一个侧面反映了唐代富裕人家的生活（图 1.47）。

图 1.47　陕西铜川王石凹出土三彩院落

其二，为二进式四合院，主体构件不仅包括门厅、后室、厢房，还以堂为中线，把院落分为前后两个院子。这种形制外观比较简单，但内部以房屋为中心的空间组合及变化，却成为艺术处理的主要部分。1959 年，西安西郊中堡村唐墓出土一组四合院建筑明器①，整个住宅有明显的中轴线，左右对称，主体建筑居中轴线上，附属建筑侧立两旁，构成了一个完整的封闭式建筑群，严整、疏朗、起伏得当，是唐代庭院建筑的典型代表。中轴线上布置大门、前堂、后室。大门和前堂间的前院内设四角攒尖亭；前堂和后室间的后院内左右对称置三彩山池和八角亭，沿左右院墙分别布置 6 座厢房，大门和厢房均用 2 根通檐柱支撑、面阔 3 间，有阑额，为山墙承重的悬山顶房屋。前堂用 4 根通檐柱支撑三开间悬山顶房屋，明间有门框、门槛，次间有直棂窗。后室的规格较高，用 4 根通檐柱支撑三开间的歇山顶建筑。整组建筑柱、窗均为红色，顶用绿、蓝

---

① 陕西省文物管理委员会：《西安西郊中堡村唐墓清理简报》，《考古》1960 年第 3 期，第 38 页。

和赭色，色彩十分明丽。①

西安长安区灵沼出土的住宅模型相比中堡村住宅模型，形制较低，制作简单。住宅模型由 9 座房屋组成，有门厅、堂、后室，两侧东西厢房，其厢房中间的高大，两侧的略小，具体的造型为：门厅为悬山式，两侧有山墙，中间为门，下有长方形板；后室为悬山式，前设四根明柱，中间设一门，下有长方形板；大厢房 2 座，悬山式，设有山墙和后墙，前有两根明柱，下有长方形板；其余的为堂与厢房五间，均为悬山式，有山墙和后墙，前敞，下有长方形方板，房顶均有简单的瓦与脊装饰，施

图 1.48　西安市长安区灵沼出土三彩院落

绿釉彩。其余部位施白色护胎"釉"。在住宅院落模型内，还有人物、狗、猪、鸡、鸭等，是当时贵族真实生活的再现（图 1.48）。②

其三，为三进式四合院，主体构件沿中轴线将院落分为三个院子。如山西长治唐王休泰墓出土红陶院落，从门楼到马厩有一条明显的中轴线，主次分明、坐落有序。位于中轴线最前面的是门楼，通宽 17.2 厘米、进深 11.5 厘米、通高 24 厘米。接着是陶影壁一件，宽 10 厘米、高 12.5 厘米。位于中轴线的第二座陶屋是第一进院落的正房，进深一间、面阔三间，悬山顶，通宽 25.8 厘米、进深 17 厘米、通高 26.3 厘米，体量高大、造型美观、细部讲究。第一进院沿中轴线两侧各有一座左右对称的厢房，面阔三间，体型略矮、平面窄长。中轴线上第三座陶屋是第二进院的，面阔三间，悬山顶，通宽 23 厘米、进深 0.81 厘米、通高 17.3 厘米，造型较小。第二进院落两边各有陶屋一座，面阔皆一间，形制较小。马厩是中轴线最后一座陶屋，两边不设配房，面阔两间，一面坡

---

　　① 王倩、付清秀在《唐代三彩庭院式建筑群的复制》（《文博》1993 年第 2 期）中记叙了他们复原中堡村唐墓建筑群的过程，其中与发掘简报不同的是，他们看到的建筑明器共 12 件，除了简报中公布的 11 座单体建筑外，还包括一座三彩山池。

　　② 西安博物院：《西安博物院》，世界图书出版社 2007 年版，第 259 页。

式屋顶（图 1.49）。①

　　唐代单层宅院，具有以下几个方面的特征：其一，多为面阔三间房屋组合的单层宅院。唐代院落式建筑明器，既有面阔三间的正房，也有面阔三间的厢房，表明以三开间正房、厢房组成庭院式的宅院在唐代已经盛行。这也可以从唐代的典章制度中得到验证。《唐

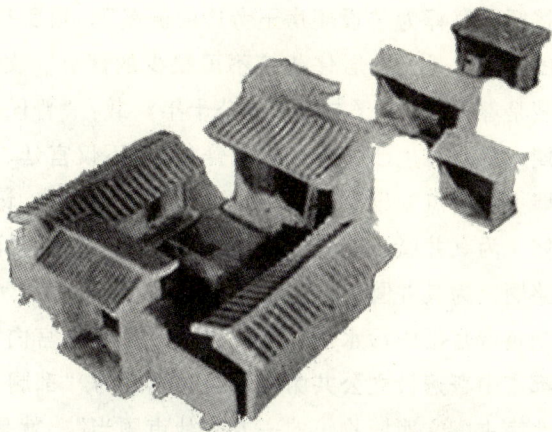

图 1.49　山西长治唐王休泰墓出土三进红陶院落

六典》明文规定："六品、七品以下堂舍，不得过三间五架，门屋不得过一间两架……庶人所造房舍，不得过三间四架，门屋一间两架，仍不得辄施装饰。"实际上，这种三开间的房屋，不仅广泛用于低品位官员和庶民的堂舍，而且也普遍用于王府和高品位宅第的门屋以及厨房、库房等。其二，有明显的中轴线。无论是中堡村唐墓出土的院落模型，还是铜川、长安、长治出土的院落模型都有明显的中轴线，布局上左右对称，主体建筑（大门、前堂、后室）居中轴线上，附属建筑侧立两旁（多为左右各三座厢房），围成院落。其三，出现了用于装饰的亭子、假山以及生活化的井、箭靶、床榻和人、动物俑。如中堡村唐墓出土的院落模型中有亭子两座，假山一座；长安区灵沼出土的院落模型，出现人物、狗、猪、鸡、鸭俑；铜川王石凹出土的院落模型，出现方亭、井、箭靶、床榻以及人、马俑，反映出唐代庭院建筑较之汉代更加注意居住环境的美化和改善。汉代将居住建筑、休闲建筑分开而建，到唐代二者融合为园林式庭院，反映了人与自然的更好结合。

　　3. 厕所

　　古代把厕所称为"圂"，《说文解字》曰："圂，厕也。从口，象豕在

_____

①　山西省文物管理委员会晋东南文物工作组：《山西长治唐王休泰墓》，《考古》1965 年第 8 期，第 389—392 页。

口中也"。从字义上看，"厕"，从广，广像屋；从则，则当侧，所以可以将厕所解释为"设于房子旁边的侧屋"。厕所是社会文明发展到一定程度的产物，是人类居住建筑不可缺少的部分。文献中出现有关"厕"的记载是春秋以后，《左传·成公十年》载："晋侯欲食麦……如厕"。这一时期，厕所在生活中已经相当普及，"不仅宫廷、官府、吏舍有之，就连城墙上也定点专设"①。据《周礼·天宫冢宰》记载："宫人掌王之六寝之修，为其井匽，除其不蠲，去其恶臭，共王之沐浴。"井，指漏井，匽是路厕；为其井匽，是设有一种漏井，使污秽之水流入，以保洁除臭。宫人是负责宫廷中污水排除的职官。可见当时宫内已经建立路厕。汉代以后，都市中普遍设立公共厕所，当时称之为"都厕"，而且有专人管理。现藏北京古陶文明博物馆的一方"什市厕当"，就是汉代市场中公共厕所之上所用的瓦当。

从近年来出土的陶厕模型和其他考古材料来看，汉代厕所形式多样、设计合理，大致可以分为三种类型：

（1）猪圈连体厕

根据猪圈平面造型不同，猪圈连体厕可以分为两种形制：其一，圆（椭圆、半圆或不规则）形猪圈上构筑厕所。这种厕的下部通常是一个由圆、椭圆或者半圆形围墙（围栏）构成的猪圈，圈内附有食槽和陶猪，厕所架筑于猪圈之上或与猪圈相连。这种形制的厕所一般为单侧，或圆或方，结构简单。其二，方（长方）形猪圈上构筑厕所。基本形制与第一种大致相同，只不过猪圈的围墙或围栏的平面为方（长方）形。根据厕所数量，这种形制的陶厕模型可以分为单厕与双厕。双厕或并排排列，或对角相望，呈对称构图，建构实用、布局合理、造型美观，是汉代造型艺术的重要载体（图1.50）。也有猪圈和厕所组合为单独院落的造型，如西北国棉五厂出土的西汉早期圈厕小院，整体为一后院，平面方形，厕所、猪圈分别位于院左后角及右后角。②

河南洛阳、南阳、灵宝、新乡、唐河、荥阳、陕县、密县、汲县等地皆有猪圈连体厕出现，几乎包括这类明器的全部形式。其中南阳建东小区

---

① 曹建强：《汉代的陶厕》，《古今农业》1999年第4期，第79页。

② 呼林贵、侯宁彬、李恭：《西北国棉五厂95号墓发掘简报》，《考古与文物》1991年第4期，第31—40页。

图 1.50　徐州博物馆藏汉代陶猪圈厕所

46 号墓出土东汉红陶厕所猪圈，通高 23.5 厘米、边长 20 厘米，平面呈方形，左右两侧靠后对称各建一造型相同的方形小屋，有斜坡通底部，整个建筑规整简约、富有代表性。灵宝出土东汉绿釉陶厕所猪圈，通高 18.6 厘米，平面椭圆形，圈边建一圆形厕所，门前有阶梯式坡道通向圈外（图版 11）。[1] 陕西旬阳县出土有汉代猪圈连体厕多件，包括刀把形、长方形、圆形猪圈，上筑厕房，厕房为悬山式屋顶，门前有斜坡状台阶，沿房基通向圈栏下部。[2] 陕西潼关吊桥汉墓出土有圈厕 5 个，猪圈有半圆形和方形。[3] 山东淄博临淄区金岭镇东汉砖室墓出土灰陶厕所猪圈，长 50.5 厘米、宽 35.8 厘米，长方形，两面为围墙，另两面各有一间厕所。厕所一大一小，周围有矮墙环绕。猪圈是借助墙壁形成的一面坡式（图 1.51）。[4]

图 1.51　山东淄博东汉砖室墓出土灰陶厕所猪圈

① 河南博物院：《河南出土汉代建筑明器》，大象出版社 2002 年版，第 179、180 页。

② 张沛：《陕西旬阳出土汉代溷厕》，《农业考古》1988 年第 2 期，第 167—168 页。

③ 陕西省文管会王玉清：《潼关吊桥汉代杨氏墓群发掘简报》，《文物》1961 年第 1 期，第 56 页。

④ 《东夷文明的光辉——先齐文物》，百花文艺出版社 2006 年版，第 111 页。

图 1.52
长沙小林子冲汉墓出土褐釉陶厕所猪圈

猪圈连体厕形制南北方差别不是很大，如长沙小林子冲 M3 出土东汉褐釉陶猪圈，通高 19.8 厘米、最宽处 26.5 厘米，猪圈为圆形圈栏，上置悬山式厕所，山墙上开一小窗以利通风。厕房内地板上有一便坑下通猪圈，圈内有一母猪哺乳着一群猪崽（图 1.52）。苏州市通安乡麻布浜出土东汉陶猪圈，厕所与方形猪圈相连，相对较大，其中一件一侧半露屋顶，内置陶猪（图 1.53）。①

图 1.53　苏州市通安乡出土汉代釉陶厕所猪圈

（2）附属于宅院的厕所

这种形制的厕所一般在南方建筑明器中较为多见。广州出土汉代陶楼院与北方不同，其主要特点就是把各种用途的房屋紧凑地组合在一起。"同时，几乎在每座屋内都有一个简单的厕所设备，大凡平面属曲尺形的，后侧的长方形小室就是厕所，而平面为横长方形的，厕所就附设在屋内的一侧处。"至于三合式和楼阁式建筑明器，则在后院有两屋，"一为厕所，一属畜舍"。②

---

① 张欣：《苏州博物馆藏出土文物》，文物出版社 2009 年版，第 136 页。
② 广州市文物管理委员会：《广州出土汉代陶屋》，文物出版社 1958 年版，第 1—2 页。

（3）单独建筑的厕所

除了圈厕连体型及与屋院结合型厕所外，墓葬中也有单独随葬厕所的现象，只是比例较小。陕西汉中出土悬山顶双门陶厕1座，通高40厘米，攒尖式屋顶，通体绿釉，正面分双门，门间有隔，代表男女厕的区别，每个厕内的地面正中都有一个长方形蹲坑，坑两侧各有一个长方形踏台。厕所门前设两级台阶，上下便利。左右两侧各置有门窗，通风以排浊气。下有四足，颇似南方干阑式建筑风格，设计合理。①

在汉代墓葬中不仅有陶制的厕模型，还有实体的厕所。如北洞山楚王陵M8墓室内东南角有一蹲坑，坑长45厘米、宽20厘米、深30厘米。为蹲坑式厕所。②

东汉之后，以厕随葬的习俗逐渐减少，在一些墓葬中虽也有出现，但是主要为单体厕，形制简单。北周宇文俭墓出土灰陶厕1件，长方形，正面开一门洞，厕顶为长方形。③ 西安郭家滩隋姬威墓出土陶厕一件，高10厘米，四面有围墙，中部有长方形蹲坑。④

4. 禽畜圈

从考古资料来看，对猪、羊、狗、鸡等家禽家畜的饲养在我国有着悠久的历史。禽畜舍在汉代明器中多有发现，往往与禽畜合出，说明当时家禽家畜饲养已经是家庭生产的一项重要活动。

（1）猪圈

汉代墓葬多有猪圈出土，而且往往和厕所连在一起，也有单独猪圈出现，是宅院建筑中不可缺少的组成部分。目前出土的猪圈明器，有的只有圈内的猪或者兼具食槽的简单造型，但大多猪圈结构复杂，除了与厕所相连外，圈上还建有悬山、硬山或者攒尖顶的屋顶，这表明当时人们已经将圈厕作为生活中不可或缺的一类建筑。

（2）羊圈

羊在中国是吉祥的象征，羊即祥。"羊之于墓中，自古有之，鲁语

① 冯岁平：《汉中博物馆》，三秦出版社2003年版，第73页。
② 周学鹰：《徐州汉墓建筑》，中国建筑工业出版社2001年版，第94页。
③ 陕西省考古研究所：《北周宇文俭墓清理简报》，《考古与文物》2001年第3期，第35页。
④ 陕西省文物管理委员会：《西安郭家滩隋姬威墓清理简报》，《文物》1959年第8期，第4—7页。

说：季桓子穿井获如土缶，其中有羊焉。使问仲尼，对曰'丘闻之木石之怪曰夔魍魉，水之怪曰龙罔象，土之怪曰坟羊'。孔子之言对不对，且不论，但是缶中有羊分明是明器中的羊舍及圈中的羊。古以羊祭祀，对于亡灵亦以羊供奉是很自然的事。"① 汉代人尤以羊为善良吉祥之物，随葬品以羊为题材的有羊灯、羊圈、各种形状的羊俑及羊形装饰纹样等。河南三门峡、陕县、灵宝等地皆出土有圆形羊圈，圈为墙体或者篱笆造型，没有屋顶。也有房舍式羊圈出现，如1955年河南陕县刘家渠73号墓出土东汉绿釉陶羊圈，平面呈长方形，后面为悬山顶圈棚，上作瓦垄，前面敞开。前部围以矮墙，正面右侧开一方形圈门，门四周刻划门框。圈内有羊数只（图1.54）。② 1958年长沙金盆岭墓出土晋永宁二年的青釉陶羊圈，方形，上置四阿顶，垂脊多起翘、有瓦垄，内置一羊（图1.55）。

图1.54　河南陕县刘家渠73号墓
　　　　出土绿釉陶羊圈

图1.55　长沙金盆岭晋代墓出土
　　　　青釉陶羊圈

（3）鸡舍

鸡与人类相伴历史久远，鸡谐音吉，鸡还可以消灭"五毒"，沟天贯地，是神灵的表现。汉代人对鸡尤其崇拜，在许多墓葬中都发现有鸡及鸡舍造型出现。鸡舍形制有单独圈栏式，也有房屋样式，还有类似于鸡笼的造型，形制多样。勉县老道寺汉墓出土长方形鸡舍1件，既包括有鸡活动的露天圈，也包括鸡窝，这种造型既是现实生活气息的反映，也是鸡作为瑞禽在丧葬文化中的一种体现。南方许多地方也都有鸡舍明器出现，如：

① 郑德坤、沈维均：《中国明器》，上海文艺出版社1992年影印本，第38页。
② 河南博物院：《河南出土汉代建筑明器》，大象出版社2002年版，第154页。

1955年长沙杨家岭2号墓出土东汉褐釉陶鸡埘（图1.56），江苏金坛县出土三国青釉鸡笼，等等（图1.57）。

在全国各地汉代墓葬中不仅有猪圈、羊圈、鸡舍出现，还发现有狗舍、鸭舍等建筑造型。1955年，河南陕县刘家渠8号墓出土东汉晚期绿釉陶狗圈一个，平面呈方形，后墙右角搭有一面坡窝棚，前墙挖狗洞，洞内外各立狗一只

图1.56　长沙杨家岭M2出土
东汉褐釉陶鸡埘

图1.57　江苏金坛县出土三国青釉鸡笼

图1.58　河南陕县刘家渠8号
墓出土绿釉陶狗圈

（图1.58）。[1] 湖北黄陂吴末晋初墓出土青瓷鸭舍，舍顶为五脊四注式，深8.5厘米、宽12.5厘米、高9厘米，内有鸭两只（图1.59）。[2] 这些禽畜圈的出土有可能是当时丧葬文化的一种体现，但更多的是世俗生活的一种反映，使墓室更具有生活气息。

（二）仓储

中国自古以来就以农业立国，所

图1.59　湖北黄陂吴末晋初
墓出土青瓷鸭舍

---

① 黄河水库考古队：《河南陕县刘家渠汉墓》，《考古学报》1965年第1期，第144页。

② 武汉市博物馆：《武汉黄陂滠口古墓清理简报》，《文物》1991年第6期，第165—167页。

以对粮食的种植和储藏十分重视。最早的粮食储存设施，可以上溯到新石器时代的窖穴，如在河北武安磁山遗址①和陕西临潼姜寨遗址②都发现有早期储存谷物的窖穴。"尧舜之时，有仓廪设，以备凶年"③。进入奴隶社会，农业生产取得很大进步，传说中夏代的路台和商代的钜桥都是当时储藏粮食的要地。西周时期储粮设施已有地上建筑和地下窖穴，并出现各自专有的名称。④ 早期地面建造的实物仓目前已不存在，但考古发掘中多有仓的遗迹和随葬仓发现，如在陕西户县涝店乡马营村发现的西周时期三足仓，通高 108 厘米、腹径 75 厘米，提供了西周时期储藏粮食的实物依据⑤，东周至秦代以陶囷随葬逐渐增多。

在汉墓中陶仓随葬更为普遍，全国大部分已发掘汉墓中都有陶仓出土。西汉中期墓葬中，陶仓模型一般为每墓 5 件，可能寓意五谷，比如西安市三兆殡仪馆停车场建设工地 M3 出土仓 5 件，形制相同，泥质红陶，器表饰酱黄釉。敛口，平沿内斜，尖圆唇，矮领，肩部稍出檐，其上均匀布置四道竖楞，直筒腹，平底，底附三兽形足，腹饰两组（每组两道）凹弦纹。器腹墨书"黍粟一稟"、"粟一稟"、"大麦一稟"、"大豆一稟"、"麻一稟"，内有与文字相应的粮食（图 1.60）。⑥ 陕西省历史博物馆藏横山黑石克村收集的5件陶仓，分别墨书"麻"、"盐"、"白米"、"糜米"、"口积粟"。到了西汉晚期，陶仓模型数量大增，一般每墓 5—10 件，最多达 19 件，已经是身份和财富的象征。东汉以后作为明器的陶仓数量渐少，造型和装饰简单，可能仅仅只有表征意义。

1. 仓楼

仓楼包括小型仓楼和大型仓楼。小型仓楼与居住的楼阁相似，一般为二层，一层无门。1986 年，陕西韩城县芝川镇东汉墓出土绿釉陶楼 3

① 河北省文物管理处、邯郸市文物保管所：《河北武安磁山遗址》，《考古学报》1981 年第3 期，第303—338 页。

② 西安半坡博物馆、临潼县文化馆：《临潼姜寨遗址第四至十一次发掘纪要》，《考古与文物》1980 年第 3 期，第 1 页。

③ 郑德坤、沈维均：《中国明器》，上海文艺出版社 1992 年影印本，第 37 页。

④ 李桂阁：《试论汉代的仓囷明器与储粮技术》，《华夏考古》2005 年第 2 期，第 79—85 页。

⑤ 李涤陈：《西周特大容器"三足仓"》，《考古与文物》1994 年第 4 期，第 101 页。

⑥ 西安市文物保护考古所、郑州大学考古专业，《长安汉墓》，陕西人民出版社 2004 年版，第 721 页。原报告中认为仓上的"稟"为"京"字，但经周晓陆先生辨识应为"稟"，本书用"稟"说。

图 1.60　西安市三兆殡仪馆停车场建设工地出土酱黄釉陶仓

座，其中 M2 前室出土 1 座四阿顶
陶仓楼，正面有一门，室内上下隔
开，下有四兽足（图 1.61）。①
1978 年，勉县老道寺东汉墓出土四
合院模型 1 座，仓房为悬山式，面
阔三间，上下两层。房子正面塑有
扶手楼梯，可上平台。梯上、下各
有一单扇平板外开门。下层门有一
个长方形护框，框内有单扇平板
门。护框中部，有一根横式活动门
杠，可以从右边护框的杠孔中抽出
或插入，使门在关闭后十分牢固。
从该建筑的结构特点来看，似为粮

图 1.61　韩城县芝川镇出土绿釉陶仓

食仓房，上层是储粮入仓处，下层是出粮处。活动梯置于仓房下层门护
框上，供出粮时上下使用（图 1.62）。②

　　河南焦作地区尤以出土仓楼最多、最精美而著称，目前保存完好的达
60 多座，其中七层连阁仓楼和五层彩绘仓楼是最精美的，反映了当时庄
园经济的繁荣。焦作市白庄 M6 出土东汉中期七层连阁彩绘陶仓楼，由院
落、主楼、附楼、阁道四部分组成。院落三面围墙，中开大门，上有悬山

---

① 陕西省考古研究所：《陕西韩城县芝川镇东汉墓发掘简报》，《考古与文物》1989 年第
3 期，第 45 页。
② 郭清华：《陕西勉县老道寺汉墓》，《考古》1985 年第 5 期，第 429—449 页。

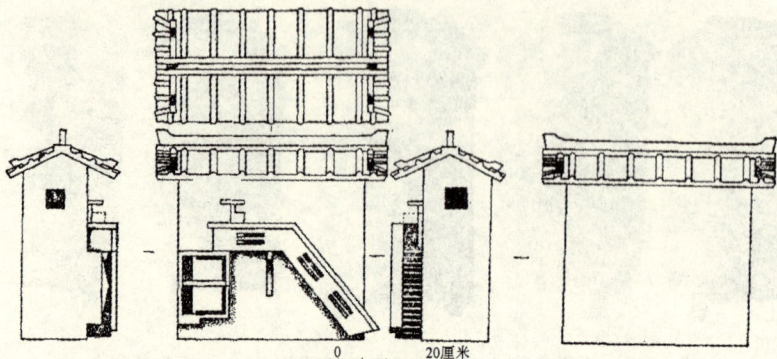

图 1.62 陕西勉县老道寺出土陶仓房

顶，前墙两侧有四阿式顶的双阙；主楼为七层四重檐楼阁建筑，通高 192 厘米；附楼为高台单檐四层建筑，通高 128 厘米；在主楼和附楼的三层横架有长方体阁道，上覆悬山式顶。① 整个仓楼高大雄伟、挺拔秀丽，设计可谓独具匠心，是汉代"复道行空"、"跨城池作飞阁"高超建筑技术的真实写照，在中国建筑史研究中具有十分重要的地位。这一陶仓楼造型在山阳区李河村也有出现②，通高 184 厘米，只不过其附楼位于主楼右侧，与其他仓楼不同。如果将两种不同造型的仓楼并列摆放，将会呈现出主楼并立，两翼展开的壮观场面（图版 12）。

焦作市马作村出土东汉中期五层彩绘陶仓楼，通高 145 厘米，楼前用墙围成院落，前墙中部开设有横长方形大门，上承悬山顶。前墙两角各出一方柱，柱头上做出对称的双阙形式，四阿顶。楼体位于院落后部，一、二层为一个整体，呈长方立体形。第一层无门，近底部设有四个圆形通风孔。前壁出挑梁，上横架平座，下置一带扶手的楼梯可通平座开口处。平座以上为第二层，前壁开设有四个长方形小洞窗。出挑梁三根，上各置一朵斗拱，后墙上部两边斜出小挑梁，与前面斗拱一起承托上部楼板和四阿式腰檐。第三层楼梯前壁右侧开一长方形门，无门扉，四周刻划有线条，以示为木结构的门框。左侧开一方形小洞窗，外口大，内口小，四周向里面呈斜面。楼体前壁中部出一挑梁，上置斗拱，四角亦斜出挑梁，置横

---

① 索全星：《河南焦作市白庄 6 号东汉墓》，《考古》1995 年第 5 期，第 396 页。
② 韩常松等：《焦作李河汉墓出土七层连阁彩绘陶仓楼试析》，《中国历史文物》2010 年第 1 期，第 54—60 页。

木，两端各置斗拱承托上部楼板。第四层前壁开设两个较大的横长方形洞窗，出挑梁三根，上置斗拱承托四阿顶。第五层开一方窗，四周纹饰与三、四层相同，四阿式顶上有一朱雀（图版13）。①

2. 仓房

（1）圆形仓房

圆形仓也称囷。《吕氏春秋·仲秋》有"修囷仓"②的记载。东汉高诱注："圆曰囷，方曰仓。"《说文解字》也认为"圈谓囷"。《诗经·魏风·伐檀》曰："不稼不穑，胡取禾三百囷兮？"另外，不少器物上也有自名为"囷"的。如西安东郊汉墓中发现的带字陶仓，在盖上就写着"小麦囷"、"白米囷"、"黍粟囷"。③陶囷作为明器，最早发现于关中地区秦墓中④。西汉中晚期流行于中原地区以至全国，与井、灶组成一套模型明器。这种圆形囷，从战国时期出现一直延续到后代，一般上有盖，下有底，相比较于房型仓来说，这类仓虽然有着仿建筑的顶盖，但是作为室内所用储存工具可能性还是很大的，模仿的应是普通百姓家里的粮仓。根据高矮造型，圆形仓房可以分为筒形囷和盆形囷。

第一，筒形囷。这种囷较细且深，为直筒或上粗下细。囷体自上而下有二至四周弦纹不等，囷底或为平底或有足，囷顶或有檐或无檐。有檐囷一般为四阿式顶或圆亭式攒尖顶，仓口在囷的上部或顶部，在顶部的则有仓盖覆之。西安北郊枣园汉墓出土陶囷，伞型顶盖，遮檐微出，上饰瓦垅纹，盖顶开圆口，近筒形腹，腹部饰三组弦纹，三兽形足。⑤陕西宝鸡谭家村汉墓出土陶囷（M4:3），为伞型顶盖，盖面微曲，遮檐突出，上饰瓦垅纹，近筒形腹，腹部饰三组弦纹，三兽形足。⑥西安净水厂汉墓出土陶囷（M55:11），伞型顶盖，盖面微曲，遮檐平折，上饰瓦垅纹，筒形腹粗

---

①　河南博物院：《河南出土汉代建筑明器》，大象出版社2002年版，第165页。

②　程学华：《西安市东郊汉墓中发现的带字陶仓》，《考古》1963年第4期，第227页。

③　禚振西、杜葆仁：《论秦汉时期的陶仓》，《考古与文物》1982年第6期，第84页。

④　中国社会科学院考古研究所：《新中国的考古发现与研究》，文物出版社1984年版，第311页。

⑤　西安市文物管理处：《西安北郊枣园汉墓第二次发掘报告》，《考古与文物》1992年第5期，第9页。

⑥　宝鸡市考古队：《宝鸡谭家村四号汉墓》，《考古》1987年第12期，第1086—1090页。

而矮，腹部饰三组弦纹，弦纹之间有藤叶纹，三兽形足。[1] 陕西投资策划服务公司汉墓（西汉中期至新莽）出土陶仓 17 件。标本 M17:15 肩部为伞状，圆筒状腹，外饰三组凸棱，下设三熊状足。标本 M21:3 肩部为屋檐状，圆筒状腹，外饰二道折棱纹，下设三熊状足，具有这一时期陶囷的特质（图 1.63）。[2]

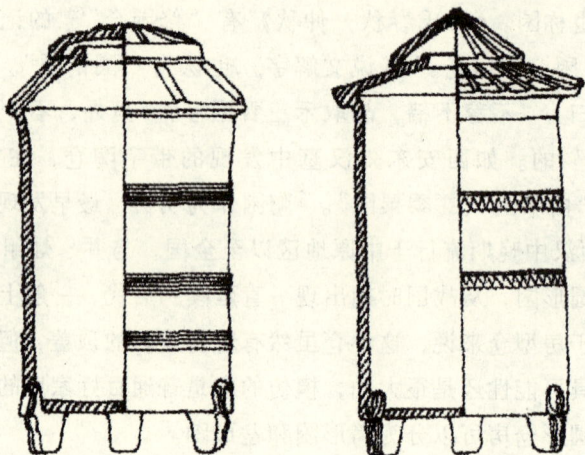

图 1.63　陕西投资策划服务公司汉墓出土陶仓

筒形囷的发展规律是：伞型顶盖的曲度越来越大，由曲缓转到微曲到近弧圆，后期发展为波浪形起伏；遮檐由不明显到逐渐明显，后期又趋于消失，腹部由近筒状发展到筒状，后期又内凹成束腰形；筒的开口前期在盖顶，后期顶心封闭，伞型盖下出现小方窗，足底前期为兽形，后期演化为乳丁状。[3]

第二，盆形囷。这种类型的陶囷以秦代为典型，从目前发现来看，这种囷较粗且矮，腹鼓，多有圆锥形草泥顶或四阿式、悬山式顶。在囷体上开一高槛仓门，无通风窗口。也有无顶的，仓口开在上半部，有活动梯子

————————

　① 陕西省考古研究所配合基建考古队：《西安净水厂汉墓清理简报》，《考古与文物》1990 年第 6 期，第 46 页。

　② 陕西省考古研究所：《陕西投资策划服务公司汉墓清理简报》，《考古与文物》2006 年第 4 期，第 18 页。

　③ 张建锋：《两汉时期陶囷的类型学分析》，《江汉考古》1995 年第 4 期，第 69—77 页。

可以上下，这种囷应该是放在室内的。① 最早的盆形囷出土于咸阳任家嘴秦墓之中，3件，一件为鼓腹，腹下内收缩成假圈足，平底，上覆出檐圆攒尖顶盖；其余两件身似盆，敞口，腹壁斜下内收，底微凸，附平底假圈足座，仓身上覆出檐圆攒尖顶，尖顶有两个小斜孔，并立一鸟。② 2003 年，西安市潘家庄世家星城秦墓出土圆形囷2件。M151：6 为攒尖顶，上有一通风口，口上有一圆屋形盖。囷顶斜度较大，有四条屋脊，中间加以六道瓦楞，瓦楞下端饰有圆形瓦当。囷腹壁上部略鼓，下部斜弧收，中部有一方形仓门，上下左右以阴线刻出门框，两旁各置一穿带钮，底为假圈足。除顶部外，囷腹壁通体饰白彩，线刻门框内饰红彩。M185：22，屋顶封口，囷顶斜度较小，有六条屋脊，中间夹以瓦楞，瓦楞间以微凸的短线饰出板瓦，出檐较宽。囷腹较平直，微外弧，上部开一方形仓门，右侧上下各有凹进。下腹弧收，腹下有较矮的圈足（图 1.64）。③ 咸阳机场陵照导航台基建工地秦汉墓葬出土陶囷2件，标本 M8：1 为圆屋形，攒尖顶，囷顶上做出四条屋脊及瓦楞，出檐较宽，檐端筒瓦下均饰以云纹瓦当，囷壁外鼓，上部开一长方形仓门，两旁置带穿钮，囷体下部内收，平底（图 1.65）。④

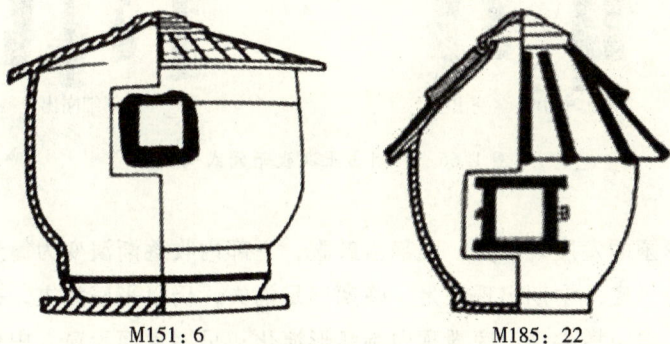

图 1.64　西安市潘家庄世家星城秦墓出土陶仓

M151：6　　　　　　　　　　M185：22

---

① 李桂阁：《试论汉代的仓囷明器与储粮技术》，《华夏考古》2005 年第 2 期，第 79—85 页。

② 咸阳市博物馆：《咸阳任家嘴殉人秦墓清理简报》，《考古与文物》1986 年第 6 期，第 22 页。

③ 西安市文物保护考古所：《西安南郊秦墓》，陕西人民出版社 2004 年版，第 527、595、626 页。

④ 马志军、孙铁山：《咸阳机场陵照导航台基建工地秦汉墓葬清理简报》，《考古与文物》1992 年第 2 期，第 15 页。

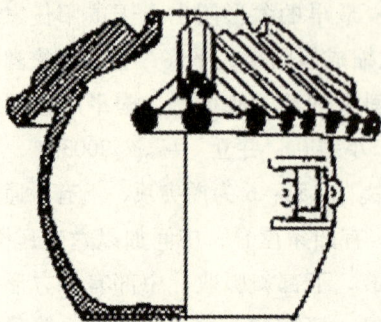

图 1.65　咸阳机场秦汉墓出土陶囷

岭南地区也有大量陶囷出现，只不过因气候潮湿，其下多有立柱，为干阑式建筑。如广州东山中山医学院出土陶囷，通高 25.8 厘米，下有四根立柱，顶上有弦纹装饰；广州南郊细岗出土陶囷，通高 24 厘米，下有四根立柱，顶上和仓身皆有交叉纹饰（图 1.66）。①

东山中山医学院出土　　　　　　　南郊细岗出土

图 1.66　广州出土汉代干阑式陶囷

盆形囷的发展规律是：腹部由鼓腹，下部内收逐渐演变为筒形腹；底部早期为平底，中期出现三足，晚期三足消失，仍以平底为主，并普遍出现地台。盖由攒尖顶、庑殿顶向圆弧形演化；早期素面无窗，中期前段出现方形窗口，中期后段窗口消失，正面刻划梯子，晚期出现贴地的门，门框刻划逐渐细致。②

（2）方形仓房

墓葬出土陶仓以圆形为多，方形仓最早出现于秦墓，集中出现在汉代。相对圆形仓来说，它流行的时间较短，究其原因可能有二：其一，方

---

①　广州市文物管理委员会：《广州出土汉代陶屋》，文物出版社 1958 年版，第 68 页。

②　张建锋：《两汉时期陶囷的类型学分析》，《江汉考古》1995 年第 4 期，第 69—77 页。

形仓多为京师大仓。如 1981 年，陕西华阴发掘的华仓遗址，为《汉书·王莽传》上说的京师仓，是西汉时期中央政府所控制的一座大型粮仓。从 1 号仓遗迹来看，当初应是一座重檐屋顶，平面呈长方形的大仓，仓容相当可观。将公共大仓放置在私人墓中，比例不太合适，所以方仓多在大型贵族墓中发现。其二，陶仓多为轮制，所以筒型陶仓较多；方仓制作工艺比圆仓复杂，所以其数量较少（图 1.67）。

图 1.67 西安博物院藏汉代方形仓

咸阳杨家湾汉墓出土大量方仓，K2 出土方仓 25 个，陶仓 2 个，占据坑内三分之二的面积；K3 出土方仓 35 个，排列成 4 行，每行 9 个（其中一行缺 1 个）仓内盛有小麦、谷子、黄米、油菜子、荞麦、豆类等粮食。陶方仓方肩，圆口，小底，顶上有一个盒状套盖，高大坚实，外表涂一层赭色陶衣，可能象征着原仓建筑的装饰色彩。[①] 这批方仓出土之多、时代之早（西汉文景时期），在历代墓葬中都比较罕见。陕西潼关吊桥 M6 出土长方形仓一件，硬山顶，正面有长方形门，门框侧有一道凹槽，槽内装黑色板五块，由下向上渐窄，可以拆卸。板外面两对角中间，刻线一道，标明板的安置次序。最上一板中间有圆锥形柄。右边框内凹槽上部较深，以便取卸。说明这个仓用的是插板式门。这种门对粮仓来说非常方便，可以把粮食一直装到仓门口，提高仓容量。粮食装满仓后，要往外取时，将最上面的插板依次抽掉。仓内的粮食既不会溢出来，也不会像板门那样，

---

① 陕西省文管会、博物馆等：《咸阳杨家湾汉墓发掘简报》，《文物》1977 年第 10 期，第 13 页。

仓内粮食装满后导致门打不开。①

岭南地区也有大量陶仓出现，只不过和圆形囷一样，因为气候潮湿，其下多有立柱，为干阑式建筑。《广州出土汉代陶屋》收录大量干阑式方形陶仓，造型各异、制作精美，如广州南郊大元岗出土陶仓，长 29 厘米、宽 19 厘米、高 23.6 厘米，悬山顶，有回廊，方形立柱，仓体刻划有纹饰，下有圆柱四根；广州东郊花生岗出土陶仓，长 30 厘米、宽 22.4 厘米、高 25.4 厘米，有斜木直达仓门，下有圆柱四根，粗细分明（图 1.68）。②

南郊大元岗出土　　　　　　　东郊花生岗出土

图 1.68　广州出土汉代干阑式陶仓

早期陶仓基本为素面，有的在顶部塑一凤鸟。西汉中期以后仓体装饰逐渐丰富，出现了通体彩绘的陶仓标本。如：陕西靖边县张家圪西汉墓出土有彩绘仓、囷 11 件。其中囷 10 件，通体髹黑漆，漆上用红、白、蓝、绿色彩绘，图案相同，色彩鲜艳。口部及以下用红彩，折肩上、下及近底部为黑色底上绘白色的网状纹，腹中部上、下各饰一圈白彩带，其间为红色底上用白、蓝、绿三彩绘制的茱萸云纹和卷枝花草纹。③ 这种纹样在汉代流行地域极为广阔，样式基本相同，说明当时汉文化的一致性。仓体彩绘除了抽象的几何纹饰外，还出现了具象的门、树、楼梯等反映仓体构件和仓周环境的纹样。如咸阳市陕西省第一纺织机械厂西汉墓就出土有腹部

① 陕西省文物管理委员会：《潼关吊桥杨氏墓群发掘简记》，《文物》1961 年第 1 期，第 63 页。

② 广州市文物管理委员会：《广州出土汉代陶屋》，文物出版社 1958 年版，第 64、62 页。

③ 陕西省考古研究所、榆林市考古研究所：《陕西靖边县张家圪西汉墓发掘简报》，《考古与文物》2006 年第 4 期，第 3 页。

彩绘门和植物图案的陶仓。① 唐代出现了三彩仓，如陕西汉中出土的三彩仓，歇山式屋顶，屋面模印出瓦垅；正脊两端有鸱尾，垂脊和戗脊有兽头；仓体刻划出弦纹，正面刻划出双扇拱形门，门上刻划出三排、每排三个泡钉。通体以绿釉和褐釉为主（图版14）。

（三）灶

火在人类进化过程中起着至关重要的作用，用火熟食标志着人类脱离茹毛饮血的野蛮时代而进入文明社会。人类烧火熟食经历了从篝火式到锅台式的漫长演变过程，从新石器时代起，灶就成为人们烹饪食物的重要生活设施。先民们对灶非常重视，通过考古发掘，不但在居住遗址中可以发现灶的遗存，在墓葬中也经常可以看到作为随葬品的明器陶灶。如在陕西高陵县杨官寨遗址出土了没有火门，没有釜底的非实用的联体釜灶②，在河南灵宝西坡墓地也出土有 11 套庙底沟类型的标志性器物釜灶组合③。在陕西临潼刘庄、凤翔高庄、西安半坡等战国时期的秦墓中也有陶灶的发现。西安北郊发掘的 123 座秦墓，共发现 3 件陶灶，分别出土于 3 座墓葬中，时代均为秦末汉初。④ 到了汉代，受"鬼犹求食"和"视死如生"风气的影响，出现了大量专门为随葬而制作的明器——灶模型。

陶灶与陶仓一起构成了两汉墓葬明器组合的核心，如果把仓作为粮食财富的象征，那么灶就可以使地下世界更富生活气息。从西安近郊枣园⑤、净水厂⑥、秦川机械厂⑦等处历年汉墓所出陶灶的组合上来看，西汉中期的陶灶与鼎、盒、壶、钫等礼器共出；新莽前后的陶灶同杯、案、盘等祭奠用品共出；东汉中晚期的陶灶同鸡、狗等家畜模型共出，这说明灶

---

① 咸阳市博物馆：《咸阳西汉墓清理简报》，《考古与文物》1984 年第 5 期，第 14 页。

② 陕西省考古研究院：《陕西高陵杨官寨遗址发掘简报》，《考古与文物》2011 年第 6 期，第 32 页。

③ 中国社会科学院考古研究所、河南省文物考古研究所：《灵宝西坡墓地》，文物出版社 2010 年版，第 270、281 页。

④ 陕西省考古所：《西安北郊秦墓》，三秦出版社 2006 年版。

⑤ 韩保全、程林泉：《西安北郊枣园汉墓发掘简报》，《考古与文物》1991 年第 4 期，第 12 页。

⑥ 陕西省考古研究所配合基建考古队：《西安净水厂汉墓清理简报》，《考古与文物》1990 年第 6 期，第 46 页。

⑦ 西安市文物管理处：《西安东郊秦川机械厂汉唐墓葬发掘简报》，《考古与文物》1992 年第 3 期，第 36 页。

作为生活用具越来越世俗化、生活化。汉初，作为丧葬文化的灶仅仅出现在局部地区，到了西汉中晚期，灶就基本成为随葬定制，普及全国，此风气一直延续到明清。

从新石器时代到秦汉时期，墓葬中随葬灶的数量大多是一墓一件，少数墓葬有两件或两件以上。1989—2001年，西安市白鹿原共发现汉墓94座，其中56座墓葬中出土有63件陶灶，一座墓葬出土4件，4座墓葬出土2件，其他墓葬各出1件。① 作为建筑明器的陶灶在全国各地均有发现，其形式多样、材料各异、装饰精巧，演变序列完整清晰，为人们了解灶的发展提供了生动的实物材料。下文依据平面线条变化将灶分为圆形或马蹄形灶和方形灶。

1. 圆形、椭圆形或马蹄形

圆形灶是较为普遍的陶灶形式，从新石器时代就已开始出现。早期一般为圆形灶面，开一火门，单眼灶，与釜同出，少量为灶釜连体。大荔朝邑出土陶灶，与甑共出，兼具蒸、煮两种功能。临潼刘庄出土陶灶在结构上已有些许改进，灶壁不直接粘合在釜身上，火眼增加到3个，已形成锅台，可以说是名副其实的灶，但它的台面仍是圆形，灶身仍呈桶状，保留了以前的特点（图1.69）。②

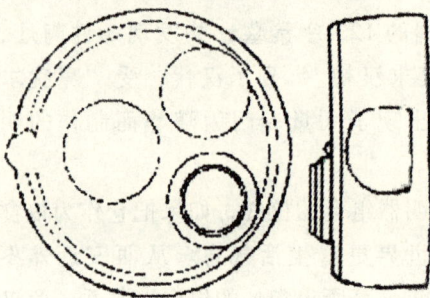

图 1.69 临潼刘庄 M3 出土陶灶

秦代出现了马蹄形灶，灶身较宽，灶面恰似从圆筒形陶灶上切下的一半（图1.70）。秦至汉初，关中地区半圆形灶一般设3个火眼，两个小的在前，一个大的在后，构成等腰三角形。西安龙首原发现42座西汉早期墓，31座墓中出土了32件陶灶，绝大多数为马蹄形，灶面上有一大二小三个火眼，前壁多饰简单几何纹饰。③ 陕西甘泉出土的褐

① 陕西省考古研究所：《白鹿原汉墓》，三秦出版社2003年版。
② 陕西省考古研究所秦陵工作站、临潼县文物管理委员会：《陕西临潼刘庄战国墓地调查清理简报》，《考古与文物》1989年第5期，第9页。
③ 西安市文物保护考古所：《西安龙首原汉墓》，西北大学出版社1999年版，第227页。

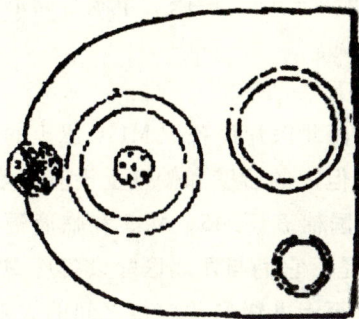

图 1.70 凤翔高庄 M7 出土陶灶

图 1.71 富县出土汉代黄釉灶

釉彩灶，均为三火眼，前壁多模印或彩绘几何纹饰，烟囱多为瓶形，其中一件陶灶烟囱为长耳兽首。① 1993 年陕西富县出土陶灶 1 件，高 27 厘米、长 21.5 厘米、宽 22.8 厘米，形制与甘泉出土的长耳兽首烟囱灶相似（图 1.71）。② 西汉中期以后，三个火眼的陶灶继续流行，新出现灶面上设前后两个等大火眼的马蹄形灶，这与加长的灶身相适应，更便于聚火抽风，如咸阳织布厂清理 16 座西汉中晚期墓葬中，发现陶灶 8 件，皆为马蹄形，其中双火眼 5 件，三火眼 3 件③；西安北郊清理的 19 座汉墓中出土陶灶 6 件，双火眼 4 件，三火眼 2 件④；咸阳窑店秦宫遗址附近清理的 16 座西汉中晚期墓葬中，出土陶灶 6 件⑤，多为双眼马蹄形灶。在西汉晚期又出现了一个火眼的半圆形灶，如西安北郊枣园发掘 51 座西汉中晚期墓，出土灶 15 件，平面均为马蹄形，双火眼 8 件，三火眼 7 件，单眼 1 件。⑥ 东汉中晚期的独眼灶既是对以前形制的简化，又反映出当时模型明器的制作已

---

① 王勇刚等：《陕西甘泉出土汉代复色釉陶器》，《文物》2010 年第 5 期，第 67 页。

② 《三秦瑰宝——陕西新年发现文化精华》，陕西人民出版社 2001 年版，第 60 页。

③ 咸阳市文物考古所：《咸阳织布厂汉墓清理简报》，《考古与文物》1995 年第 4 期，第 10 页。

④ 中国社会科学院考古所唐城队：《西安北郊汉墓发掘报告》，《考古学报》1991 年第 2 期，第 239 页。

⑤ 咸阳秦都考古工作站：《秦都咸阳汉墓清理简报》，《考古与文物》1986 年第 6 期，第 28 页。

⑥ 韩宝全、程林泉：《西安北郊枣园汉墓发掘简报》，《考古与文物》1991 年第 4 期，第 12 页。

趋于草率。由此可见，圆形灶经历了从圆形到半圆形，再到马蹄形的演化轨迹①，而火眼的数量也随着时代的迁延出现三眼、两眼、单眼。圆形和马蹄形陶灶多出现在北方，在南方比较少见。

2. 方形（包括长方形、正方形、近梯形、凸形灶）

方形灶相对圆形灶出现较迟。西安市西北医疗设备厂 M170 出土的长方形灶，灶面有 2 个火眼，前壁有挡墙，但灶的后壁和侧壁上没有挡墙，灶尾耸起多级宝塔状烟囱。② 西安市西北国棉五厂 M5、M95 和临潼骊山床单厂 M4 也出土有方形灶，值得注意的是，它们与西北医疗设备厂 M92 四个方形灶"都属于规格在九级爵五大夫至十九级爵关内侯之间的大墓，或许说明这种灶和墓主人的身份等级关系密切，暗示出特定的人群对外部文化的吸收"。③ 方形灶的出现是汉代的新创，具有时代性，西汉中晚期墓中这种类型的灶较少，咸阳师范科技苑一座西汉中晚期大型墓葬中出土两件长方形灶，灶尾安装有高耸的宝顶状烟囱，灶面正中前后列置两个火眼，前面两侧有特别小的火眼，灶前有挡火墙（图 1.72）。④ 但是，到了东汉中晚期又出现了这种类型的灶。西安净水厂东汉墓出土陶灶（M72：4），前宽后窄呈梯形（图 1.73）。⑤ 在岭南地区也出土有长方形陶灶模型，1955 年，广西贵港市总仓库 M36 出土西汉泥质红陶灶，高 11.5 厘米、长 27 厘米、宽 17 厘米。长方梯形，灶上置二釜，后壁开一方孔烟道。灶前右侧一人物俑持杵在臼旁劳作，身后有一犬，灶口上方爬伏一只蜥蜴（图 1.74）。《广州出土汉代陶屋》收录的陶灶平面多呈长方形，灶面置两个或者三个火眼，后置烟囱、前有挡火墙，这与北方形制相同，不同的是灶前多塑烧火人、犬，灶侧多附陶罐，有的多达 6 个。如广州南郊大元岗出土陶灶，长 29 厘米、高 15.6 厘米，灶门前侧跪坐一人，另一侧蹲坐一狗；灶体两侧贴塑 6 个陶罐，灶面上前后并列三个火眼，其上置釜（图 1.75）。⑥

---

① 梁云：《论秦汉时代的陶灶》，《考古与文物》1999 年第 1 期，第 49 页。

② 西安市文物保护考古所：《西安龙首原汉墓》，西北大学出版社 1999 年版，第 173 页。

③ 梁云：《论秦汉时代的陶灶》，《考古与文物》1999 年第 1 期，第 51 页。

④ 刘卫鹏：《关中地区出土的陶灶》，《陕西历史博物馆》2008 年馆刊（15），第 75 页。

⑤ 陕西省考古所配合基建考古队：《西安净水厂汉墓清理简报》，《考古与文物》1990 年第 6 期，第 94 页。

⑥ 广州市文物管理委员会：《广州出土汉代陶屋》，文物出版社 1958 年版，第 77—82 页。

图 1.72　西安博物院藏长方形灶

图 1.73　西安净水厂出土梯形灶

图 1.74　广西贵港市总仓库 M36 出土红陶灶

图 1.75　广州南郊大元岗出土陶灶

魏晋十六国时期，马蹄形灶数量较少，平面略呈梯形的长方形灶更多，灶的装饰同前期相比已显简单，前壁均为素面。咸阳文林路铁一局三处院内清理的一座十六国时期墓葬中出土了两件平面呈"凸"形的灶①（图 1.76）。魏晋十六国以后，陶灶一个比较显著的特点是灶面前面不出檐，代之而起是高耸的

图 1.76

咸阳铁一局三处院出土"凸"形灶

①　咸阳市文物考古所：《陕西咸阳市头道塬十六国墓葬》，《考古》2005 年第 6 期，第 52—53 页。

"凸"形阶梯状挡火墙,时代越晚,挡火墙越高,墙上的阶梯层数越多。如北周宇文俭墓出土陶灶有多阶梯的防护墙,前壁塑火焰(图1.77)。唐康文通墓出土三彩灶,前有挡墙,拱形火门,上绘火焰纹,旁有一烧火妇女(图1.78)。①

图1.77 北周宇文俭墓出土陶灶

图1.78 唐康文通墓出土三彩灶

3. 船形

船形灶是在马蹄形灶的基础上演变而来的,开始于西汉中晚期,主要流行于江南地区,到了东汉晚期,灶后部起翘合拢为船头形。1955年,广州市先烈路出土一件汉代船形陶灶,长41.4厘米,高27.8厘米。灶面有三个火眼,上置甑一个,釜二个,其中一釜内有龟一只,灶面还趴有猫一只。灶两侧各附陶罐一个。灶前有烧火人和犬,灶口上方爬伏一只蜥蜴(图1.79),与广西贵港市出土汉代长方形陶灶形似。②

图1.79 广州市先烈路汉墓出土陶灶

江苏江宁下坊村出土的西晋青瓷堆塑灶,平面为马蹄形,灶面上堆塑有多个四阿式屋顶造型,形制较为繁复,应是家居环境的一种表达方式(图1.80)。③

---

① 西安市文物保护考古所:《唐康文通墓发掘简报》,《文物》2004年第1期,第25页。

② 广州市文物管理委员会:《广州出土汉代陶屋》,文物出版社1958年版,第79页。

③ 华国荣:《江苏南京市江宁县下坊村发现东吴青瓷器》,《考古》1998年第8期,第92页。

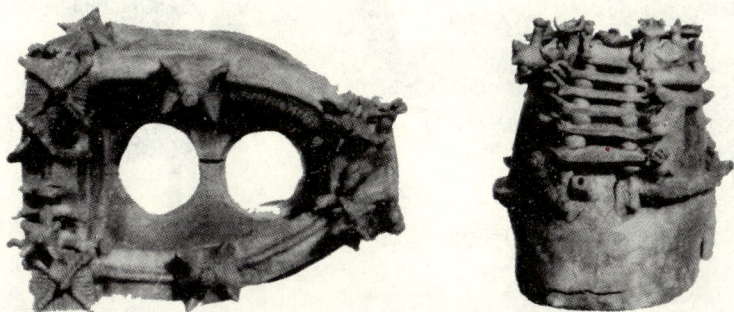

图 1.80 江苏江宁下坊村西晋墓出土青瓷堆塑灶

此外，还出现了不同形制、不同质料做的明器灶，如石质、金质、青铜质等，尤其是以青铜灶为多。这些青铜灶平面形制以半圆形、长方形为多，火眼从一眼到三眼均有发现，下部多附足，烟囱一般做成龟形、蛇形、龙形等兽首造型。这种形制的铜灶在全国各地均有发现，应该是富有人家或官宦之家的随葬品。

1960 年，西宁市南滩出土汉代龟形铜灶，高 14.2 厘米、长 23.5 厘米，器身一端为弧形，灶面两个火眼，上置釜甑，灶身四足，烟囱做成龟头形。① 此种形制的灶也出现在陕西榆林。此外，广西合浦望牛岭出土了长方形龙首铜灶，② 陕西榆林鱼河镇也有马蹄形龙首灶出土③。（图 1.81）

作为人类生存发展的重要器用，灶能将生冷的食物加工成熟食，使人们的饮食生活更加健康、更加丰富，因此在墓葬中除了随葬明器的灶，也有实体砌筑的灶。如北洞山楚王陵墓 6 室、11 室，均发现砖灶痕迹。④ 陕西省宝鸡市李家崖 M17 也出现"砖砌灶"⑤；四川崖墓中，在崖石上开凿灶案的情况也极为普遍，一般位于后室的侧壁。⑥ 随葬明器灶和实体灶皆反映了古人对炊具的重视，希冀逝者在黄泉之下也能饮食无忧。

---

① 青海省文物处、青海省考古研究所：《青海文物》，文物出版社 1994 年版，图版 107。

② 容小宁：《超越·崛起——广西文物考古发掘研究十大精品》，广西人民出版社 2007 年版，第 146 页。

③ 《三秦瑰宝——陕西新年发现文化精华》，陕西人民出版社 2001 年版，第 39 页。

④ 周学鹰：《徐州汉墓建筑》，中国建筑工业出版社 2001 年版，第 97 页。

⑤ 吴汝祚等：《宝鸡和西安附近考古发掘简报》，《考古通讯》1955 年第 2 期，第 37 页。

⑥ 唐长寿：《岷江流域汉画像崖墓分期及其它》，《中原文物》1993 年第 2 期，第 47 页。

A.青海省文物考古研究所藏龟首型灶   B.西安博物院藏龟首铜灶

C.广西合浦望牛岭出土龙首铜灶   D.榆林鱼河镇出土龙首铜灶

图 1.81 不同造型的铜质灶

（四）井

井是人们汲取地下水，以供生活饮用和农田灌溉的地下与地面建筑设施，其主要功能在于汲水和储水。《周易·井卦》中，井的卦象是上为水，下为木。朱熹注曰："井者，穴地出水之处，以巽木入乎坎水之下，而上出其水，故为井。" 20 世纪 80 年代，考古人员在上海市青浦县崧泽文化遗址清理出两口马家浜文化时期的水井。井口呈圆形和椭圆形，井壁光滑，水井残深 1—2 米，井中出土有陶釜、鹿骨等，距今 7000 多年，是迄今为止发现的最早水井。在河姆渡第二文化层，发现有中国最早的木构浅水井遗址，井口方形，边长 2 米，水井上曾建有井亭。尧舜禹时期也有一些与水井有关的传说，说明当时水井已经普及于中原地区。

作为明器的井一般由井身、井台、井架、井亭以及汲水的水桶（瓶）组成。从出土考古资料来看，井造型一般分为两种：第一种是由井身和井圈或包括水瓶组成的最简单的井，这种造型仅仅具备了井的基本元素，是最简约的陶井造型。第二种是由井身、井圈、井架、井亭或水瓶组成的套装井。一般井身为直筒形或立方形，但也有的陶井没有井身，直接出现井圈。井圈的造型多变，有圆形、方形、六角形、八角形等。根据主人的审美趣味、经济条件和政治地位，以及工匠的艺术水平，井圈上刻划有灭火东井、云纹、走兽等图案。勉县红庙公社出土的2件东汉时期陶井，形制基本相同，井身作瓶状，井口上置屋形顶架，出土时井内放置有小陶罐一个。① 西安市昆仑厂东汉墓出土陶井1件，井字形井圈1件。②

　　井上一般还设井架，井架上安装辘轳。③ 井架造型有弧形，如长安县南李王村出土的东汉晚期陶井 M5：20；三角形，如陕西卷烟材料厂出土的东汉晚期釉陶井；梯形，如长安县南李王村出土的东汉晚期陶井 M4：21。有的井架上模印有辘轳（西安北郊晋墓）；有的井架上可能有木质辘轳；有的井架支柱上面的横架两端做成龙首，如陕西韩城县芝川镇东汉墓出土的陶井。④ 井架之上为井亭，它可以起到保护井架、井内水质以及为汲水者遮风避雨的作用。从出土井亭造型来看，一般井亭通过井架和井身连成一体；也有井身之上为木质井架和井亭，但随着时间的流逝而腐朽，仅留下井身。井亭有四面坡式、悬山式、硬山式等不同屋顶造型。

　　西安博物院藏灰陶井，圆形井身高15.2厘米，其上为圆形井圈，弧形井架，上置硬山式井亭，亭下附辘轳，通高64厘米；绿釉红陶井，通高37.5厘米，方形井身，井字形井圈，上有一罐，梯形井架，上置四阿式顶亭（图版15）。陕西勉县长林镇杨家寨 M2 出土有一件绿釉双凤红陶井，由井亭、井架、井台、井身和汲水瓶组成，井亭为悬山式屋顶，正脊两头起翘成鸱尾状，垂脊呈叶状，井架为梯形，井台下面镂空双凤图案，四角下有四个丁字形斗拱，拱下有四只猴支撑井台，井身为圆柱形（图版16）。⑤

　　《广州出土汉代陶屋》收录了广州出土的各式陶井，既包括没有井亭的简易陶井，也包括塑有立柱（或木质立柱）和井亭的陶井。广州南郊大元岗出土陶井，通高22.2厘米，四根立柱承接四阿顶井亭，正脊上有凤鸟一只，下有井栏。广州东郊交通学校出土陶井，通高25厘米，形制

　　① 唐金裕、郭清华：《陕西勉县红庙东汉墓清理简报》，《考古与文物》1983年第4期，第30页。
　　② 王育龙：《西安市昆仑厂东汉墓清理记》，《考古与文物》1989年第2期，第43页。
　　③ 尹文：《说井》，山东画报出版社2006年版，第2—23页。
　　④ 陕西省文物管理委员会：《陕西韩城县芝川镇东汉墓》，《考古》1961年第8期，第442页。
　　⑤ 郭清华：《论勉县出土的三国文物》，《文博》1994年第3期，第57页。

与大元岗出土的陶井相似，不过顶上凤鸟更为硕大，立柱直到地面。广州东郊花生岗出土陶井，通高28厘米，井身为圆罐形，上小下大，立柱为木质（图1.82）。① 南方陶井与北方形制基本相同，但也有区别，首先南方陶井上一般没有井架及其附属设施，可能是这一汲水技术在南方还没有应用，也可能是南方井水较浅，没有必要使用这些设备；其次南方井亭以四阿式顶为多，由四根立柱支撑，立柱或立于井沿之上，或与井身同塑于底板之上，与北方区别较为明显。

广州南郊大元岗出土　　　广州东郊交通学校出土　　　广州东郊花生岗出土

图1.82　广州出土汉代陶井

　　水井不但可以满足人们饮水的需要，而且可以灌溉农田，提高粮食收成。古人从井的自然功能出发，赋予其一定的神秘性。《淮南子·坠形训》记载，水井可与天上的云气相通，被视为神龙浮扬之所，因而水井也是一种通天贯地的神物。在汉墓中明器陶井的大量使用，不但说明井在当时人们日常生活中的重要地位，也与社会赋予它的神秘力量有关。人们认为井台是阳间世界，而井底则通向了黄泉世界，所以井泉就成了由生通死的时空隧道。《山海经·海内西经》曰："而有九井，以玉为槛。面有九门，门有开明兽守之，百神之所在。"将井与天门并列，可见其在昆仑圣境地位之显要。古人也有在井栏上刻记铭文的风俗传统，以及通过捐资凿井可使亡故亲人早升仙界的说法。这些传统和说法都进一步印证了井在社会生活中的重要地位。

　　对于汉墓随葬仓、灶、井、厕的用途和寓意，学术界观点基本相同，

_____

① 广州市文物管理委员会：《广州出土汉代陶屋》，文物出版社1958年版，第71—76页。

认为陪葬明器基本都与人们的生活密切相关，而且都是将涉及生存的东西首先放进墓葬里，诸如储存粮食的仓、打水的井、做饭的灶，以及供人方便的厕所，这是家居生活的重要体现。也有学者认为汉墓随葬品中流行制作和摆设仓、灶、井、厕，并非是单纯为人死后生活提供方便而配备的，而是与传统的五祀①内容相符，应与当时社会的信仰和祭祀活动有关②。笔者认为随葬仓、灶、井、厕，首先是汉代"事死如生"丧葬礼制的体现，是死者在阴宅使用的生活用品。其次，这些随葬品在满足阴宅使用的基础上，又根据各自的社会属性被赋予了某种神秘力量，以起到在墓室内镇妖除魔和帮助逝者早日升仙转世之鹄的。

三　反映地面建筑的地域性和民族性

如果说建筑明器的发展流变是其时间属性的话，那么，与之对应的建筑明器反映出的民族性和地域性则是其空间属性，二者结合才能构成建筑明器研究的"时空框架"。基于此，本书在对建筑明器进行历时梳理和形制分析的基础上，从地域性出发，论述建筑明器所反映出地面建筑的民族性。

（一）环境不同而形成的地域性

春秋战国时期，中华文化分成两大集团，一是北方的秦、齐、鲁、燕、晋等，一是南方的楚、吴、越等。③自秦统一六国，接着汉兴，中华民族完成了大融合，形成了大一统的华夏文明。然而，不同地域、不同民族因气候环境、社会交往等原因，文化之间依然存在差异。这种文化的差异性不仅对经济、社会影响很大，而且对建筑风格的影响也十分显著，形成了风格迥异的地方建筑风貌。通过对不同地域出土建筑明器进行比较，不但可以推测当时地面建筑的形态，而且可以思考建筑所具有的地域性和民族性。

---

① 《礼记·祭法》对古代五祀记载为"户、灶、中霤、门、行"；《论衡·祭意篇》也有记载："所谓五祀，报门、户、灶、室、中霤之功"。
② 黄晓芬：《汉墓的考古学研究》，岳麓书社2003年版，第225—227页。
③ 沈福煦、沈鸿明：《中国建筑装饰艺术文化源流》，湖北教育出版社2002年版，第12页。

1. 北方建筑明器

北方许多省份，如甘肃、陕西、山西、河南、河北、山东等地区都出土有建筑明器，其中河南是中国出土建筑明器较多的省份。河南出土建筑明器以豫西的灵宝、豫北的焦作地区最多，也最为精美，这可能与东汉时弘农郡的封建贵族实行厚葬以及该地处于东、西二京之间的地理位置有关。就河南出土建筑明器情况而言，西汉早期墓葬中传统的鼎、壶、盘等仿铜礼器仍在使用，但灶、井、仓等建筑明器数量在不断地增加。到了西汉晚期至东汉中晚期，旧式随葬礼器逐渐减少以致绝迹，炫耀地主庄园经济的成套建筑明器诸如宅院、作坊、楼阁、猪圈等大量出土，这说明汉代的丧葬制度发生了世俗化转向。河南出土建筑明器内容丰富，形制多样，主要包括供人居住的房屋、院落、储存粮食的仓廪、登高瞭望的楼阁、游览休憩的水榭、表演乐舞百戏的戏楼以及加工作坊、羊舍猪圈、厕所等。凡是人们日常生活中所涉及的建筑样态，在明器中均可寻到踪迹。

山东省以枣庄地区出土汉代陶仓具有一定的代表性，不仅数量多，而且形制多样，既包括圆形陶仓、长方形陶仓，也有高台式、楼阁式陶仓，几乎涵盖陶仓的所有形制，而且在建筑技术、防潮、通风、防盗等方面也非常讲究（图1.83）。[①] 山东高唐固河出土的东汉楼阁，形制与河北阜城桑庄楼阁相似，各层腰檐和平座有节奏地挑出与收进，使楼的外观既稳定

台儿庄区滕楼出土陶仓   薛城区邹坞镇墓出土楼阁式陶仓

图 1.83　山东枣庄出土陶仓

① 石敬东、刘爱民、孙晋芬：《山东枣庄出土的汉代陶仓模型》，《农业考古》2006年第1期，第136—139页。

又有变化，并产生各部分虚实明暗的对比，成为此后中国古代木构楼阁长期遵循的建筑形式。

北京地区、山西地区也有建筑明器出土。平谷县西柏店和唐庄子汉墓出土陶灶 1 件、陶厕 2 件，其中 M1、M103 各出土绿釉厕所一件。M1 出土厕所为楼阁式，悬山顶，屋脊两端起翘，屋顶前坡刻划瓦垄。厕所下连猪圈，圈与厕有连接的围墙栏杆，围墙和栏杆上均有浮雕花纹（图 1.84）。M103 所出厕所为四阿顶，圈旁有斜坡走道，但无栏杆，其他形制与 M1 基本形同。[①] 1992 年，山西广灵北关汉墓出土陶屋 2 件、陶楼 2 件、灶 7 件、仓 10 件、井 6 件，还有猪圈等建筑明器。[②]

图 1.84　北京平谷 M1 出土绿釉陶厕所

此外在青海、宁夏、内蒙古、辽宁等地也有建筑明器出现，只不过数量和类型较少。

2. 南方建筑明器

南方许多地区如广东、广西、四川、湖南、湖北等皆有建筑明器出土，而广东和四川是出土建筑明器较多的省份。

广州动物园东汉建初元年墓出土有陶灶、陶井、陶屋、陶城堡等建筑明器。陶灶上并列三釜，左右灶壁附设水缸，有一俑依靠在缸边作舀水状，另一童，跪坐灶门处作烧火状。陶屋分为前堂和后院两部分。前堂为横长方形，三面屋壁做成菱形、三角形等镂空格子，类似花窗，并在墙壁上开有门洞，堂屋内有人在舂米。前堂之后连接两室构成后院。后院是饲养家畜的圈舍，两边设有位于户外的斜梯。陶屋的一侧有一人正赶羊入圈

---

① 北京市文物工作队：《北京平谷县西柏店和唐庄子汉墓发掘简报》，《考古》1962 年第 5 期，第 242 页。

② 大同市考古研究所：《山西广灵北关汉墓发掘简报》，《文物》2001 年第 9 期，第 4—11 页。

（图1.85）。① 广州象栏冈 M2 出土汉代陶楼房，平面呈方形，中间为四阿重檐二层楼阁，左右各有抱厦一间，前院和后院的两边各有一座小房，前院的两座小房安直棂窗和斜格窗；后院正中放置一猪食槽，旁边有两只猪。左边的小房是厕所，分两层，上层是厕房，有一俑正蹲坑，下层是粪坑，有一只家畜正从中出来。右边的小房是饲养家禽的圈舍，后壁开有四个洞窗，上边两个洞窗里面伏着两只鸡，下面的两个窗洞伏着两只鸭。右边抱厦里有一个臼子，两个俑正在春米，一个俑执箕。各个建筑之间有门相通，凡朝外的门上均有两个方形突出的门簪。楼阁的上层前面开一个长方形小窗，窗扇是上下开闭的，后面平伸出一个方形带栏杆式矮墙的平台。楼房外壁上刻有仿木构的横直线条（图1.86）。②

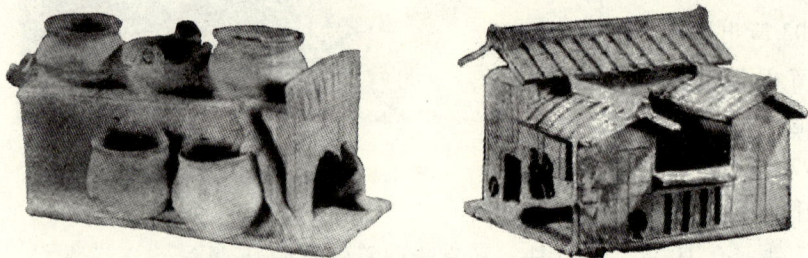

图1.85　广州动物园东汉墓出土陶灶和陶屋

图1.86　广州象栏冈 M2 出土
汉代陶楼房

1981年5月，四川忠县涂井发掘蜀汉墓15座，出土陶屋模型10件，其中8件出自 M5，平面皆呈横长方形。形制大致可以分为三类：Ⅰ式3件。庑殿顶，正脊和戗脊微上翘，脊两端各有一束瓦当。Ⅱ式3件。庑殿顶，戗脊微翘，正脊中开天窗。左右立角柱，柱上施一斗三

① 广州市文物管理委员会：《广州动物园东汉建初元年墓清理简报》，《文物》1959年第11期，第14页。

② 广州市文物管理委员会：《广州东山象栏冈第二号木椁墓清理简报》，《文物》1958年第4期，第58页。

升斗拱。高台基，屋前和两侧筑墙，上有雨搭。天窗四周设栏杆，施以寻杖、蜀柱、直棂、卧棂和方格等构件（图1.87）。Ⅲ式2件。平顶，宽檐额，左右设墙，立二柱、柱上施一斗二升斗拱承托屋檐。门前有廊，外设腰墙。[①] 20世纪90年代以来，随着三峡库区的抢救性考古发掘，峡江地区清理出大量汉晋墓葬，多有建筑明器出土。从峡江地区出土陶屋来看，这一地区的丧葬文化既受中原影响，又具有一定的地域特色。[②] 同样硕大醒目的造型也出现在成都天回山崖墓出土的红陶楼阁上（图1.88）。

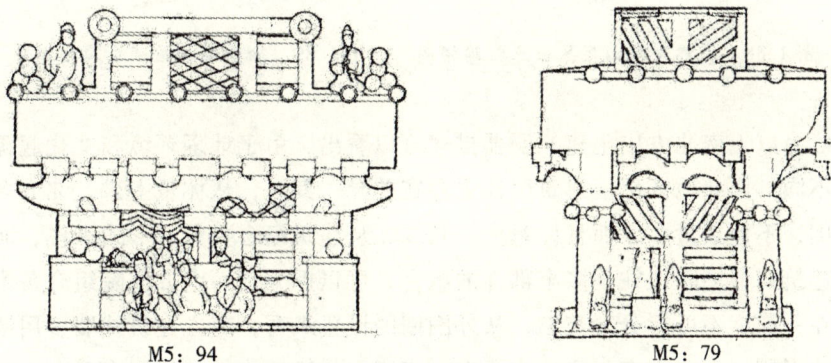

M5：94　　　　　　　　　　　　　　　　M5：79

图1.87　四川忠县涂井蜀汉墓出土陶屋模型：Ⅱ式

　　1978年，湖南长沙发掘的东汉墓出土了一批建筑明器，有陶屋、陶楼，以及陶仓、鸡埘、猪圈和井等。陶制房屋最常见的是曲尺式，由两栋长方形房子组合而成，其余相对的两角，用矮墙围绕起来，形成一个后院。整体又构成一个方形，包括有住房、厕所和家禽圈栏三部分，顶为悬山式。前面开有门和菱形窗户。[③]

　　此外安徽、江苏（图1.89）、江西等地也有大量建筑明器出土。

　　① 四川省文物管理委员会：《忠县涂井蜀汉崖墓》，《文物》1985年第7期，第72—75页。
　　② 武玮对这一地区汉晋墓葬出土陶屋进行了搜集整理，编制表格，并对其文化内涵进行了分析。详见武玮：《峡江地区汉晋墓葬出土陶屋模型探析》，《四川文物》2010年第6期，第57—64页。
　　③ 高至喜：《谈谈湖南出土的东汉建筑模型》，《考古》1959年第11期，第624页。

图 1.88 成都天回山崖墓出土红陶楼阁   图 1.89 徐州博物馆藏灰陶楼阁

由以上南北方出土建筑明器描述可以看出，由于地理环境和文化起源的不同，南北地区出土建筑明器也存在差异。其一，从体量上讲，北方多楼阁，不但数量多，而且体量大。其二，从建筑组合数量和形式来说，北方建筑明器宅院往往是多个部件的组合，可以拆分，而南方宅院组合是聚集在一起，不可拆分。其三，从外围墙的设置来看，南方建筑外墙多用镂空的形制，而北方多封闭较为严实。其四，从建筑构件的使用来看，北方建筑明器上斗拱结构明显，回廊、栏杆使用普遍，而南方建筑明器反映出的斗拱不但出现晚于北方，而且斗拱结构简单，表现方式以刻划为多，壮硕独立的斗拱造型较北方少见。此外南方楼阁式建筑栏杆廊庑的使用也少于北方。其五，从建筑类型来说，南方出土较多具有地域特色的干阑式建筑。这种建筑形式适用于南方潮湿多雨地区，两汉时期在广东、广西等岭南地区普遍使用，而这类建筑在北方地区并不多见。同时，在建筑外观表现上，南方建筑除了表现干阑式建筑的镂空造型出现较多之外，墙体、门、窗等建筑部位也多出现镂空装饰。这些部位几何纹饰的运用也较北方为多，造型构图更为丰富。

（二）文化同质而形成的民族性

虽然由于气候、地理、交往等原因，使得丧葬文化具有差异性，但是中华文化在地域结构上又是内向的。这种内向性一旦形成系统，就有自己的主体性，这种主体性就是中华民族的民族性。从不同地域出土建筑明器来看，它们的相同点主要有两个方面：其一，出土建筑明器的繁荣期主要集中在两汉。从有关文献资料来看，两汉时期经济较为发达，除长安、洛阳两京外，在全国范围内还有众多的地方城市兴起，如战国时期就出现的临淄、邯郸，以及宛、江陵、吴、合肥、番禺、成都等，不同地区出土形制相似的建筑明器说明汉代的丧葬习俗在全国范围内皆有影响，也说明汉文化的"同质性"。其二，建筑样式的发展，南北方基本同步。中国古代建筑从新石器时代开始就形成了土木结构的特点，这种特点在南北方的建筑遗址和建筑明器中都有反映。河姆渡遗址中木构架技术已经得到纯熟的应用，这充分说明中国很早就形成了土木建筑的特性。从全国出土建筑明器中可以清楚地看到各个时期建筑形式的演变历程，诸如梁架结构、屋脊形式、斗拱使用、瓦当变化、房屋装饰，等等。从汉代开始，抬梁式和穿斗式结构已经被普遍使用，并成为中国古建的主要建筑形制，成为"大一统"的中国古代建筑代表形式。作为现实建筑的立体表现，从建筑明器的发展过程及其形制上，可以看到中国古代建筑的阶段特性，以及最终民族特色的形成。

1. "恋土亲木"的民族情结

首先，建筑明器是用泥土做成的房屋。中国古代建筑最为代表性的特点就是土木结构，泥土是中国古代地面建筑的主要原材料，是建筑的代表性形象之一。早在石器时代，先民们穴居的房屋四壁就是泥土，后来发展为用夯土筑成的台基、墙壁，最终成为中国古代建筑的重要建筑材料，这种对泥土的格外偏爱在建筑明器中表现得淋漓尽致。从目前出土材料来看，不论北方还是南方的建筑明器一般都用泥土做成，属于中国古代泥塑的表现内容。早期建筑明器是直接用泥土做成的泥质陶，后来出现了釉陶，其他质料运用不是很多，尤其是房屋类建筑明器。这种材质选择，也说明了即使是制作丧葬礼仪的建筑明器，人们依然选择使用泥土以表现建筑的特性。中华民族对土木建筑的热爱之情由此可见。

其次，建筑明器显现木质构建的符号。建筑明器虽多为陶质明器，但是从这些陶质明器的结构和构件依然可以清楚地看出木构建筑的痕迹，无论是柱梁式、穿斗式、平顶式还是干阑式均以木材为主，梁柱结合、四柱架梁，以"间"为单位。汉代楼阁中的栏杆多做成横条状或镂空状，这是木质栏杆在陶楼阁中的直接映射；建筑明器中窗户有洞窗，也有棂形窗，从棂中可以看出木料造型的存在。在明代秦王墓出土的陶房屋中出现了格扇门，陶制的格心、雕刻的花纹等清晰可见木质构件的影子。

中国古代建筑最大限度地利用了木结构的特点，一般不是以独立的个别建筑为目标，而是以空间规模巨大、平面铺开、相互连接和配合的群体建筑为特征。对于中国古代建筑突出以木构架体系为主体，而不同于西方古代建筑以石质结构为主体，不同学者有着不同的看法。

梁思成认为："古代中原为产木之区，中国建筑结构以木材为主，宫室之寿命乃限于木质结构之未能耐久，但更深究其故，实缘于不着意于原物长存之观念。"①

赵广超认为：木是温和的，而石是冰冷的，所以中国人用木建筑房屋、宫殿，而用石头建造桥梁和墓穴，也许这种冰冷、坚固、不易改变的结构更适合死去的人。②

斯蒂芬·加得纳认为："中国人出于对森林的恐惧"和"无法放弃在木质材料上的雕刻装饰"，"因为在木材上人们可以进行进一步的加工——这是中国人最喜欢做的，只有在木材上才能雕刻出复杂的纹饰"。③

刘致平认为："中国最早发祥的地区——中原等黄土地区，多木材而少佳石，所以石建筑少。"④

李约瑟认为："肯定地不能说中国是没有石头适合建造类似欧洲和西亚那样子的巨大建筑，而只不过是将它们用之于陵墓结构、华表和纪念碑（在这些石作中经常模仿典型的木作大样），并且用来修筑道路中的行人道、院子和小径。"他认为"木结构形式和缺乏大量奴隶之间是多少会有一些相连的关系的"。⑤

侯幼彬则从木结构的自然适应性和社会适应性；正统性、持续性和高度成熟性；包容性和独特性等若干特性来分析木架构的属性。⑥

右史认为：中国建筑有"五材并用"的传统和"土木之功"的表述。"中国建筑为何用木构"是一个不成立的伪命题，无论是建筑材料还是结

---

① 梁思成：《梁思成文集》（第三卷），中国建筑工业出版社 1985 年版，第 11 页。

② 参见赵广超《不只中国木建筑》，三联书店 2006 年版，第 7 页。

③ 斯蒂芬·加得纳：《人类的居所：房屋的起源和演变》，汪瑞、黄秋萌、任慧译，北京大学出版社 2006 年版，第 85 页。

④ 刘致平：《中国建筑类型及结构》，中国建筑工业出版社 1987 年版，第 2 页。

⑤ Joseph Needham Science & Civilisation in China. Vol . 1 V: 3 Cambridge Universitr Press 1971.90；译文引自李允鉌《华夏意匠》，香港：广角镜出版社 1984 年版，第 29—30 页。

⑥ 侯幼彬：《中国建筑美学》，黑龙江科学技术出版社 1997 年版，第 10—13 页。

构形式，中国建筑都不局限于木。[①]

　　笔者认为中国古代建筑之所以发展出土木结构的特性，首先与中华民族恋土亲木情结有关。发源于黄土高原的农耕文化，使人们产生了脚踏实地的恋土亲木情节，希望与自然，尤其是土地建立起一种"天人合一"的亲和关系，这种农耕文明反映在建筑文化上就是"耕耘为食，筑木为居"。其次与不同质料的物质特性有关。不同质料具有不同的物质属性，石头虽然坚固、永恒，但是阴冷而难以雕刻；木头虽然脆弱、易逝，但是温和而易雕琢。所以中国古代的陵墓、道路和桥梁多为石质材料，而房屋、宫殿多为木质材料。农业文明的特性使得中国人形成了自己的性格特征。在住宅材质的选择上，以土木作为家的支撑，亲木恋土，似木的柔韧、挺拔，而又可以随着环境而不断地改变。而作为阴宅的建筑明器也就因地制宜地选用陶土作为基本的质料，既有土的取材方便，又可以通过长期的制陶技艺的积累，更好地表现木的可塑性，从而全面地展现土木建筑的特点。

　　2．"君子务实"的理性精神

　　中国建筑在延续发展中，一个鲜明的艺术特色，就是它清晰的理性精神。这种理性首先表现在追求实用理性上。实用理性既不同于科学理性，又不同于思辨理性，它是一种经验理性和实践理性。

　　这种务实精神首先表现为建筑与环境的和谐。中国古代建筑崇尚自然，讲究环境意识，注意因地制宜，通过天人合一，达到建筑与环境和谐一致，这种心理和观念表现在对建筑材料的选择上，就是对土木的偏爱。人们以土、木为主建材，因材致用、因物施巧，与西方多使用砖石材质相比，中国人更善于和喜欢使用土材料。中国古代建筑不追求建筑本体的永恒，所以许多建筑可以经过历代的不断修补、改建而依然屹立在原址上。人们重视的不是建筑的长久历史，而是在意建筑初建之时的位置和体量。这种思想反映在建筑明器上，就是不同时期、不同地域，建筑明器的材质，类型可以不同，但是建筑明器在丧葬文化中所代表的意义基本是一致的。同时，建筑明器的制造和安放所反映出地面建筑的元素是相同的。

　　其次，这种务实精神表现在建筑的适居之美上。中国古代建筑以人体为尺度，坚持有节制的人本主义造型原则。中国古代建筑无论什么类型，

---

① 右史：《中国建筑不只木》，《建筑师》2007 年第 3 期。

都很少建造像西方大教堂那样超出人体尺度的庞大建筑①，因为西方大型建筑多半为供养神的庙堂，而中国大型宫殿建筑则是供世上活着的君主们居住的。于是，不是孤立的、摆脱世俗生活，象征超越人间的宗教建筑，而是入世的、与世间生活环境相联系的宫殿宗庙建筑；不是可以使人产生某种恐怖感的异常空旷的内部空间，而是平易的、非常接近日常生活的内部空间组合，构成了中国建筑的艺术特征。这种宜人特性也体现在建筑明器中。建筑明器在墓室内的使用也不是孤立的、单独的作为安放死者灵魂的居所，而是和整个墓室结构、其他随葬品互相配合，完整地为亡者构建一个适宜居住的、建筑结构合理有序的、功能齐全的阴宅环境。因此对于建筑明器的研究不能脱离墓室整体环境的氛围，这样才能比较全面地理解它所蕴含的信息。

中国建筑务实的理性精神在单体建筑上表现为它一般采用木架构承重，墙壁只起围蔽作用。这种对"承重"与"围蔽"所做的明确功能区分，以及在木架结构基础上发展起来的"标准"、"定型"和"装配"式手工技术，显示了科学的理性逻辑。② 现代建筑似乎和中国古典建筑在原则上更为接近，"框架结构"就是其中一个最主要的共同点，一切建筑构图问题都是由此而展开。正如英国学者李约瑟说："现代建筑事实上是比一般的猜想更多地受到中国（以及日本）的观念的影响。"③ 有鉴于此，中国单体建筑的美学原则，实际上可以纳入某种功能技术上的合理主义范畴。对于建筑明器来说，这种务实的理性精神表现为制作手段的随意性。明器是专为随葬而制作的，是精神寄托的象征物。人们对明器的制作要求只是具其形，并不追求制作工艺的完美和精确，因此大多建筑明器远观严整规范、庭院森森，但是细看，就会发现诸多的随意之为了。

当然，中国古建筑不仅注重理性，而且具有浪漫思想，屋顶就是理性和浪漫交织的典范。中国建筑屋顶的创作精神应该是理性的，但不是纯粹的理性，而是情理相依的，是在理性的主导中渗透着一种浪漫。在屋顶创作中，擅长在美化结构枢纽和构造关节的同时，注入文化性的语义和情感性的象征。例如处于屋顶最高点的鸱尾，原本只是正脊与垂脊的交叉节

---

① 赵劲松：《从中国文化特征看中国古代建筑的设计理念》，《新建筑》2002 年第 3 期，第72 页。

② 汪正章：《建筑美学》，东方出版社 1991 年版，第 149 页。

③ 李永铄：《华夏意匠》，中国建筑工业出版社 1985 年版，第 26—27 页。

点。由于所处地位的显要，把它做成了鸱尾的形象，不仅取得轩昂、流畅的生动形象和优美轮廓，而且揉入了"虬尾似鸱，激浪即降雨"的神话传说，寄托了"厌火"的深切意愿。后来鸱尾演变成龙吻，也蕴含着龙能降雨灭灾的文化寓意。为防止龙逃遁，特意用剑插龙身，这样的处理既理性又浪漫，体现了理性和浪漫的交织。① 而在建筑明器上，这种浪漫思想发展得更为彻底。由于建筑明器是为亡者准备的居住场所，人们希望这样的场所可以带给逝者更为舒适的生活，并造福于子孙后代。在秦汉时期，还被赋予了希望逝者长生成仙的美好意愿。因此在建筑明器装饰上，人们不但能看到现实生活中美好的生活图景，还能看到象征升仙的珍禽瑞兽刻塑其上，象征长寿和坚固的柿蒂纹装饰屋脊，等等。

　　建筑明器虽是明器，但是它也包含有地面建筑的影子，地面建筑的理性精神也必然渗透到建筑明器之中；而且作为丧葬用器，建筑明器本身就反映了中国古代礼仪思想中的理性精神。中国古代丧礼学说强调"象其生以送其死"的中心思想，是为了"避免同是强调物质性的薄葬和杀殉这两个弊端"②，而通过"比喻"的方式传达生者对死者的感情，表达了儒家礼制中的理性精神。

　　3. "浓于伦理"的礼制思想

　　中国人"淡于宗教而浓于伦理"，比较关注现世的道德、政治理想，较少涉及较为抽象的对世界本源的追问和探求。《黄帝宅经》开篇曰："夫宅者，乃是阴阳之枢纽，人伦之规模"，也就是说建筑既是协调天人关系的工具，也是协调社会关系的工具。"礼"是儒家思想的重要范畴，是维系天地人伦、上下尊卑的宇宙秩序和社会规范的准则，贯穿于社会生活的方方面面，也必然影响到建筑之中。中国古代建筑的人文意蕴在"礼"中表现为严格的建筑等级制度和独特的礼制性建筑。③

　　首先，礼制渗透于建筑的方方面面。礼制要求人们按照法律和社会政治生活中的地位差别，来确定人们使用的建筑形式和建筑规模，也就是建筑等级制度。中国古代建筑以庞大的空间体量和艺术形象，给人以深刻的感受，所以建筑不仅是生活必需品，也是精神消费品，是标志等级名分、

---

① 侯幼彬：《中国建筑美学》，黑龙江科学技术出版社 1997 年版，第 72 页。

② 巫鸿：《"明器"的理论和实践——战国时期礼仪美术中的观念化倾向》，《文物》2006 年第 6 期，第 78 页。

③ 秦红岭：《建筑的伦理意蕴》，中国建筑工业出版社 2006 年版，第 83 页。

维护等级制度的主要手段。这种礼制在建筑明器中一方面表现为与墓室规模、随葬数量等构成的等级差别，另一方面也表现为建筑明器本身制作和装饰的技艺差别，以及规模大小等。

其次，礼制在建筑中表现为礼制性的建筑系列。这些礼制性建筑包括作为祭祀天神、地祇的坛；祭祀祖先、先圣先师、山川神灵的庙；祭祀祖先、处理宗族事物、执行宗规家法的宗祠；以及如阙、华表、牌坊等礼制性的建筑小品，等等。在建筑明器中，这些礼制性的建筑也伴随着墓主的社会级别而有所体现，比如在一些庭院的门前做出阙的造型，或者在一些建筑明器中有独立的阙、影壁等高等级建筑的配件组合使用，等等。

"器以藏礼"，建筑明器不仅是"形而下"的"器"，而且是中国古代礼制的载体和表现。"'器'的话语必然含有理想化和概念化的倾向，一旦出现便会对现实发生作用，甚至被当作礼仪中的'正统'加以崇奉"①，正是在这种思想的影响下，形成了一套丧葬礼仪的独特器物学阐释理论。

① 巫鸿：《"明器"的理论和实践——战国时期礼仪美术中的观念化倾向》，《文物》2006年第 6 期，第 73 页。

第 二 章

建筑明器形态及建构之美

建筑之美依技术而成，首先表现为美的建构。中国古代建筑技术萌芽于新石器时代，经过夏商周三代的发展，到了秦汉已趋于成熟。作为模拟地面建筑样态的随葬替用品，建筑明器的设计模板是地面建筑，它所反映的是同时代的建筑技术或者更高一点的（当然也有复古的痕迹）。将建筑明器的细部构件和技法，包括建筑构架、建造工艺、建筑组合等与文献资料进行比对，可以寻求到当时地面建筑的技术和基本形态。基于此，本章以出土建筑明器中房屋类建筑模型为主要素材，探讨建筑明器所反映建筑的建构之美，以达到用"地下之新资料"印证"纸上之资料"的"二重证据法"之鹄的。

一　单体明器形态及其建构之美

无论多么复杂的建筑形态都是由单体房屋组合而成。对于房屋的组成元素，中西建筑文化描述各不相同，黑格尔在《美学》中指出："就房屋本身所特有的力学比例关系来看，一方面有支撑物，是按照建筑方式来造型的物质堆，另一方面有被支撑物，这两方面结合起来才达到坚固和稳定。此外还加上第三个因素，即围绕遮蔽和按照长宽高的三度体积来定的界限。"① 北宋喻皓在《木经》中说："凡屋有三分，自梁以上为上分，地以上为中分，地以下为下分。"（图 2.1）中国古代建筑的屋顶、屋身、台基"三段式"外观不同于欧洲古典建筑的支撑物、被支撑物、界限，有着独特的风格，在整体上形成一种和谐的美感。

---

① 黑格尔：《美学》第 3 卷上册，朱光潜译，商务印书馆 1991 年版，第 67 页。

图 2.1 "屋有三分"示意图

(一) 如翼斯飞——大屋顶

中国古代建筑的屋顶也称"大屋顶",是人类建筑史上"盖世无比的奇异现象"①。大屋顶形制来源于穴居的顶盖和巢居的树冠。穴居是北方原始初民的一种常见居住方式,居住在平原地区的先民为遮蔽风雨,扎结了活动的顶盖,这是北方屋顶的最初萌芽。原始巢居的先民为了避雨、挡风、遮阳而在树上营造了"棚顶",这是南方屋顶的开始。西周之前,处于"茅茨土阶"时期,房屋应该都是茅草或者树枝的顶盖。西周时期虽然已经出现了屋顶覆瓦的考古发现,但是在周原遗址目前所见的宗庙类建筑中,还是使用茅草屋顶,夯土筑基,这应该是对祖先的追忆。这种屋顶覆盖形式,虽然年代久远不可再见实物,但是从陕西武功县游凤遗址出土的几座陶屋模型上可以清晰地看到茅草屋面的结构(图 2.2)②。通过这种类似建筑明器或者器盖的实物形象,首先可以看到当时较为陡直的屋面外观和后期平缓的屋面坡度不同,屋顶的高度超过或者等同于屋身,与后世大屋顶的名称相贴切。其次可以看到当时屋面覆草大概有两种方式,一种是直接用茅草整片覆盖;另一种首先将茅草捆扎成一束束的,然后再依次叠压覆盖。但是无论何种方式,视觉形象都是整齐美观的。

---

① 伊东忠太:《中国建筑史》,陈清泉译,转引自李允鉌:《华夏意匠》,广角镜出版社 1984 年版,第 221 页。

② 西安半坡博物馆、武功县文化馆:《陕西武功发现新石器时代遗址》,《考古》1975 年第 2 期,第 97 页。

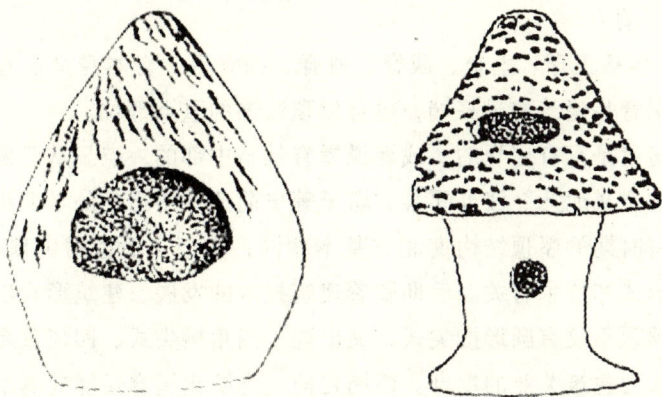

图 2.2　武功县游凤遗址出土陶屋上的茅茨

　　西周之后宫室、民居建筑屋顶普遍用陶制瓦件代替茅草，从此大屋顶形制随着建筑技术成熟而完善，并且出现了几个坡面。出于实用目的，大屋顶开始越来越陡峻，《周礼·考工记·轮人为盖》记载："……上欲尊而宇欲卑。上尊而宇卑，则吐水疾而霤远。"虽然此中记述的为车顶盖的制作方法，但参考的对象为屋檐的形制。"上尊而宇卑"就是屋脊高耸而屋檐低下，整个屋顶做成带曲线的坡面，"吐水疾而霤远"则说明这种坡面最初是为了使屋顶排水既快又远，以免雨水对房屋造成损害。[①] 春秋战国时期，崇尚"高台榭，美宫室"，大屋顶技术已经很发达。秦汉之时，大屋顶风行天下，在宫殿、陵寝、祠庙、阙与园林建筑中到处可见其踪迹，基本结构已经确立。宋代，大屋顶曲线发展到最成熟阶段，屋顶上几乎找不到一条直线，呈现出强烈的向上腾起之动势。这种以曲线为美，追求动感的建筑文化，一直延续到明清。[②] 屋顶的演化过程和各个时代的屋顶特征在建筑明器中，都可直观看到。

　　1. 屋顶构成

　　"脊"和"庇"是中国古代建筑屋面的两大要素。"脊"是屋顶覆盖物的交接处；"庇"是屋顶的覆盖主体，也就是通常所说的屋面；在"脊"和"庇"下面是起支撑作用的屋架。

---

　　① 房厚泽：《凝固的历史——中国建筑的故事》，北京出版社 2007 年版，第 44 页。
　　② 王振复：《中华建筑的文化历程》，上海人民出版社 2006 年版，第 247 页。

(1) "脊"

"脊"包括正脊、垂脊、戗脊、博脊、围脊等，脊本身又由脊身和脊兽组成，正脊是建筑的最高端，也是屋顶装饰的重点部位。

早期房屋是没有屋脊的，或者说屋脊就是中部的一点。从已发现的陕西游凤、甘肃灰地儿、江苏邳县大墩子等史前遗址中出土的早期房屋形态可知，这一时期的屋顶结构南北方基本相同，类似于后世攒尖顶的建筑，这种建筑形式和技术有关。后期随着建筑技术的发展、建筑形式出现多样化趋势，屋顶不仅有圆形攒尖式，又出现了四角攒尖式、四阿重屋等，屋脊也逐渐成为建筑关照的重点。西周之前，为防止屋脊接缝处漏雨，人们以碎陶片或陶瓦覆盖在草顶的屋脊处，装饰功用尚在其次。西周时期，在这种实用功能的基础上，人们发明了瓦，随着瓦的广泛使用，屋面结构和装饰出现较多变化。从秦代陶仓类建筑明器中可以看到，四条垂脊式屋脊已经普遍使用，但是屋脊装饰并不多见。西汉开始屋顶形制逐渐增多，尤其到了东汉，后世的庑殿顶、歇山顶、悬山顶、攒尖顶、卷棚顶等均可从建筑明器中看到，而这些建筑种类的划分多是以屋脊的变化为基础而形成的。随着屋脊的增多，脊上装饰逐渐成为建筑亮点。秦时屋脊无装饰，西汉早期屋脊还主要表现为平直状，从西汉晚期开始，屋脊尾端多出现起翘、叠压瓦当装饰。到东汉时期大量出现脊端添加瑞鸟、柿蒂、花叶等饰物，屋脊中间位置也经常出现昂首展羽的凤鸟，屋脊装饰逐渐丰富。但直到东汉晚期，正脊的发展还没有最终定型，它在屋面上的长短、样式还很多样，不过，后世屋脊上的鸱尾①造型在这一时期的建筑明器上已经出现。

南北朝时期，建筑正脊两端上翘反卷的样式普遍增多，麦积山127石窟西魏壁画中的楼阁上已有明显的鸱尾造型出现，这种造型也可以从南京市博物馆藏南朝陶房屋上看到（图2.3）。隋唐时期，鸱尾形象更为完整，具有简约而大气的艺术特征。唐长乐公主墓门阙楼阁图正脊两端的鸱尾呈鸟状，鸟头对立，顶上有冠。唐韦洞墓墓门上部楼阁壁画上的鸱尾与垂脊的弯曲、屋面的举折相呼应，呈"S"状，造型流畅，疏朗大气。中唐以

---

① 对于鸱尾的起源，不同学者观点不同。著名建筑史学家刘敦桢和吴庆洲根据文献资料提出鸱吻创立于西汉，有学者还认为鸱吻产生于晋和北魏（详见冯双元《鸱吻起源考》，《考古与文物》2011年第1期）。笔者根据出土建筑明器，认为鸱吻造型应该最早出现在东汉晚期。

后，鸱尾式样改变，折而向上似张口吞脊，因名鸱吻，头部越来越向龙形象演变，又称"龙吻"。陕西省历史博物馆藏汉中出土唐三彩陶仓，正脊两端有鸱吻，垂脊和戗脊有兽头（图版14）。辽宋以后，出现千姿百态的鸱吻造型，在北方主要表现为龙吻，在南方出现鱼吻，在佛教建筑上还出现了摩羯鱼造型。为了增加修饰效果，在垂脊和戗脊头上还出现脊兽和戗兽。西安市雁塔区明藩王墓中出土的房屋类建筑明器，其

图2.3 南朝陶房屋上的鸱尾

正脊两端有鸱吻造型，垂脊头有兽头，这种造型级别较高，与同时代的地面建筑可以相互印证（图2.4）。

鸱吻

脊兽

图2.4 西安雁塔区曲江乡金滹沱村出土红陶房屋上的鸱吻和脊兽

（2）"庇"

屋面材料最重要的是瓦垅，根据考古资料，瓦产生于西周初期。[①]西周之前，宫殿建筑的屋顶都是用茅草覆盖，防水性能较差。根据考古资料，河南偃师二里头一号宫殿遗址尚未发现瓦件，构筑方式当是以茅草为屋顶，以夯土为台基的"茅茨土阶"形态。[②] 瓦发明以后，很快就取代茅草，成为覆盖屋顶的主要材料。陕西扶风召陈发现的西周中期房屋遗址，用夯土筑台基和隔墙，内部全部用木构架承上层圆形屋顶，[③]遗址中发现大量瓦件，表明西周中期已经完成了由"茅茨"向"瓦屋"的转变。

春秋战国时期，屋顶为茅茨和瓦楞混合使用阶段。陕西凤翔西村出土的陶房屋和陶仓[④]，凤翔高庄[⑤]、马家庄[⑥]出土的陶仓，屋面都没有发现瓦垅。西安市茅坡光华胶鞋厂秦墓出土的陶仓[⑦]，有茅草屋面也有瓦垅屋面。M43：2、M75：11 为茅草屋面，而 M17：6 则为瓦垅屋面（图 2.5）。西安市潘家庄世家星城秦墓出土陶仓 3 件[⑧]，皆为瓦垅屋面（图 2.6），说明秦时瓦已经普遍使用于屋面。勉县老道寺陶院落，在宅门、仓房、佣人房的垂脊之外两山檐屋面上，还出现了两沟横盖筒瓦，说明后来建筑上的"排山勾滴"做法，在东汉时期就已经完备。[⑨]

---

① 一说瓦比砖早四五百年，《博物志》记载："桀汉。作瓦"。《本草纲目》集解也有："李时珍：夏桀始以泥坏作瓦"之说。但是目前发掘最早的陶瓦实物，出现在西周时期的宫殿遗址。（王其均：《中国古建筑语言》，机械工业出版社 2007 年版，第 13 页。）

② 侯幼彬、李婉贞：《中国古代建筑历史图解》，中国建筑工业出版社 2002 年版，第 11页。

③ 陕西省周原考古队：《陕西岐山县凤雏村西周建筑遗址发掘简报》，《文物》1979 年第10 期，第 27—37 页。

④ 雍城考古队李自智、尚志儒：《陕西凤翔西村战国秦墓发掘简报》，《考古与文物》1986年第 1 期，第 8 页。

⑤ 雍城考古队吴镇烽、尚志儒：《陕西凤翔高庄秦墓地发掘简报》，《考古与文物》1981 年第 1 期，第 12 页。

⑥ 陕西省雍城考古队：《凤翔马家庄一号建筑群遗址发掘简报》，《文物》1985 年 2 期，第22 页。

⑦ 西安市文物保护考古所：《西安南郊秦墓》，陕西人民出版社 2004 年版，第 128—130页。

⑧ 同上书，第 527、595、626 页。

⑨ 郭清华：《陕西勉县老道寺汉墓》，《考古》1985 年第 5 期，第 429 页。

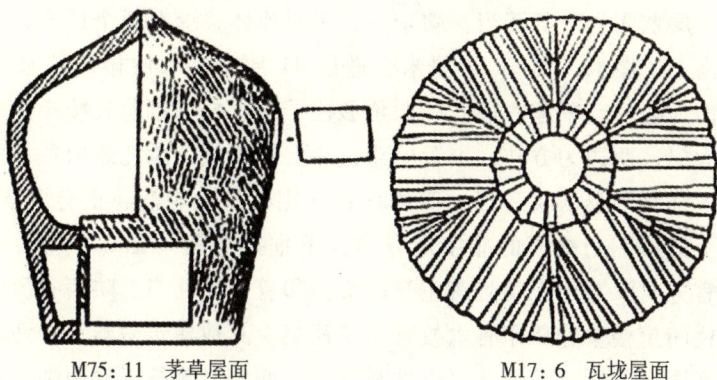

M75：11　茅草屋面　　　　　　　　　　M17：6　瓦垅屋面

图2.5　西安茅坡光华胶鞋厂秦墓出土陶仓屋面

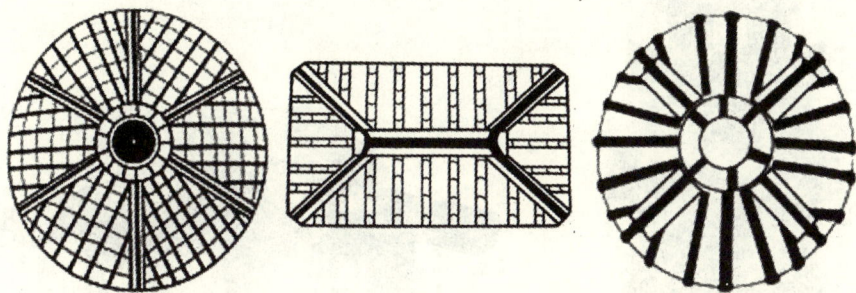

图2.6　西安市潘家庄世家星城秦墓出土陶仓上的瓦垅屋面

　　中国古代建筑屋顶用瓦包括筒瓦和板瓦，而瓦中兼技术和艺术、实用和审美于一体的是瓦当。瓦当基本造型为圆形或半圆形，在种类上，有文字瓦当、图案瓦当等区别。春秋战国时期瓦当题材扩展，以动植物纹样为多。秦代瓦当纹饰除了有表现动植物的灵动之态外，还有诡秘的云纹和幻想中的龙、凤、夔等神异之相，也有饰篆文的文字瓦当。汉代是瓦当技术和艺术发展的巅峰期，沿用云纹和文字为常见，文字瓦当多为吉祥语，而且题材进一步扩大，出现了"四神"瓦当。汉代之后瓦当使用趋于稳定，变化较少。建筑明器中出现的瓦当形象基本为圆形，半圆形瓦当几乎不见。与考古遗址中出土种类丰富的瓦当造型不同，建筑明器中的瓦当虽然在各类屋宇造型上均有出现，但是纹样简单，制作较为粗糙，一般为云纹或乳丁纹，也有少量动物纹瓦当。

　　建筑明器中最具代表性的瓦当造型为河南密县后士郭二号墓出土的东

汉晚期二层灰陶仓上的瓦当。陶仓一、二层连体，上有两个顶窗，下有四足，通高 107 厘米、面阔 54 厘米、进深 41 厘米。一层楼前置长方形平座，三面为栏杆。平座右边立一八角形柱子，承托一台阶式楼梯。中间有长方形大门，两边为方柱，上置栌斗，斗上置华拱，承托悬山顶，上做筒瓦，檐下饰圆形卷云纹瓦当。四角垂脊外侧有排山勾滴，正脊两端起翘，做出三个圆形瓦当叠压的品字形脊饰，下垂挂悬鱼（图 2.7）。[1] 扶风县法门镇官务村汉墓出土陶院落正脊两头压印着云纹瓦当。陕西省历史博物馆藏晋代陶望楼垂脊压印有六枚乳丁纹瓦当。其他建筑明器正脊两端也有压印瓦当图案的例证，据此可以推断这一时期曾经流行正脊两端用瓦当堆叠作为脊饰的做法。

图 2.7　河南密县后士郭 2 号墓出土灰陶仓

（3）屋架

屋架是中国古代木构架建筑的主要承重构件之一，是造成屋顶高耸，檐口、檐角反翘为优美曲线的骨架。汉代的屋架结构主要为抬梁式。抬梁式木构架按照各个部分的受重情况不同可以分为四个部分：直立承重的柱；横卧承重的梁、檩、椽。由于横卧承重的梁、檩、椽位于建筑物内部，在建筑明器中很少得到反映，所以不做过多的论述。

2. 屋顶形式

大屋顶是中国古代建筑的美丽冠冕，是中国古典建筑形态的绝对主

---

[1]　河南博物院：《河南出土汉代建筑明器》，大象出版社 2002 年版，第 169 页。

角。无论单个屋顶或是屋顶群都充分展示了中国建筑艺术构图的伟大成就。作为传统文化的一部分，中国古代建筑的屋顶等级森严、内容丰富、形式多样。从出土建筑明器资料来看，主要有以下几种：

（1）平顶式

平顶式即在平梁上铺板，垫以土坯或灰土，再拍实表面。从美学的角度来看，"因为平顶不能产生已完成的整体的印象，一个平面不管地位有多么高，总是还能支撑重量，而尖顶的倾斜面相交的线形却不能支撑重量"①，所以平顶式屋顶形制较少。从功能上看，平顶式建筑上的平顶可以作为晾晒粮食的平台，所以这种屋顶现在多分布在雨水较少的华北、西北一带。从目前出土建筑明器来看，平顶式屋顶很少，而居住类建筑明器中平顶式更少，使用较多的还是畜圈类建筑以及仓房式建筑。如陕西出土建筑明器中，北周宇文俭墓出土陶厕②、西安洪庆北朝、隋家族迁葬墓中出土的陶仓③，都为略拱的平面形顶，应是平顶式建筑形态。在四川地区也发现有这种屋面形制，如忠县涂井蜀汉墓出土有平顶式陶屋模型两件。M5：34 中部开门，门扇敞开，门左右站立二人吹箫。檐额中部悬挂璧形饰，斗拱下有垂瓜状装饰，上部站立一只小鸟，长 53 厘米、宽 11 厘米、高 35 厘米。M5：87 与 M5：34 形似，门紧闭，长 49 厘米、宽 10 厘米、高 32.5 厘米（图 2.8）。④

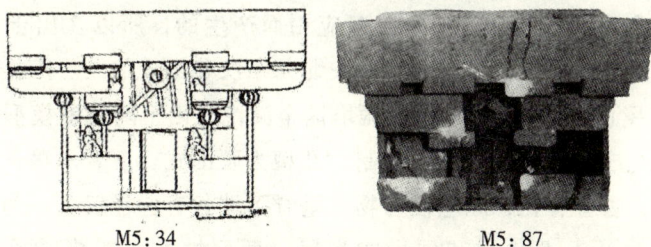

M5：34 　　　　　　　　　　　　　 M5：87

图 2.8 平顶式：四川忠县涂井蜀汉墓出土陶屋模型

① 黑格尔：《美学》第 3 卷上册，朱光潜译，商务印书馆 1991 年版，第 71—72 页。
② 陕西省考古研究所：《北周宇文俭墓清理发掘简报》，《考古与文物》2001 年第 3 期，第 35 页。
③ 陕西省考古研究所：《西安洪庆北朝、隋家族迁葬墓地》，《文物》2005 年第 10 期，第 47 页。
④ 四川省文物管理委员会：《忠县涂井蜀汉崖墓》，《文物》1985 年第 7 期，第 72—75 页。

（2）悬山式（宋称不厦两头式）

悬山式是两面坡式的一种，屋面伸出山墙外，挑出较多，有遮阳防雨之用。在目前出土建筑明器中，悬山顶是秦汉建筑明器中主要的屋顶形式，各类建筑明器中皆可寻到踪迹，后代一般用于民居建筑。如山西广灵北关汉墓出土的 A 型 M96：6 陶楼，通高 69 厘米，为明三、暗二两层楼阁，悬山顶，顶上有瓦垄，屋檐饰瓦当，悬山式屋顶明显（图 2.9）①。《广州出土汉代陶屋》中收录的房屋类建筑明器，绝大多数属于悬山式，而陶仓全部为悬山式。《河南出土汉代建筑明器》收录的宅院类、陶仓类建筑明器大多是悬山式，陶厕所猪圈、陶井部分为悬山式。陕西出土秦汉建筑明器中房屋类多为悬山顶，厕所屋顶基本上为悬山式，部分井亭为悬山式；陕西出土唐代建筑明器也多为悬山顶，这说明悬山顶一直是比较流行的屋面形制。

图 2.9　悬山式：山西广灵北关汉墓出土陶楼

（3）硬山式

硬山式是两面坡式的一种，出檐较短，山墙处不出挑，常以砖墙封山。硬山式是随着砖在建筑中普遍应用而产生的，所以在出土建筑明器中，硬山顶比较少，陕西主要有西安北郊东汉墓出土的二层陶楼房，通高 72 厘米，屋顶为硬山式。② 西安雁塔区金滹沱村出土陶房屋模型中的 I 型屋顶为纸扎成，不可知其屋顶形制，II 型为硬山式，五脊六兽，正脊两端有龙形吻，吻背有孔，原应插有物，垂脊下端各有一怪兽头，为硬山式屋顶（图 2.10）。③ 悬山式和硬山式都属于两面坡式，其坡顶形式简单节制、拙朴温厚，是等级、经济、艺术相协调的结果，体现了中国古代建筑与自然契合相生的审美情趣。

---

① 大同市考古研究所：《山西广灵北关汉墓发掘简报》，《文物》2001 年第 9 期，第 4—11 页。

② 陕西省考古所：《西安北郊清理一座东汉墓》，《考古》1960 年第 5 期，第 69 页。

③ 西安市文物保护考古所：《西安南郊皇明宗室汧阳端懿王朱公鏳墓清理简报》，《考古与文物》2001 年第 6 期，第 29 页。

（4）攒尖式（宋称斗尖）

攒尖式无正脊，数条垂脊交合于顶部，上再覆以宝顶，平面有方、圆、三角、四角、六角、八角等，一般为单檐，多用于面积不太大的建筑屋顶，如塔、亭等。[①] 出土建筑明器中新石器时代攒尖式屋顶较为常见，有圆形攒尖、四角攒尖等，如陕西武功出土的新石器时代圆形尖顶房屋模型。后期建筑明器中秦代及其以后的盆形仓顶基本为圆形尖顶式，顶部一般为通气孔，上有盖；有的顶部为圆塔状；有的顶部为瑞鸟或鸡；有的顶部为盆。另外众多出土的亭类建筑也以攒尖顶为主，如西安西郊中堡村唐墓出土院落中有亭子两座，一座为四角方亭，四条垂脊，上有圆形宝顶，一座为八角形亭，亭角起翘成凹形，上有圆形宝顶；铜川王石凹出土唐三彩院落中有亭子一座，方形，四角攒尖，上有宝瓶（图2.11）。

图2.10　硬山式：金滩沱村出土陶房屋　　　图2.11　攒尖式：西安博物院藏陶仓

（5）歇山式（宋称九脊殿）

歇山式由正脊、四条垂脊、四条戗脊组成，故称九脊殿，它是庑殿与悬山的结合，体现了中国古代建筑的灵秀俊雅之气、富贵超越之度。四川牧马山、遂宁市出土陶屋，形制大致相同，屋顶可能为两叠式歇山顶（图2.12）。郑州二里岗东汉晚期小砖墓出土陶房一件，是河南出土汉代

① 李金龙：《识别中国古建筑》，上海书店出版社2008年版，第71页。

建筑明器中唯一的歇山式屋顶。^① 这些建筑明器印证了汉代歇山式建筑已经出现^②，但是数量较少。地面上留存最早的歇山式木构建筑是山西五台山南禅寺的大佛殿（建于唐德宗建中三年，即公元 782 年）。唐代歇山式顶在建筑明器中也有出现，如西安西郊中堡村唐墓出土院落的大殿，它有一条正脊、四条垂脊、四条戗脊，正脊两头起翘；汉中出土的唐代三彩仓，有一条正脊、四条垂脊、四条戗脊，正脊两头为鸱尾，垂脊和戗脊上有兽头，说明至唐代时，歇山式屋顶使用已经非常普遍。

（6）庑殿式（又称四阿式）

庑殿顶又称四阿顶，"四阿"指四面坡，"阿"是垂脊之意。四阿顶有单檐和重檐之分，一般建筑为单檐，特别的建筑采用重檐。在《周礼·考工记》就有商代宗庙建筑为"四阿重屋"的记载，即为庑殿重檐式。单檐的有正脊和四角的垂脊，共五脊，所以宋称五脊殿。从出土建筑明器来看，四阿顶数量仅少于悬山顶，是汉代建筑明器的主要形式，《河南出土汉代建筑明器》收录的楼阁类大多是四阿式，《广州出土汉代陶屋》中收录的井亭全部为四阿式，陕西出土建筑明器中方形仓多为四阿

图 2.12　歇山式：四川牧马山
出土陶屋

图 2.13　庑殿式：山西广灵北关
汉墓出土陶楼

---

① 杨焕成：《河南陶建筑明器简述》，《中原文物》1991 年第 2 期，第 67—77 页。

② 有学者认为汉代画像砖石与建筑明器中出现的所谓歇山顶，更多的是"两叠式歇山顶"，属于歇山顶的雏形（周学鹰：《解读画像砖石中的汉代文化》，中华书局 2005 年版，第 329 页）。也有学者认为歇山顶起源于南方，呈现由南而北的趋势（王其亨：《歇山沿革试析》，《古建园林技术》1991 年第 1 期，第 29—32 页）。

式。其他地区，如山西广灵北关汉墓出土的 B 型 M49：28 陶楼，四阿顶，残高 96 厘米，楼体为方形，顶上有瓦垄（图 2.13）。① 秦汉时期，对屋顶层级没有太多的限制，所以四阿式顶在各种形制的建筑中皆有出现，不像后世被赋予很高的级别。实物的庑殿顶，目前可见的地面留存为汉阙类建筑和唐佛光寺大殿。

此外在广东②、湖南③、辽宁还出现了卷棚顶，只不过数量较少。如辽宁旧城东门里东汉壁画墓出土陶房屋，硬山卷棚式，通高 46.5 厘米、脊长 38.1 厘米、宽 30.6 厘米，四角着地，体内中空，底脚有托板，门槛下距地表 13 厘米，具有干阑式建筑特色（图 2.14）。④

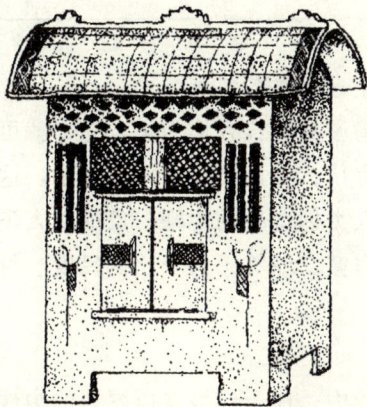

图 2.14　卷棚式：辽宁旧城东门里东汉壁画墓出土陶房屋

中国古代建筑的凹曲屋面（反宇屋面），造型飘逸优柔，如鹏展翼，成为最具民族特色的建筑元素。近现代学者对此有许多研究和猜测，程建军将其总结为五类（见下表）⑤。

---

① 大同市考古研究所：《山西广灵北关汉墓发掘简报》，《文物》2001 年第 9 期，第 4—11 页。
② 广州市文物管理委员会：《广州出土汉代陶屋》，文物出版社 1959 年版，第 34 页图 6、第 61 页图 46。
③ 湖南省文物考古研究所等：《湖南大庸东汉砖室墓》，《考古》1994 年第 12 期，第 1086 页图 11—19。
④ 辽宁考古所：《辽宁旧城东门里东汉壁画墓发掘报告》，《文物》1985 年第 6 期，第 28 页。
⑤ 程建军：《爰理阴阳——中国传统建筑与周易哲学》，中国电影出版社 2005 年版，第 136 页。

关于中国建筑凹曲屋面的各种观点

序号	各类说法	主要观点	代表人物	年代
1	模仿物态说	①模仿西北游牧民族之帐篷（天幕）②模仿草棚曲线	西方学者	18世纪
2	结构材料缺陷说	屋面凹曲为材料负重下凹之必然，久而为美	乐嘉藻	1933年
3	自然审美说	汉民族固有趣味使然，中国人认为直线不如曲线优美	[日]伊东忠太	20世纪30年代
4	功能说	有采光、遮阳及减少风压和排水快的优点	[英]李约瑟	20世纪50年代
5	结构构造说	①结构主义猜想，木结构的必然②"重屋"向"反字"转化或主次房屋不同坡面合并的结果	[英]费格松、杨鸿勋	1979年

（二）方正之间——屋身

中国古代建筑的屋身以长方形为主，这样就可以保证房屋的每一面墙都对应着一个基本方位，方正之间，人居其中。这种长方形造型设计和自然的混沌相对，是人类创造出的规则，象征着人类的智慧。长方形屋身部分包括斗拱、柱、门窗、墙等，由于比例尺度、材料、颜色的不同，因而产生许多变化。

1. 立柱框架

在先民的半穴居中，柱子作为支撑屋顶的构件，已经得到了运用。原始的柱子大多为圆形断面，不用石础，半坡先民为了保护和固定立柱，在安装木柱的地方用火烧出一个较硬的土窝。殷商时期出现了卵石为材的柱础。自秦开始经过深加工的方柱在建筑中得到应用，到了汉代柱子样式更趋丰富，柱体粗矮浑朴，"柱上或施斗拱，或仅施大斗，柱下之础石多方形，雕琢均极粗鲁"①，给人以稳重大气之感，这与当时的审美风格是一致的。魏晋南北朝时期，由于佛教初盛，柱子的柱础开始出现莲花之饰。隋唐立柱比较雄大，而明清之世，立柱总体上向修长方向发展。

《释名·释宫室》云："柱，住也。"其一，柱子的最重要功能是支撑，它是建筑物稳固不移、风雨难摧的"根"。作为中国木构建筑的重要构件，柱子支撑着沉重而庞大的梁架、屋顶，与整个木构架，构成建筑的"骨骼"，因此中国古典建筑有"墙倒屋不塌"的特征。其二，中国古建

---

① 《梁思成文集（三）》，中国建筑工业出版社1985年版，第37页。

筑的柱子除了支撑整个屋顶之外，还是构成建筑基本单位"间"的要素，四根柱子组成的立体空间就是一"间"。其三，柱子又有围绕遮蔽的功能。出于需要，有时会把柱子嵌在墙壁里，这就是半露柱。秦汉时期出土建筑明器上的半露柱基本上是方形，而唐宋以后为圆形。当然立柱不仅具有实用功能，而且其直立向上的力学性格与挺拔的风姿，更能给人以强烈的震撼和美的感受。

（1）柱子构成

柱子一般由三部分构成，从上到下分别是柱头、柱身和柱基。黑格尔从美学的原则出发对柱头和柱基进行论述，他认为："起始和终止是柱子本身所固有的定性，所以发展成熟的美的建筑在石柱下端按柱基，上端按柱头。"[①] 中国古代建筑柱头上或为阑额，或为斗拱。柱头和柱基之间是柱身。柱身一般是圆形的，因为"圆形是本身最单纯的完满自足的"[②]，圆形柱保持了木柱生长的自然状态，在文化审美上表达了人们对自然美的向往和回归。另外也有方形柱、八角柱等。为防潮防腐，常在木柱下设石础。由于柱础位置低矮，最接近人的视线，所以经常被加工成各种艺术形象，从简单的线脚，莲花瓣到复杂的各种鼓形、兽形，由单层的雕饰到多层的立雕、透雕，式样千变万化，不失装饰美感。

新石器时代的房屋类模型中，还没有柱子造型出现。秦代建筑明器中柱式应用也较少。汉代，柱子被广泛的塑造在建筑明器之上，主要有方形、圆形和八角形等。河南密县后士郭二号墓出土东汉晚期二层灰陶仓，通高107厘米、面阔54厘米、进深41厘米。一层平座右边立一八角形柱子，柱下有乳丁纹柱础，柱上承华拱，托一台阶式楼梯，左边为方形半露柱，上承斗拱。中间有长方形大门，两边为方柱，上置栌斗，斗上置华拱，

图2.15 河南密县后士郭出土灰陶仓上的柱式

① 黑格尔：《美学》第3卷上册，朱光潜译，商务印书馆1991年版，第68页。
② 同上书，第69页。

承托悬山顶（图2.15，图版17）。① 1953年，郑州二里冈小砖墓出土红陶仓房，通高45厘米、面阔43.5厘米、进深17厘米，平面为长方形，面阔两间，进深一间，仓房正面和两侧均有平座，并绕以低平的横条形镂孔栏杆，正面栏杆中部立一方形前檐中柱，柱头置一斗三升斗拱，四角各立方形立柱，柱头置栌斗。斗拱、栌斗共同承托宽大的挑檐枋，上置四阿顶（图2.16）。② 河南偃师出土东汉早期拐角灰陶仓楼，一层为廊式建筑，底部平铺厚板，廊前正面立方柱三根，拐角端头立方柱一根，上承顶部廊檐③，等等。由于中国古代建筑木构架的特性，秦以后几乎在每件居住类建筑明器上都能看到柱子的塑造。

图2.16 郑州二里冈小砖墓出土
红陶仓房上的柱式

广州出土了大量汉代陶井，其中带井亭陶井的立柱造型可以分为两类，一类直接塑有圆形立柱造型，一类底部有圆形柱洞，应为木质柱式。④但是总观建筑明器，圆形立柱还是比较少见，这可能是陶楼尺度太小，制作时不易表现，也可能是不同艺术表现方式不同，还有可能是当时许多柱子是包在墙中。如勉县M4出土的红陶楼阁，立柱为和墙壁同厚的方形，上有斗拱。勉县M1出土的灰陶院落、扶风官务出土的红陶院落、华县文管会藏陶院落、西安北郊东汉墓出土陶楼房等皆有斗拱而不见立柱。从其他考古资料，如墓室⑤、建筑遗址⑥来看，汉代圆形柱还是比较

---

① 河南博物院：《河南出土汉代建筑明器》，大象出版社2002年版，第169页。
② 河南省文物局文化工作队：《郑州二里冈的一座汉代小砖墓》，《考古》1964年第4期，第177页。
③ 河南博物院：《河南出土汉代建筑明器》，大象出版社2002年版，第164页。
④ 广州市文物管理委员会：《广州出土汉代陶屋》，文物出版社1958年版，第71—76页。
⑤ 汉代墓室有圆形、椭圆形、方形、八角柱等柱式造型。详见周学鹰《汉代建筑大木作技术特征（之三）》，《华中建筑》2006年第10期，第166—169页。
⑥ 洛阳汉魏故城建筑遗址有圆形、椭圆形、半圆形、方形圆角、方形、八角形等柱洞。详见冯承泽、杨鸿勋《洛阳汉魏故城圆形建筑遗址初探》，《考古》1990年第3期，第268—272页。

流行的。

从出土考古资料来看，唐代建筑明器的柱式多为圆形，一般是从平地上升到其长度大约三分之一时，就逐渐变细，这样显得更加苗条。如中堡村出土三彩四合院建筑模型①，无论是房屋还是亭子的，独立的还是半露的，柱式皆为圆形，其中大殿的柱子下有覆盆形柱础（图2.17）。长安区灵沼出土唐三彩院落②，中

图 2.17　西安中堡村出土三彩
四合院中的柱式

堂有四根独立的圆形柱式，下有方形柱础。明代秦王墓出土建筑明器的柱子皆为圆形，柱础为覆盆形。由此可以看出，汉代以后圆形柱子成为建筑用柱的主流样式，而其他形状则成为配衬。

（2）柱子颜色和装饰

从有无颜色和装饰来看，柱子可以分为素柱和装饰柱。素柱不加任何装饰，一般用在级别较低的建筑中；而装饰柱用在级别较高的建筑中，或上漆、或彩绘、或雕刻、或书楹。初期的柱子大多为素柱，在建筑发展中它逐渐挣脱了自然状态，获得既合规律又合目的之抽象美状态，出现了装饰柱。

古代对柱子特别是大门两边柱子（楹）的颜色很讲究，因为它是主人身份的标志。《礼记》云："楹，天子丹，诸侯黝，大夫苍，士黈"，天子宫殿的门柱用红色，诸侯用黑色，大夫用灰绿色，有文化的人或辞官归故里者门柱用黄色，等级分明。自春秋以后，"青琐丹楹"成为重要建筑物的着色标准，也就是说，建筑物的小件涂成青色，柱子涂成红色。③ 张衡在《西京赋》中对当时的柱子装饰也进行了描述："雕楹玉碣，绣栭云楣"，《汉书·董贤传》也有："柱槛衣以绨锦"的记载。但是出土建筑明器中的柱子颜色多与整体模型一致，有的没有出现柱子，但是用线刻划出

---

① 陕西省文物管理委员会：《西安西郊中堡村唐墓清理简报》，《考古》1960年第3期，第38页。

② 西安博物院：《西安博物院》，世界图书出版社2007年版，第259页。

③ 房厚泽：《凝固的历史——中国建筑故事》，北京出版社2007年版，第39页。

柱子造型，因此目前还不能从建筑明器中明确的探知魏晋南北朝之前柱子颜色的施用。

到了唐代，因为三彩建筑明器的出现，柱子表现出了不同于其他房屋部件的装饰色彩。西安中堡村出土唐代院落，左右厢房和门房皆通过两根立柱将房屋分成三间，柱头上为阑额，不见柱础，柱身为红色；中堂为"三间四柱"式，外柱柱头上为阑额，不见柱础，柱身为红色；四角亭有内柱四根、外柱四根，柱头上为阑额，不见柱础，柱身为红色；八角亭有柱子八根，为半露柱，不见柱础，柱身为红色；后殿前屋面有半露柱四根，上有斗拱，下有石础，柱身为红色，根据檐下斗拱推断还应该有墙内柱6根（图版4）。西安金滹沱明代墓出土 I 型房屋，四角为圆形立柱，下有圆形柱础石，柱上各铺设斗拱1朵；II 型房屋，从屋面来看有圆形檐柱两根、角柱两根，下有圆形柱础石，柱上为阑额，皆为红色。由此可见，红色的圆形立柱是唐以来使用最多的建筑样式。

一般居住类建筑，柱身除单色油漆外，不再做过多装饰，否则就会显得累赘，但也有利用动物、植物乃至人物形象来装饰的例子。如1954年河南淮阳县九女冢村采集的一件东汉晚期人形柱三层绿釉陶榭，通高144厘米、面阔43厘米、进深47厘米。第一层正面设有前廊，廊后为一房，正中为双扉大门，门上饰铺首衔环，门前有一人字形梯道，梯旁立有四个女俑，做欲上楼状。二、三层整体造型完全相同，为敞开的亭式结构，下部为方体基座，上承平座，平座四周有低平的围栏，每面均附有变形人体

图 2.18　河南淮阳县采集人形柱
绿釉陶榭局部

斗拱数个，四角立两两并立的裸体人形柱。裸体人具有明显的两性人特征，胸部有突出的乳房，下部有男性生殖器。上置四阿顶，檐下饰圆形瓦当，四条垂脊上各置一鸟雀，下端为几个圆形瓦当叠压装饰。第三层正脊两端反翘，中部有口衔彩带的朱雀。每层屋顶下，均饰有云形雀替和变形斗拱，紧密相连的斗拱又形成花拱，具有较强的艺术装饰效果，很可能是后来骑马雀替的滥

筋。树中所用的人形斗拱和裸体的人形檐柱皆为两性人形状，可能代表了某些宗教观念① （图 2.18）。

宁夏吴忠关马湖东汉墓出土一座三层灰色陶楼（M17∶1），也有人形柱出现。该陶楼横排五间，进深一间，上施白粉红彩（大部分已脱落）。三层楼面布局各不相同，其中第一层用刀刻线条表示门的位置，两边各有一熊形角神支撑，形制简单；第二层平座前伸，上立栏杆，形成一字走廊，走廊内五扇板门半开，两边各有一人形支柱，起着重要的支撑作用。陶楼中人和熊形角神造型生动，使整个建筑富有生气。陶楼左右宽 41 厘米、前后深 13 厘米、总高 70 厘米。②

此外，汉代百戏楼的立柱上一般也装饰有人面或立人造型（图版 8），应当是同这类建筑的实用功能相配合的装饰和宣传需要，同后世戏台类建筑装饰有异曲同工的效果。另外人物和动物形象的柱身装饰，在山东③、浙江④等地出土的画像石中也有表现，但在建筑明器中使用还是较为少见。一方面可能因为使用这类装饰的建筑性质比较特殊，在社会上不属于惯常的建筑形式。另一方面也许是因为建筑明器毕竟为模仿地面建筑的随葬品，人们要求的只是具其形的替代作用而已，对于太过复杂的造型也会做简化处理。

2. 斗拱攒聚

斗拱是中国木结构建筑的重要构件，是中国建筑最精巧、最华丽的部分，是东方美学神韵在建筑上的体现，无论从技术角度，还是艺术角度来看，都足以代表中国古典建筑的风格和精神。根据考古资料证实，西周青铜器上就发现了柱间用阑额，柱上用斗的形象，应是斗拱出现的滥觞。⑤

---

① 张勇：《人形柱陶楼定名与年代问题讨论》，《中原文物》2001 年第 5 期，第 73—77 页。

② 宁夏博物馆关马湖汉墓发掘组：《宁夏吴忠县关马湖汉墓》，《考古与文物》1984 年第 4 期，第 28 页。

③ 1959 年，山东安丘董家庄发现一座大型画像石墓，安置在墓室中轴线上的三根周身雕刻画像的石柱尤为引人注目，石柱由人像和异兽组成，人兽纠缠盘桓、高低错落，整个人像柱雕刻精美、气势博大（详见李黎阳《试论山东安丘汉墓人像柱艺术》，《中原文物》1991 年第 3 期，第 87 页）。山东岱庙藏浮雕人兽图画像石立柱上也有人像造型（详见泰安新闻出版局编《岱庙》宣传册）。

④ 浙江海宁长安镇画像石墓蟠龙造型为目前发现最早的蟠龙柱形象，墓室北、东、西三角皆雕有两个龟础蟠龙柱（详见岳风霞、刘兴珍《浙江海宁长安镇画像石》，《文物》1984 年第 3 期，第 52 页）。

⑤ 傅熹年：《中国古代建筑十论》，复旦大学出版社 2004 年版，第 4 页。

也有学者认为战国时期斗拱已经成熟，使用证据是"战国采桑狩猎壶上刻绘的建筑图案"（图 2.19）。^①但学者们普遍认为，到了汉代斗拱基本形态均已具备，而且被广泛使用。

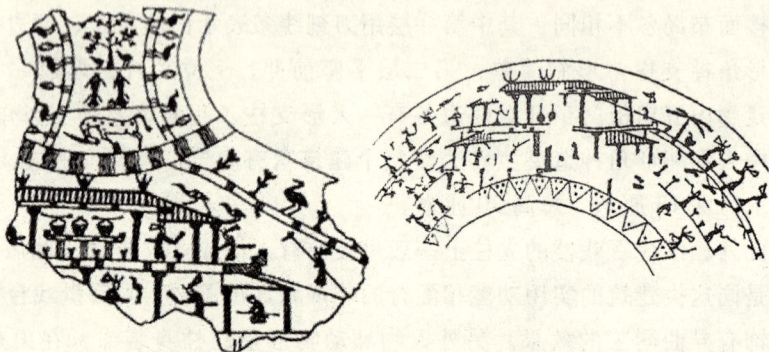

图 2.19　战国铜匜、铜鉴上的建筑图像

　　建筑明器中所见汉代之前的斗拱使用并不多，到了汉代斗拱使用普遍化，从居住类建筑以及仓储、圈栏、陶灶等上都可看到。从目前所见汉代建筑明器可以看出东汉中期之前斗拱形式多样，但是以出挑梁支撑斗拱为多，柱头斗拱使用还不普及。东汉晚期开始，斗拱的使用以柱头斗拱为主，而且以一斗二升、一斗三升为多见，说明斗拱的制作技术已经成熟，使用更加科学、合理、规范。陕西勉县老道寺汉墓出土的陶楼顶层正面两角檐下墙角出挑枋，其上各安斗拱，拱上替木直接承托檐角。右厢楼阁上部是由下层伸出的挑梁上安斗拱，逐步挑出二、三层拱支撑挑出的上层墙体。这套模型有两种形式的斗拱，一种是"V"字形斗拱，用于右厢一层楼的前、后与两山檐下；二层楼的两山与正面；正楼四层的正面两檐角下以及窗下，共有十一朵。一种是"U"字形斗拱，用于右厢二层楼背面和鸡圈平顶内，共四朵。这个模型的拱上无升，栌斗都直接坐在大枋木上，斗无耳、平、欹之分，斗拱的使用部位是后来建筑上几种斗拱功用形式的初级阶段^②（图 2.20）。

　　1980 年 5 月，四川宜宾市翠屏区山谷祠二号汉代崖墓出土东汉陶楼 1

---

① 罗哲文：《斗拱》，《文物参考资料》1954 年第 7 期，第 57 页。
② 郭清华：《陕西勉县老道寺汉墓》，《考古》1985 年第 5 期，第 429 页。

座。通高 118 厘米，底层长
59 厘米，一楼台阶前两侧有
高 40 厘米的立柱，立柱下方
为覆斗形的柱础石，柱头上
承一斗三升斗拱。二楼前两
侧有高 30 厘米立柱承托一斗
三升斗拱、墙上有异形斗拱
式窗棂，此楼形制规整，构
件简明，立柱斗拱硕大①
（图版 18）。四川忠县涂井蜀
汉墓出土陶屋模型，大多檐
中立柱，柱上施一斗三升斗拱，②
同样的柱式、斗拱形制也出现
在四川地区出土的其他陶楼阁
上。建筑明器中硕大的斗拱形
制说明汉代人们对于立柱斗拱成为
屋顶支撑体的认识，而且这一部
分制作时被有意地放大，以形成
强有力的艺术效果。

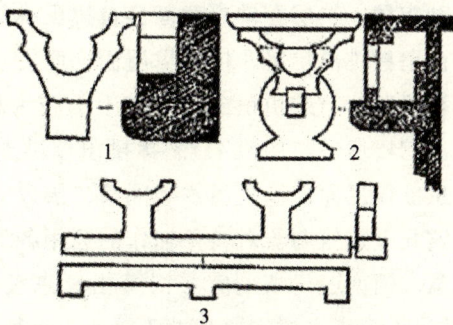

右厢斗拱
1.二层（1/2）2.一层（1/4）3.二层背面（1/4）

图 2.20　勉县老道寺灰陶院落中的斗拱

图 2.21
西安白鹿原汉墓 M41：7 陶灶上的斗拱

这一时期出土的其他建筑明器上也有斗拱造型出现，如西安白鹿原汉墓陶灶前壁上出现摹仿室内建筑的斗拱造型（图 2.21）。只不过陶灶上的斗拱形象一般都为刻划或者彩绘在灶门一侧，而井类建筑明器上的斗拱形象较之居住类建筑上的也更为简单，说明井类建筑上斗拱造型虽然存在，但数量较少，而且形制单一。

东汉前期还没有形成真正的转角铺作。由于四坡屋顶出檐和平坐四面出挑的需要，推动了对转角铺作的探索。陕西韩城县芝川镇东汉墓出土的

---

① 《宜宾馆藏文物鉴赏》，《宜宾晚报》2009 年 4 月 27 日，第 9 版。
② 四川省文物管理委员会：《忠县涂井蜀汉崖墓》，《文物》1985 年第 7 期，第 72—75 页。

一件釉陶楼，二层在转角两面各自挑出挑梁斗拱支撑三层回廊，四角立角柱，由角柱挑出挑梁斗拱支撑屋面。西安三爻村出土釉陶望楼上的斗拱也是这种形制，与芝川镇出土陶楼上的较为相似（图版7）。西安北郊东汉墓出土陶楼房，二层出45°斜撑挑出斗拱支撑屋面；楼阁则为角柱挑出挑梁斗拱支撑屋面。潼关吊桥楼阁第二层以上正面檐下两角都有螭状斗拱一朵。这几个建筑明器对转角辅作的运用各不相同，反映了当时对转角斗拱的探索。河南三门峡刘家渠汉墓出土东汉中晚期三层陶水榭2座，其中M4的出土1座水榭，通高107厘米，池径45厘米。一至三层四角伸出的挑梁各不相同，一层四角各伸出两根挑梁，上根平出，下根上斜作支撑，上置一朵一斗三升斗拱；二层四角伸出圆形龙首挑梁，支撑四阿顶；三层四角伸出圆形挑梁，支撑四阿顶。M3水榭与M4相似（图2.22）。①

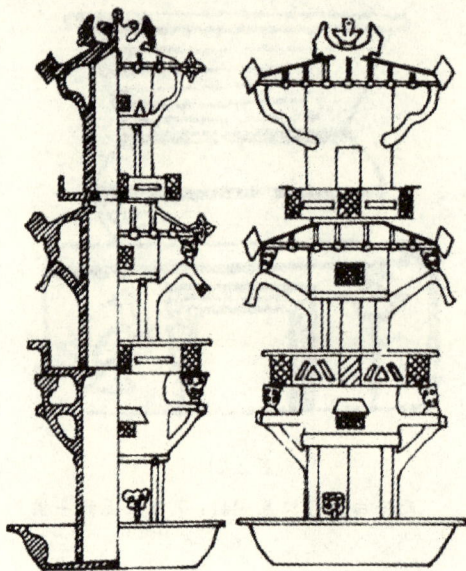

图 2.22　三门峡刘家渠 4 号墓出土陶水榭

魏晋南北朝时期，建筑技术进一步发展，斗拱不仅作为承重构件，而且文化内蕴渐渐丰富起来。甘肃麦积山第 5 窟、山西太原天龙山北朝第 16 窟等上皆出现了人字形斗拱造型。这一时期建筑明器上人字形斗拱的使用还不明显，但转角斗拱的使用已经较为成熟。隋唐是斗拱发展的辉煌阶段，这一时期的斗拱造型雄大、浑朴、明丽，逐渐趋于理性、规范和成熟。西安中堡村唐墓出土的三彩院落，后殿四周额枋上各有斗拱两朵，正面和两侧平板枋上共有人字形补间斗拱四朵，四角各有转角铺作 1 朵，共计斗拱 16 朵。所有斗拱出挑深远，尺度雄壮，与柱高之比达到一比二，这种巨大的尺度感，将斗拱推到了耀目的境地。屋角起翘配以彩绘的四壁，给人以沉稳壮丽的感受，反映了唐代宏大

① 三门峡市文物工作队：《三门峡市刘家渠汉墓的发掘》，《华夏考古》1994 年第 1 期，第22—30 页。

的文化魅力与境界（图 2.23）。这种斗拱形象在同时期壁画中也有体现，如唐韦泂墓后室西南角部的壁画，角柱斗拱硕大、明朗、雄伟。

宋代《营造法式》中对斗拱的制作和使用有严格的规定，这是理学精神及其伦理观念在建筑技术上的体现。明清以后，斗拱的结构作用变得并不重要，逐渐成为柱网和屋顶构架间的装饰构件。① 西安金滹沱村明代墓出土 Ⅰ 型房屋，四角柱头之间为额枋，额枋上有平板枋，正面和两侧平板枋上各托斗拱 4 朵，斗拱之间

图 2.23　西安中堡村出土三彩院落中的斗拱

红色壁面上用白彩描绘有带翼升龙图案，四角柱上各设转角斗拱 1 朵，共计斗拱 16 朵。这组斗拱装饰色彩为青、绿、黑、红，已经明显地表现出装饰功用大于实用功能。

3. 门窗流通

从茹毛饮血时期的茅草棚屋到科技膨胀时期的高楼大厦，门窗时刻伴随着人类。自从有了居所，门窗就成为生活中的重要组成部分，长武县陶房屋上的椭圆形门洞虽然只是具形，但也表明门的存在。《释名》曰："门，扪也，为扪幕障卫也；户，护也，所以谨护闭塞也。""窗，聪也，于内窥外为聪明也。"但是这些仅仅描述了门窗的单向功能，而没有准确地阐释门窗装饰的双向作用，实际上"门具有人流、物流、采光、通风的流通功能，也具有禁闭、防卫、挡风、防寒、隔音的防护功能。窗具有采光、通风、视线外窥、景物内透的流通功能，也具有阻寒温、避免噪音、挡虫鸟、保隐私的防护功能"②。《道德经》中认为"凿牖户为室，当其无，有室之用。故有之以为利，无之以为用"。门窗作为房子的眼睛，它不但要美丽夺目，更要以自身去诠释房子所传递的魅力。

---

① 刘华：《灵魂的居所》，百花文艺出版社 2006 年版，第 132 页。
② 侯幼彬：《中国建筑美学》，黑龙江科学技术出版社 1997 年版，第 54 页。

（1）门

建筑作为遮风避雨的遮蔽物，出入的通道是必不可少的，所以建筑上留门是古已有之的。早期的建筑类房屋模型，只是留出了门的位置，或为椭圆形，或为长方形，但是并没有板门造型出现，因此可以推测这一时期门的拦挡可能仅为简单的遮蔽，还没有形成固定的门框和门板。汉代建筑明器上已经可以清楚地看到门的完整造型，一般由门框、门头、门扇等几个部分组成。门框是由左右两根框柱加一根平枋组成的框架，主要作安置门扇之用。门框上最初还有简单的两面坡屋顶，不但具有遮阳挡雨的作用，而且还可以使大门显得更加气派，后来逐渐演变为一种罩在大门上的装饰功能更强的部件。门扇是大门本身最重要的部分，常见的是两扇，也有一扇或超过两扇的。门扇格式有两种，第一种门扇形制最高，体量最大，防卫性最强，主要用于家门、城门、宫门等，谓之板门；第二种增加了"棂格"这一通透而富于变化的因子，使其形态玲珑剔透、丰富多彩，谓之"格扇门"。

第一，板门。大型建筑上的门扇比较宽，需要几块木板横向拼合而成，称为"板门"。建筑明器中唐代之前的门以板门为多。汉代陶楼阁院落大门一般为长方形，也有拱形，上有两面坡式屋顶，如潼关吊桥楼阁，正中有两道门，前门长方形，后门拱形；楼阁下层刻阴线以示门形，一页门扇作半掩状。勉县老道寺汉墓出土院落中门较多且制作细致有规律。正楼一层正面和宅门两道门为双扇内开门；左厢粮仓为单扇外开门，上、下共两道；宅门的内门，右厢一层正面门，二层前、后对穿门，望楼一层券顶门和二层长方门，院墙偏门，佣人房门等共八道门为无扉门。扶风县法门镇官务村陶四合院门楼房，正面下层中间为大门，下有"山"字形门槛；上层中间开着长方形窗；大门四周用黑色勾画门框；大门两侧各有一张口瞪目、形象凶恶的兽头。基于特殊功能，仓门基本上都开在上部，通过楼梯可以到达。一般由多块门板逐层横加或者以竖排的方式关闭仓门，形成了另一种形式的板门。

阙是门的组成部分，《白虎通》云："门必有阙者何？阙者，所以饰门别尊卑也。"在河南焦作出土的陶仓楼中，前墙两角上多出方柱，其上做有对称的双阙。如焦作市河南轮胎厂 M13 出土的四层灰陶仓楼、焦作市白庄 M41 出土的五层灰陶仓楼、焦作市马作村出土的五层彩绘陶仓楼、焦作市白庄 M6、李河村出土的七层连阁彩绘陶仓楼、焦作市墙南村出土的七层连阁彩绘陶仓楼，等等。这些建筑大门的两边墙上，都做出了单阙的造型，应该是为了表明墓主人的级别。

拼合板门最原始的办法是在门板的后面加几条横向的木条，用铁钉由外向内将门板和横木固定在一起，这些钉子称为"门钉"。门钉发展到后来，成为中国古建筑大门上一种特有的装饰。厚阔的门板，按上一排排硕大的金色门钉，使大门显得更加威武、坚固，给人一种美的享受。后来门钉不仅起到装饰作用，而且是政治地位和权力的标志，在明代还被列入典章制度。[①] 河南安阳桥村隋墓中出土的一座房屋建筑（标本 109），顶为单檐歇山式，正脊两端有鸱尾，正面下端中间为实榻大门，门扉上有门钉。整个建筑未饰釉，通体呈白色，两山、周檐下及门涂红彩。（图2.24）[②] 汉中出土唐代三彩仓，面阔一间，中间刻划出圆拱形门框、门扇、门槛。门扇两扇，每扇皆有横 3、竖 3 的门钉（图版 14）。由此可见，汉代时期，门钉的使用还不很普遍，隋唐开始，门钉成为板门上常用的固定和装饰构件。

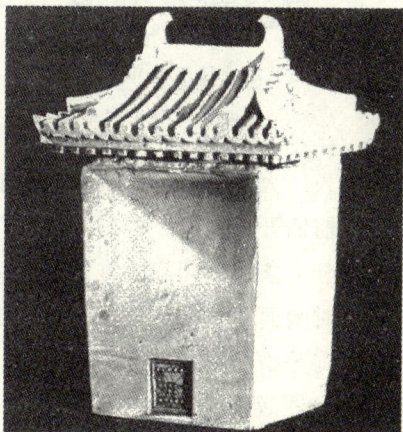

图 2.24　安阳隋墓出土房屋模型

在板门门扇的中央还常有一对兽面形门环，称为"辅首衔环"，既可作敲门或拉门之用，又兼装饰和拒鬼神于门外的象征意义。从考古资料来看，出土汉代建筑明器的大门上多有兽面形门环出现。河南内乡县出土的三层绿釉陶望楼，通高 65 厘米、面阔 26.5 厘米、进深 23.5 厘米。院墙正中开长方形大门，无门扉。望楼一层正面置双扇大门，上饰较大铺首衔环。大门上部墙壁刻划有两组波浪纹装饰带[③]（图版 19）。辽宁辽阳南郊街东汉壁画墓出土泥质灰陶房屋 1座。悬山顶，屋脊有齿状突起，正面屋顶饰浅刻划纹。檐下有透雕的斜格子窗和直棂窗。两扇门板向外开，门板中间各有一个兽形铺首，门两侧均

---

① 房厚泽：《凝固的历史——中国建筑故事》，北京出版社 2007 年版，第 51 页。

② 安阳市文物工作队：《河南安阳市两座隋墓发掘报告》，《考古》1992 年第 1 期，第 42页。

③ 河南博物院：《河南出土汉代建筑明器》，大象出版社 2002 年版，第 178 页。

图 2.25 辽宁辽阳南郊街东汉壁画
墓出土泥质灰陶房屋

有仿木窄窗。两侧山墙上各有一个圆形镂孔窗。陶房四壁下端中间均内凹，形成悬空，门槛距离地表 3.6 厘米。面阔 4.8 厘米、进深 31.6 厘米、通高 45.2 厘米（图 2.25）。① 湖北襄樊樊城菜越三国 1 号墓出土黄褐釉陶楼一座，进深 31 厘米、宽 33 厘米、通高 105 厘米。门楼前墙中部开一大门，两扇可开合门扉，每扇门扉上堆塑两羽人和一衔环铺首。大门右侧开一单扇小门，门扉上堆塑一羽人。大门左侧下部有一上为圆形、下为三角形的孔洞。院内楼阁底层中间前墙开一大门，两扇门扉，门扉上装饰竖向条纹，门房墙上装饰网格纹和竖向条纹。门扉上堆塑的羽人② 显然具有明器的特质，而辅首衔环则是当时地面建筑的部件。至于孔洞，可能表明某种祭祀之意，也可能是为猫、狗等小动物专门开的出入口，这一造型在岭南出土建筑明器中也多有出现（图版 20）。③

第二，格扇门（也称隔扇、格门）。唐代以后，一般建筑上围墙的大门仍用防盗性较好的板门，但在高等级建筑和普通民居殿堂上开始出现格扇门。宋代开始，大量使用透光性和美观性颇佳的格扇，奠定了以后各朝代的基本格式。宋代《营造法式》规定格扇门由两根竖的边挺与四根横向的抹头构成基本框架，上起第一与第二根抹头间为格心，第二与第三抹间较小为腰华板（清代称绦环板），第三与第四抹头间为障水板（清代称裙板），宋代格心与障水板高度比例为 2:1。元、明代出现了五抹头的格扇门，构

---

① 辽宁省文物考古研究所：《辽宁辽阳南郊街东汉壁画墓》，《文物》2008 年第 10 期，第 34—59 页。

② 羽人亦称飞仙，是汉代常见的艺术形象，具有肩背生翼、两腿生羽、大耳出颠的特征。有学者认为羽人来自西方，也有学者认为其是中华民族固有之传统。贺西林认为羽人来自楚文化，不仅是长生不老、自由自在的象征，而且肩负三项神圣使命，即：接引升仙、助长寿、辟不祥。详见贺西林《汉代艺术中的羽人及其象征意义》，《文物》2010 年第 7 期，第 46—55 页。

③ 襄樊市文物考古研究所：《湖北襄樊樊城菜越三国墓发掘简报》，《文物》2010 年第 9 期，第 8—14 页。

成一隔心、二腰板和一障水板的状态。① 格心是格扇门透光和装饰的重点,在格心的边挺和抹头的内沿围有一圈仔边,仔边内为精美的木构图案。

隔扇之美在于把实用和灵动有机地、自然地融为一体。隔扇的上部由于有房檐遮蔽,不用担心雨雪,一般做成镂空状,可以把阳光尽可能多地引向室内,而缺少遮护的下半部分则多用平素实板,起遮挡雨雪风沙的作用。阳光通过隔扇,格帘画影在微风中缓缓推移,产生静与动,真与幻的美妙图景。木质隔扇与院落砖石结构相比,显得精巧轻灵,形成明快的对比,同时与院落内的树木花草、廊柱房檐以及其他元素共同构成一个既各有特色又和谐统一的整体。②

西安雁塔区金滹沱村出土明代陶房屋模型中,Ⅰ型屋正面额枋以下两柱之间,以槛框、格扇、大门组成,中间为大门,两边各有一格扇。额枋两端彩绘图案,其枋心彩绘粉绿底色,正面枋心底色之上以墨线勾描出白色二龙图形。门框内上半部有牙板装饰,形成一壹门空间,牙板用金粉勾边,内以粉绿涂底,底色以墨线、白色彩绘带翼二龙戏珠图案,龙周围绘云纹,与额枋上的双龙对应。格扇由五抹头,一格心,二腰华板和一障水板组成。格心由横4枚、竖8枚铜钱组成图案,上腰华板刻卷云纹,障水板中间浮雕葵形团花一朵,花瓣以红、蓝、粉、绿、白间隔彩绘,下腰华板为素面。两侧壁面为槛框及四格扇组成,格扇图案、尺寸与正面格扇同。Ⅱ型屋中间两柱间设有门框,下有廊沿。东龛内房子门框宽12.5厘

图 2.26　西安雁塔区金滹沱村出土明代陶房屋模型中的格扇门

---

① 李金龙:《识别中国古建筑》,上海书店出版社 2008 年版,第 100 页。
② 刘枫:《门当户对:中国建筑·门窗》,辽宁人民出版社 2006 年版,第 4 页。

米、高 24.5 厘米，下部有 5 块横板封门，上部留高 7 厘米。西龛内房子中间间口较宽，门框上有门转，下有门托，转孔及托窝内有朽木灰迹，原应安有木门两扇（图 2.26）。河南郏县明墓出土陶宅院①，厢房前门也多为格扇门，说明这种门的样式当时是比较流行的。

（2）窗

"窗"古作"囱"，在穴居时代一般位于房屋中部灶的顶上，作为出烟口和采光口，这与新石器时代出土的房屋类建筑模型形象相吻合。《说文解字·诂林》囱部载：在墙曰牖，在屋曰囱，象形，凡囱之属皆从囱。又据潘鸿及吴承志《窗牖考》中所说在墙上而能开阖的是牖，不能开阖而在屋上的是窗，如天窗、烟窗之类。足见后来叫作窗的是古时的牖。而古时的窗不过是现代的天窗之类。② 中国传统木构建筑的框架结构设计，使窗成为建筑中重要的构成要素，是建筑的审美中心。

屋上开顶窗源头久远，后世虽失去排烟之功效，但由于顶窗既可采光，又可通风，因此并未消失。从出土建筑明器中可以看到，一般陶仓类建筑顶部都开有顶窗，窗上有悬山式、四阿式等屋顶造型，用以遮蔽风雪袭扰。1973 年河南南阳王寨画像石墓出土东汉早期三层黄绿釉陶仓楼，通高 65 厘米、面阔 36 厘米、进深 25 厘米。悬山顶上开设两个顶窗，前后均敞开，上置四阿顶，覆瓦垄③（图 2.27）。河南密县后士郭 M2 出土东汉晚期二层灰陶仓，脊上置两个完全相同的顶窗，形似小屋，四壁竖棂镂空，悬山式顶。④ 重庆市出土建筑明器中也有类似顶窗出现，1954 年重庆市云阳县复兴乡三坝村出土陶仓房 1 座，悬山顶，左上角有一顶窗，形似小屋，四阿式窗顶（图 2.28）。唐永泰公主墓出土悬山式陶房屋，屋顶两侧鸱吻部位各有一个悬山式顶窗，顶上涂有白色和黄色的两种屋瓦，瓦垄多寡不一（图 2.29）。⑤ 从汉至唐，仓类建筑明器顶部的天窗形制基本一致，应是实用性功能的选择。

从出土建筑明器来看，汉代窗的形状多种多样，以长方形为最多，也

---

① 河南郏县文化馆：《河南郏县前塚王村明墓发掘简报》，《考古》1961 年第 2 期，第 102—103 页。

② 梁思成、刘致平：《中国建筑艺术图集》，百花文艺出版社 2007 年版，第 275 页。

③ 南阳市博物馆：《南阳县王寨汉画像石墓》，《中原文物》1982 年第 1 期，第 15—16 页。

④ 河南博物院：《河南出土汉代建筑明器》，大象出版社 2002 年版，第 169 页。

⑤ 陕西省文物管理委员会：《唐永泰公主墓发掘简报》，《文物》1964 年第 4 期，第 7 页。

图 2.27　南阳县王寨画像石墓出土黄绿釉陶仓楼

图 2.28　重庆市云阳县复兴乡出土陶仓房

有方形、三角形和圆形、桃形的小窗等。窗棂种类，最普通的为斜方格，次为十字交叉形、正方格、卧棂等。明器中窗的安装有些在墙壁外侧，好像是挂在墙上一样，是否和实际相符合，现在无法证明。[1] 汉代窗户虽然变化多样，但是绝大多数是固定不能开启的死扇窗，从明代起活扇窗的使用逐渐广泛，死扇窗则逐渐淡出。[2] 潼关吊桥出土楼阁后面为斜十字形镂孔花窗，窗上面有二对称的圆孔，两山壁上各有方形窗一个。三、四层正面有方形菱纹格子窗，山墙上有长方形窗。勉县老

图 2.29　唐永泰公主墓出土陶房屋

道寺汉墓出土院落中窗的使用较多且制作细致有规律。窗分斜方格窗、无棂窗两类。斜方格窗有 5 个，均为正方形，体积大，装在外壁上，多用小平坐斗拱承托；无棂窗共 19 个，几乎所有房屋的两山檐上都有，其形式有正方、长方两种。华阴县东汉司徒刘崎及其家族墓出土 M2：30 绿釉陶楼，二层两侧有镂孔的桃形小窗。正面门楣之上有两个三角形和一个长方形小窗。正门两侧及门楣、门槛施有网格纹装饰。M1：184 绿釉水榭，正

---

① 梁思成：《梁思成谈建筑》，当代世界出版社 2006 年版，第 90 页。
② 李金龙：《识别中国古建筑》，上海书店出版社 2008 年版，第 116 页。

面开门，底层四面正中有网格菱形窗。1985 年韩城市出土陶楼 1 座，顶楼正面开一椭圆形门，其他三面开有菱形窗户。

唐代多为直棂窗，以竖棂条为主，没有其他任何装饰，这在建筑明器中也有表现。西安西郊中堡村唐墓院落次间有直棂窗，八角亭有槛墙，上有直棂窗。而铜川王石凹出土的三彩院落后室虽然没有中堡村的正堂建筑威严、华丽，但在门窗构图上是相同的，说明此期建筑的基本样式是相同的。这种直棂窗造型在壁画中也有出现，如唐韦洞墓墓门上部楼阁壁画中的屋身，面阔五间，稍间墙壁上安装有直棂窗。

4. 墙壁障蔽

谈到支撑物，人们习惯性想到最牢固、最安全的是墙壁，但墙壁的独特功用并不仅在于支撑，而主要在于围绕遮蔽和界限。《释名·释宫室》云："壁，辟也。辟御风寒也。墙，障也。所以自障蔽也。"在这方面，东方和西方存在着本质差别，"西方建筑的墙面顶端与屋顶的下面相结合，因为墙面是屋顶的支撑物，但在东方建筑中，墙面不起主要的支撑作用"。实际上，"东方建筑中的墙面更像一个屏风，人们可以随意搁置它，最终起到规划空间的作用。"①

墙壁的文化原型是穴居的穴壁。原始阶段的半地穴式房屋四周围护有两种形制，第一种是由植物枝条编扎为篱，尔后改进为篱上涂泥，发展为木骨泥墙；第二种是土筑墙，一开始可能是堆土为墙，后来发展到版筑夯土墙，标志墙壁建筑技术质量的提高。正因为古建的土木特性，因此中国称大规模的建筑活动为"大兴土木"。

砖的发明是建筑史上的重要成就之一。西周时期有些建筑的夯土墙外皮已使用包面砖，陕西扶风云塘西周文化遗址出土有包面砖实物。到了秦代，中国制砖技术已经相当成熟，所以才有"秦砖汉瓦"之说。汉代制砖技术进一步提高，砖的品类也增加了小条砖，大量空心砖和画像砖被用于墓室建筑，但一般住宅的墙还是多用夯土筑成。东汉时期，居住类建筑开始使用砖砌墙，但仅"富民墙屋被文秀"②，限于单侧墙体的包砌，而不是后世的双面包砌或者纯砖墙。

---

① 斯蒂芬·加得纳：《人类的居所：房屋的起源和演变》，汪瑞、黄秋萌、任慧译，北京大学出版社 2006 年版，第 92 页。

② 《汉书·贾谊传》，中华书局 1962 年版，第 2242 页。

西汉之前的房屋类建筑明器上很
少有明显用砖痕迹。西汉中晚期以后
仅在部分灶前壁（图 2.30）、猪圈围
墙等部位出现砌砖现象，但作为房屋
基本建筑材料，砖还没有普及，只是
作为一些特殊建筑或者小型建筑的局
部墙体保护和装饰之用。如河南汲县
出土的灰陶厕所猪圈，圈内侧墙壁下
部刻划出用小条砖叠砌的痕迹。① 同样
的砌砖纹饰还出现在北京大学塞克勒

图 2.30　咸阳织布厂 M8：2 灶前壁

博物馆藏东汉灰陶猪圈上（图 2.31）。1984 年，山东淄博临淄区金岭镇
东汉砖室墓出土灰陶厕所猪圈 1 座，长 50.5 厘米、宽 35.8 厘米，长方
形，两面为围墙，另两面各有一间厕所。厕所一大一小，大的类似房屋，
屋顶为两面坡式，长方形门。小的是借助墙壁形成的一面坡式，周围有矮
墙环绕。厕所的顶上有瓦垄，两个厕所各有粪坑，粪坑的内侧又各有孔与
圈栏相通。与两面高墙夹角相对的一角为进出厕所的阶梯，厕所前的台面
刻划成方格纹形状，象征铺地砖。猪圈也是借助墙壁形成的一面坡式，顶
上布满瓦垅，檐部由一根扁方形立柱支撑。器物表面有朱色彩绘的痕迹，
长 50.5 厘米、宽 35.8 厘米、通高 33 厘米（图 2.32）。②

　　魏晋南北朝时期，砖的应用范围有所扩大，佛塔构建多用砖，但是数
量并不多。到了唐代，砖已经普遍运用于佛塔建筑中，但宫殿、寺庙的墙
壁还是主要用夯土砌筑。西安中堡村出土唐代三彩院落，大殿前面的槛墙
用砖做成，同样的实例还可以从山西五台山佛光寺和南禅寺得到例证。宋
代《营造法式》规定，房屋墙壁的下部砌砖，而上部仍要用夯土砌筑。
直到元代，才开始全部用砖砌墙。明代由于生产工艺得到改进，宫廷建筑
和民间建筑的墙壁用砖砌筑较为普遍，③ 这也可以从出土建筑明器中得到

　　① 河南博物院：《河南出土汉代建筑明器》，大象出版社 2002 年版，第 145 页。
　　② 山东省文物考古研究所：《山东淄博金岭镇一号东汉墓》，《考古学报》1999 年第 1 期，
第 97—122 页。
　　③ 房厚泽：《凝固的历史——中国建筑的故事》，北京出版社 2007 年版，第 25 页。

图 2.31　东汉灰陶猪圈模型　　　图 2.32　山东淄博金岭镇出土厕所猪圈模型

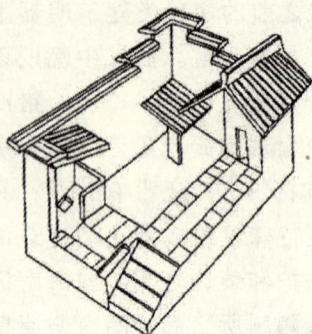

佐证。如西安滹沱村出土明代Ⅱ式房屋，[1] 墙体灰彩，前后，两侧，以白彩勾出砖形，说明这一时期用砖砌筑墙的普及（图 2.33）。

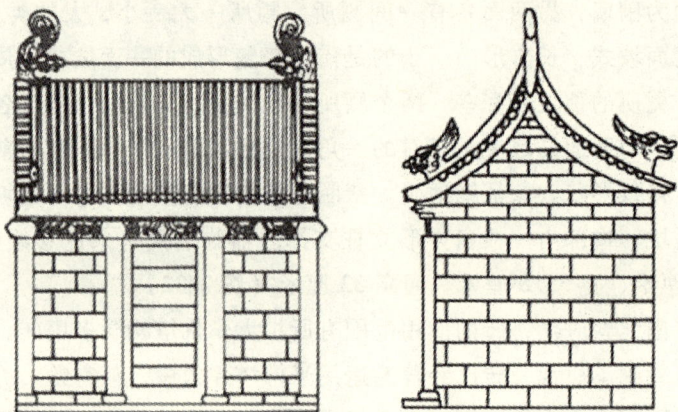

图 2.33　西安滹沱村出土明代Ⅱ式房屋上的砖形纹

（三）高台如磐——台基和栏杆

台基是房屋的地面基础，包括基座、踏步、栏杆等，其功用和屋顶一样重要。从实用方面出发，台基发明之初，只是出于防水防潮的需要。用夯土做成高出地面的房屋基座，是一种相当有效的防潮措施。《墨子·辞过》在论及原始住房时，就有"下润湿伤民"，"室高，足以辟润湿"的

① 西安市文物保护考古所：《西安南郊皇明宗室汧阳端懿王朱公镨墓清理简报》，《考古与文物》2001 年第 6 期，第 29 页。

记载。台基通过土的夯实阻止了地下水的蒸发，通过阶的提升排除了地面雨水对木构和版筑墙基部的侵蚀，不仅有效保证了土木结构的工程寿命，而且起到了稳固屋基的作用。后来随着台基不断的加高加大，原本只具有实用功能的台基显现出一种庄严的外观，在其上建起的"高台建筑"也成为等级的标志。从有关考古发掘资料分析，商代宫殿、宗庙的地基都是经过人工夯实的，有的地基土层中还杂以卵石之类，以增加牢固度和承重力。《新序·刺奢》中记载："纣王为台，七年而成，其大三千里，高千尺，临望云雨。"东周的宫殿多坐落于高台之上或聚于高台建筑四周，其强有力的三维形象造成一种直接的视觉冲击力。[①]

春秋战国时期，高台建筑达到高峰，因此有高台榭、美宫室的溢美之词，以"台"为新兴纪念牌性建筑成为当时的一种时尚，诸侯王纷纷效仿。据文献记载，齐景公筑大台、卫灵公筑重华台、晋灵公筑九层台、燕昭王筑黄金台、楚王筑乾溪台和章华台、赵武灵王筑野台、魏王筑中天台，等等。秦代将"台"发展到了极致，阿房宫营造在东西约500米的土台上，夯土较为密实，至今地面之上仍有8米多高，这样就使得权力的拥有者能够"俯瞰"臣民，也使得臣民在"仰望"这座宫殿时心生敬畏。六朝之后，随着佛教的大量输入，台基中最重要的一种形式——须弥座出现了。由汉至唐，由于建筑技术不断提高，不需要高台也能显示宫殿建筑的雄伟气魄，高台之风渐衰。特别是唐代，低平的台阶反而成为一时之风尚，给人以亲切朴实之感。

基于实用功能而产生的台基，一开始并不是建筑艺术表现的主体部分，绝大多数都是素平的普通台基，高度有限、形式单纯、简洁朴实。随着建筑技术和艺术的发展，台基作为单体建筑的主体构成部分，很自然地充当了建筑艺术表现的对象。首先，它为房屋立面提供了宽阔的、很有分量的基座，避免了大屋顶可能带来的头重脚轻的不平衡构图，增强了房屋造型的稳定感。其次，它扩大了建筑物的体量，强化了建筑的高崇感、宽阔感，在建筑造型中所起的作用十分显著。再次，它也逐步成为建筑装饰的主要部位，不但外立面以石、砖、木等材质进行装饰，而且增加了台阶、栏杆、回廊等附属部件。

---

① 巫鸿：《中国古代艺术与建筑中的纪念碑性》，李清泉、郑岩等译，上海人民出版社2009年版，第132页。

　　从目前出土的建筑明器来看，反映高等级建筑复杂台基结构的很少，这与高等级建筑自身性质和建筑明器的制作过程两方面都有关系。但从为数不多的带有台基的建筑明器上，仍可看到部分台基使用的例子。山东淄博金岭镇东汉墓出土建筑明器多件，均为泥质灰陶。其中有陶享堂1座，平面近方形，面阔36厘米、进深28厘米，底部为空心基座，基座长34.5厘米、宽36厘米、高7.5厘米，基座前有两个阶梯，为单独烧制而成（图2.34）。① 秦汉出土的陶仓类建筑明器，许多仓底有为隔潮而建的高圈足或者四足，应该是台基的一种表现形式，如山东枣庄地区出土汉代高台式陶仓（图2.35）。② 汉以后，高台建筑减少，建筑明器中也少有出现，但在一些高等级墓葬出土的明器上还是可以看到的。如唐永泰公主墓出土陶房屋，面阔三间，下有两层长方形基座，中间有一孔。西安中堡村唐墓出土三彩院落的中堂、大殿皆建在高大的长方形台基上，两个亭子底部为两层台级。这些应是反映高等级建筑或特殊建筑中台基的使用。

　　建筑明器中作为台基附属构件的台阶、栏杆、回廊等发现较少，但在秦汉楼阁类建筑明器中这些构件的使用还是很广泛。尤其汉代陶房屋和楼阁上栏杆样式更是丰富多样，形制有直棂、卧棂、菱格、套环、干字、日字等，整体简朴大方，表明汉时栏杆使用技术已基本成熟。在陕西，华阴

图 2.34

山东淄博金岭镇出土东汉陶享堂

图 2.35

山东台儿庄区滕楼出土汉代高台式陶仓

---

　　① 山东省文物考古研究所：《山东淄博金岭镇一号东汉墓》，《考古学报》1999年第1期，第97—122页。

　　② 石敬东、刘爱民、孙晋芬：《山东枣庄出土的汉代陶仓模型》，《农业考古》2006年第1期，第136—139页。

县岳庙公社东汉司徒刘崎及其家族墓出土绿釉陶楼二层正面有镂孔的栏杆，绿釉水榭有横木栏杆；勉县老道寺 M4 出土红陶楼上有十字纹木栏杆；潼关吊桥汉墓出土陶楼阁上有斜十字纹栏杆，等等。河南为出土建筑明器最丰富的地区，众多陶楼阁上多有回廊、栏杆造型，如 1978 年河南南乐县宋耿洛村 1 号东汉晚期墓出土四层黄绿釉望楼。通高 12 厘米、面阔 24 厘米、进深 18 厘米。一层楼前有竖栏式平座，栏杆正面刻划有乳丁纹和几何纹图案。二层前面有较大的平座，三面置围栏，正面为开字形横条镂空栏杆，左右为矮墙。三层也有较大的平座，形制与二层相同（图版21）[①]。河南密县后士郭二号墓出土东汉晚期二层灰陶仓，台基上有平座，三面围以低平的坐栏，栏杆为镂空的几何图形。[②] 郑州二里冈小砖墓出土红陶仓房，下有台基，仓房正面和两侧均有平座，并绕以低平的横条形镂孔栏杆。[③] 山东高唐固河出土东汉楼阁，通高 144 厘米，四层，一层有台基，四周有镂空栏杆，通过四个楼梯可进入楼阁内部（图版 22）。

从建筑明器中还可看到，对于栏杆的装饰纹样，同一建筑上可以出现不同的组合，如四川忠县涂井蜀汉墓出土陶屋模型 M5：38，檐中立柱，柱上施一斗三升曲拱，柱下置栏杆，栏杆由寻杖、蜀柱组成，中间纹样为卧棂和菱格纹两种，栏板上和内部有抚琴、听琴俑。陶楼 M5：99 中部蜀柱上挑出一华拱，承托上层栏板，华拱上施一斗三升，斗拱下部装饰垂

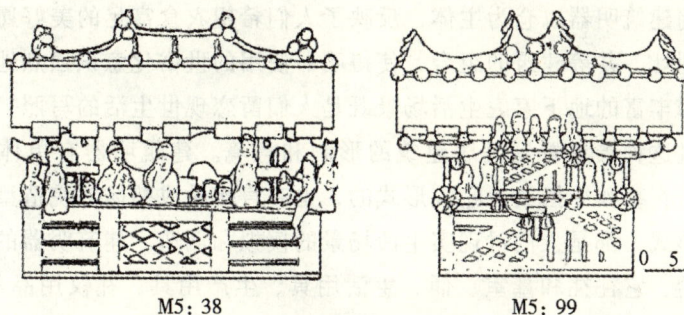

M5：38　　　　　　　　　　　M5：99

图 2.36　四川忠县涂井蜀汉墓出土陶屋

---

① 安阳地区文管会等：《南乐宋耿洛一号汉墓发掘简报》，《中原文物》1981 年第 2 期，第 6 页。

② 河南博物院：《河南出土汉代建筑明器》，大象出版社 2002 年版，第 169 页。

③ 河南省文物局文化工作队：《郑州二里冈的一座汉代小砖墓》，《考古》1964 年第 4 期，第 177 页。

瓜，栏杆栏板上部两沿角装饰一朵大花，中间为方格纹、竖棂和卧棂组合使用的纹样，栏板内站立数人（图2.36）。①

东汉之后，随着楼阁类建筑明器的减少，带有栏杆的建筑明器也基本不见。但是，前廊依然是建筑中重要的构成部分，如在出土的唐代、宋代、元代、明代房屋类建筑明器上可以看到堂屋前面一般都会有廊道，这应是回廊的保留形式吧。

二 宅院明器布局及其建构之美

中国传统的平面布局，以"间"为基本构成单位，先由数间房屋组成一个单体建筑，再由单体建筑组成庭院，再以庭院为单元，组合成各种形式的建筑群。小到住宅，大至村镇、城市，莫不通过这种聚合方式左右延伸、层层扩大，形成恢宏的气势。② 以木构架为主体的中国建筑体系，单栋建筑体量不宜做得过于高大，一般建筑组群都由若干栋单体建筑组成。这种建筑构成形态与西方古典砖石结构体系的大体量集中型建筑截然不同，属于多栋离散型布局。如果说西方建筑是由小到大、由低到高，通过高大的体量占据天空的一角；那么中国建筑则是由间到院、由院到群，通过规模数量占据广阔的大地。

早期建筑明器以仓为主体，反映了人们希望衣食富足的美好愿望，后来增加到灶、井等建筑的组合，使得明器使用的世俗化意识强烈地表现出来。温馨丰富的地下家庭生活场景既是人们留恋现世生活的写照，也使得后世通过这种景象看到民居建筑的形制和意境。建筑明器有单体分别制作，而后在墓葬中摆放为宅院形式的，也有直接做成整体宅院造型的。无论何种形式，都是人们对现实生活场景的模拟和创造。建筑明器的使用不是独立的，它往往和墓室、俑、生活用具、生产用具、礼仪用品等组合，再现完整的家居生活场景。通过对建筑明器的宏观观照，可以从另外一个视角体悟中国古代建筑蕴含的建构之美。

（一）正房居中、轴线对称的整体格局

中国自古以来就有"尚中"思想，并把视觉中心与观念中心结合在

① 四川省文物管理委员会：《忠县涂井蜀汉崖墓》，《文物》1985年第7期，第72页。
② 房厚泽：《凝固的历史——中国建筑的故事》，北京出版社2007年版，第71页。

一起，认为居中就意味着公正，中正不倚。① 《吕氏春秋·慎势》就有记载："古之王者，择天下之中而立国，择国之中而立宫，择宫之中而立庙。天下之地，方千里以为过，所以极治任也。"在"居中为尊"观念的支配下，中国传统建筑大到都城规划，小到合院民居，大都强调秩序井然的中轴布局，形成了极富中国特色的传统建筑美学性格。《周礼·考工记》指出："匠人营国，方九里，旁三门。国中九经九纬，经涂九轨，左祖右社，面朝后市。"按照这一制度建造都城，其平面必为"棋盘格式"无疑，属于典型的"中国"意象。

根据考古资料，从新石器时代的原始村落布局开始，中国人追求的就是围合式的、有明确中心的整体建筑格局。后来出现多间建筑联合体的房屋格局，一般也都以一间主体建筑为中心。通过全国各地出土的秦汉时期建筑明器可以看到，人们在宅院的设计中既要满足生活、生产所需，又要兼顾宅院所蕴含的建筑意蕴和审美要求，因此，出现了以堂屋、望楼、仓房、厨房、杂物间、作坊、厕所、圈舍等建筑组合的庭院。这些庭院布局多样、形式灵活，有的遵循中轴对称原理，有的没有严格遵循，但不管哪种形式的住宅，立面和平面布局上都非常注意整体秩序和礼仪制度。

按照规整四合院形式建造的房屋在全国各地出土的建筑明器中都可以看到。河南出土陶仓楼大多对称设计，房屋类也多有中轴对称线，如南阳市宏大建安公司基建工地 1 号墓出土黄绿釉陶楼，严格遵循中轴对称模式（图 2.37）。陕西扶风县法门镇官务村出土陶四合院，以主楼和门楼为中轴对称，左右两边为厢房，完全类同于后世标准四合院（图 2.38）。

其他大部分宅院明器虽然整体看缺乏严格的中轴线，但是其中的某一部分也会有明显的中线概念。陕西勉县老道寺出土东汉陶四合院是由主院和偏院组成的，主院为家庭成员生活区，偏院安排佣人房和畜禽圈。从整体上看，该院落存在主院和偏院两个中轴系统。主院是标准的四合院式纵轴型建筑布局，宽敞高大的宅门，沿院内中轴线直对着后方中部宏伟的四阿顶三重楼主体建筑。院内两侧有左、右厢房。右厢由一、二、三层楼和望楼四个单体建筑组成，屋顶形式多样，既有平顶

_____

① 程建军：《燮理阴阳——中国传统建筑与周易哲学》，中国电影出版社 2005 年版，第 84 页。

图 2.37 河南南阳出土黄绿釉楼院　　　图 2.38 扶风县出土陶四合院俯视图

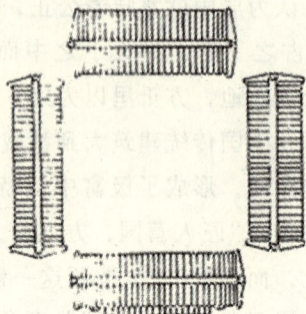

式，又有四阿式、悬山式，显得高低有序，层叠错落有别，属于墓主人
起居活动的主要场所。左厢为阔三间、高两层的粮仓，建筑造型因封闭
而显得呆板。但是，上下两层外装平板门、扶手楼梯、楼梯平台与活动
梯，增添了建筑外观上的艺术效果。左厢、右厢的组合虽不十分对称，
但是配列上采取均衡的手法，给人以视觉相像的感觉。经过正楼左侧后
院墙的偏门，可进入主院旁边的偏院。该院呈三合院式布局，前面是鸡
窝，后边是牲畜圈和猪圈，左边利用粮仓的后墙；右边设有三间简单的
平房，可能是佣人房。整个布局是主体纵轴四合院与横向对称三合院偏
院相结合的曰字形庭院（图 2.39）。[1]

　　从汉画像砖石中也可以看到同样构图的宅院，如四川成都郊区东汉墓
出土的"宅院"画像砖。整个宅院周围被方形回廊或厚墙所围绕，其内
又以一道纵向的廊子或厚墙划分为左、右两部分，每个部分又被过厅和排
房分隔为前后两进，从而形成大小不等的四个院落。前院安装有栅栏式大
门，是内外交通的主要通道，内有两只雄鸡在昂首相斗，富有浓郁的生活
气息。前院与后院之间有二道门相通，门与廊庑结合，形式简单。后院应
当是整所住宅的重点。院内有两仙鹤相对起舞，院后方有一前檐敞开、面
阔三间的建筑，是整个住宅的主体——大堂。画面的右侧部分为住宅的次
要部分，同样为两进院落。前院较小，院内布置有汲水的水井、晾晒东西
的木架等。推测此院为厨房所在。后院倚外墙处有方形高楼一座，可能是

---

① 郭清华：《陕西勉县老道寺汉墓》，《考古》1985 年第 5 期，第 429 页。

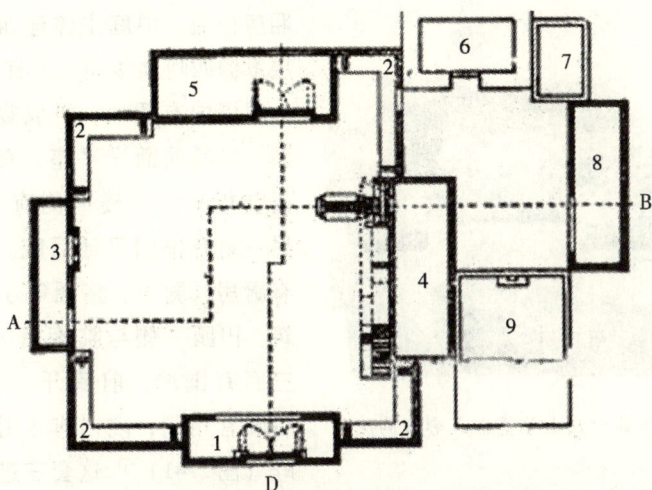

1.宅门 2.院墙 3.右厢 4.左厢 5.正楼 6.牲畜圈 7.猪圈 8.佣人房 9.鸡圈

图 2.39　勉县老道寺出土汉代陶四合院平面图

观望或储存物品的地点（图 2.40）。① 该画像砖构图和勉县老道寺宅院出土建筑宅院相似，表明汉代住宅院落依照家居功能的需求，空间分化趋于复杂，可以分为前后多院、前后主院加左右侧院等。

1981 年，河南淮阳县于庄一号墓出土东汉中期彩绘陶院落 1 座，主楼通高 84 厘米、长 130 厘米、宽 114 厘米，由院落和田园两部分组成，院落为三

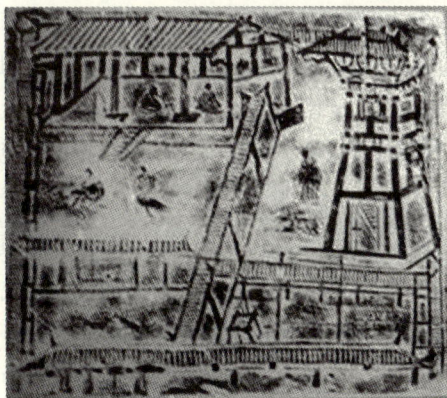

图 2.40
四川成都郊区东汉墓出土"宅院"画像砖

进四合院，分前、中、后院。前院中部开门，上有悬山式顶，檐下饰圆形卷云纹瓦当。门外两侧有彩绘人物壁画。院内两侧有马厩，悬山式顶。中庭有二层重檐门楼，四阿顶，门楼两侧是对称的四层角楼，第二层分别与门楼和

① 张微微：《四川成都"宅院"画像砖反映的东汉居住建筑形象》，《四川文物》2008 年第 2 期，第 69—72 页。

图 2.41 淮阳县于庄 1 号墓出土彩绘陶院落

厢房相通。中庭主体建筑为二层重檐四阿顶楼阁，下有台基，一层楼内有乐俑，组成宴乐场面。二层前面设平座，有菱形镂空栏杆。主楼一侧有厕所，另一厕有偏门可通后院。后院有厨房、厕所、猪圈等小型建筑。田园一侧与院落相接，另三面有围墙，前墙开一小门，后墙有角门，院内有水井、菜畦（图 2.41）。① 这套三进院落中轴线划分清晰，院落组合相比于老道寺一进主院落结构更为合理，各进院落功能区分明确。

建筑明器中的宅院模型一般出土于达官贵族和地主豪绅墓中，故反映了社会上层人士居住的宅院形制。这些住宅在规模和质量上虽然不如皇家或公共建筑，但是也可以直接反映当时社会一般宅院的建筑布局。同时，作为明器，又往往包含和表现有墓主人生前向往的成分和因素，因此这些建筑模型的制作，可能吸收了比其实际所拥有的住宅更为高级的建筑元素。从这些汉代四合院庭院建筑构图来看，无论其规模大小，都具备既满足人们日常生活，又要适应从事手工和饲养等家庭副业生产的两重需要。在布局上体现了外动内静的神韵，使宅院自成一个与外界隔绝的空间，是汉代普通家居生活的真实写照。这些四合院结构独立、空间严整，体现了尊卑和动静的存在，但是从众多的形制中也可看出此时中国古代建筑还没有严格遵循中轴对称原则。

由于社会文化和伦理亲情发展的需要，两汉以后，那种形式灵活、布局多样的住宅形制逐渐被主房高大、左右对称并带有围墙的四合院式宅院所取代。在功能分区上，具有中心突出，中轴对称的鲜明特点，无论是单体四合院构成，还是适应大家族的组合四合院庭院构成，一般都会有一条严格的中轴线，其他的建筑无论平面怎样铺陈，都以这条主线为脉络，显

---

① 周口地区文化局文物科等：《淮阳于庄汉墓发掘简报》，《中原文物》1983 年第 1 期，第 1—3 页。

示整个建筑的核心，也即这个家族建筑和精神的核心所在。从此，这种建筑布局成为中华民居的主要形式，流传至今，彰显着中华建筑的魅力所在。

此后发现的庭院式建筑明器，从唐至明，基本都遵循着这一建筑形式，如西安雁塔区中堡村出土的三彩院落以宅门、四角亭、中堂、八角亭、大殿为中轴左右完全对称；铜川王石凹出土的三彩四合院以四角亭为中心前后、左右基本对称；长安灵沼出土的三彩四合院以中堂为中心前后、左右也基本对称；山西长治唐王休泰墓出土的三进红陶院落，从南面门楼直到后宅的马厩，是一条明显的中轴线，沿着中轴线两边有东西相向的配房，主次分明、坐落有序。

（二）前堂后寝、内向一体的四合布局

在半坡、姜寨等新石器时代的原始村落中，已经清晰地勾勒出中心建筑的重要性。一个氏族以一座大房子为中心，其他小房子围绕大房子构筑；整个村落以中心大广场为中心，所有房屋都是围绕中心广场布局，门也向中心广场开。这样的建筑心理影响了中华民族几千年，从早期村落到家庭住宅，再到城市、宫殿，布局首选的都是围合式的封闭建筑群。无论建筑的性质和功能如何，建筑群都离不开一个中心，这也与中国人内敛的性格相适合。

从出土资料来看，秦汉之前的建筑明器基本以单体建筑为主，组合风貌并没有呈现出来。秦汉时期，建筑明器进入蓬勃发展的繁荣期，各地出土的庭院式建筑明器形式各异、形制丰富。汉代宅院的主体虽然是楼阁，但这种内向型的封闭式院落布置也多有体现。如郑州市乾元北街空心画像砖墓出土西汉晚期灰陶院落，由门房、阙楼、厨房、正房、仓楼等组成，通高73厘米、长82厘米、宽80厘米。门房为硬山式单层建筑，上作瓦垄，前后壁各开方门，无门扉。阙楼位于院落左前方，平面近方形，四阿顶，为院落的制高点。厨房位于院落左侧，悬山式单层建筑，正房位于院落后部，与门房相对，为悬山式高台建筑。仓楼位于门房右侧，为二层悬山重檐高台建筑（图2.42）。①

唐代宅院以单层房屋为主，以间为基本单位，若干间并联成一座房

---

① 郑州博物馆：《郑州市乾元北街空心画像砖墓》，《中原文物》1985年第1期，第7页。

图 2.42 郑州市乾元北街空心画像砖墓
出土西汉晚期灰陶院落

屋，几座房屋沿地基周边布置，共同围成庭院。明代以三进式宅院为主，这不仅可以从现存遗迹中得到证明，也可以从建筑明器中得到体现。河南郏县明墓出土陶宅院 2 座，皆为三进式院落，完全符合前堂后寝、内向一体的四合院布局。陶院落二，白色大门可以开关，门两厢嵌有石鼓形门墩。进门是影壁，壁前放置太湖石样的东西。再进是凉亭，内放书几一张。凉亭后是碉楼，门向后开，门槛较高，有台阶可登，在上层楼的前后、左右墙壁各开有两个洞，可能是守卫和瞭望之用。

碉楼顶部砌有像城垛一样的矮围墙，下面有洞。碉楼两旁有耳门，右边紧闭，左边已坏。再进是过厅，厅内有屏风，从屏风两边可以出入，过厅两旁，有短墙两段隔绝内外，必须经由过厅才能进出。紧靠屏风放罗圈椅一把。三进才到堂屋，内放桌子一张，椅子两把，老者的坐像在里面。两边厢房全部为棂子门，除第三进宅内厢房全部关闭外，其余四所均开中间两扇。中间宅内厢房中有陶灶一个，井、磨等物均放在中间院子里。男女俑 24 个，陶马 2 匹，放置在最前面（图 2.43）。①

这种庭院布局具有明显的对外封闭特点，即中国传统住宅的内向性，通过院落"将自身与所处的社会在一定程度上分隔开来"②。文化的内向性在《庄子·齐物论》中就有论述："六合之外，圣人存而不论；六合之内，圣人论而不议。"六合就是上下、左右、前后六个方向，是人存在的空间特征，所谓"合"就是内向的。③ 庭院中重要建筑虽在院落中心，但四周被建筑和围墙包围，外面不能看到。一道围墙的隔离，让院墙内的空间变

---

① 河南郏县文化馆：《河南郏县前塚王村明墓发掘简报》，《考古》1961 年第 2 期，第 102—103 页。

② 斯蒂芬·加得纳：《人类的居所：房屋的起源和演变》，汪瑞、黄秋萌、任慧译，北京大学出版社 2006 年版，第 94 页。

③ 沈福煦、沈鸿明：《中国建筑装饰艺术文化源流》，湖北教育出版社 2002 年版，第 11 页。

得独立、宁静、封闭、自成系统，
在这个对外封闭的小世界里，其内
部的各个部分却是相互融合、紧密
联系的，彰显了这种封闭独立空间
对内的亲和力。也可以说，正是对
外的封闭让其内在的联系变得更紧
密、亲切。①

图 2.43　河南郏县明墓出土陶宅院

作为中国建筑群的一个细胞，
四合院院落是基本单元，它可以
内向为一个独立封闭、自成天地的私人空间；也可为多个四合院相套而组
成建筑群；更可以对外生成一个开放整体的、秩序井然的村落，乃至一座
城市。在它的生长过程中，为解决社会上超越"家"的范畴、更加复杂
的人际关系，便出现了建筑等级的划分，通过对建筑分级来满足各种复杂
的人伦关系。② 这种院落的群组布局决定了中国古代建筑的一个特点，即
重要建筑都在庭院之内，很少能从外部一览无余，而且可以达到"步移
景异"的艺术效果。中国古代建筑，就单座房屋而言，形体变化并不太
丰富，屋顶形式的选用和组合方式又受礼法和等级制度的束缚，不能随心
所欲，主要是靠庭院空间衬托取得所欲达到的效果。从这个意义上说，中
国古代建筑是在平面纵深发展上所形成的建筑群与庭院空间变化的
艺术。③

三　其他明器形态及其建构之美

根据事死如生的观念，人们在黄泉世界里不仅要住有所居，而且要吃
喝拉撒。因此，墓室中除了居住类建筑明器外，还有储藏粮食的仓、烧火
做饭的灶、饮水灌溉的井、家禽家畜的圈棚、排泄污秽的厕所等。这些建
筑明器中也蕴含着一定的技术特性和艺术元素，但是相比于居住类建筑明
器，它们形制相对单一，发展变化缓慢，所以在此简单论述。

---

① 王其均：《中国古建筑语言》，机械工业出版社 2007 年版，第 7 页。
② 房厚泽：《凝固的历史——中国建筑的故事》，北京出版社 2007 年版，第 79 页。
③ 傅熹年：《中国古代建筑十论》，复旦大学出版社 2004 年版，第 17—27 页。

(一) 仓

仓是储藏粮食的建筑。在日常生活中，人们会根据储藏量的大小而选择合适的存储设备，因此会有普通百姓家的存粮设备和大户人家的储粮设备。在建筑明器中，这两种级别的储藏设备都有体现。目前见到的最早仓类建筑是战国秦的陶囷（仓），这类建筑应是普通百姓家的储粮设备。有些陶仓不仅内装实物，而且还有题字，表明当时粮食品种有小麦、稻、粟、高粱、大豆、小豆、薏米、麻子等。这些囷仓一般形体较小，形制简单，仓体上也鲜有装饰。此后仓类明器随着秦国势力的扩展，迅速发展为当时主要的随葬品，种类也增加了大型仓和仓楼。两汉时期，陶仓房尤其是陶仓楼在仓体结构、布局和艺术形象等方面都别具特色。从河南出土大型仓楼上来看，仓体上不仅模拟出真实的建筑构件，以及仓周环境等，同时出于丧葬文化的需求，仓体上还出现表现特定观念的彩绘图案等。

无论从实用功能角度出发，还是从承载丧葬礼仪角度出发，作为明器的仓都是实用与艺术相结合的范例。作为储藏粮食的设施，仓在技术上的最大成就是满足储粮所需的各种条件，这些皆可以从出土陶仓类明器中得以体现。第一，防潮。吕坤《积贮条件》说："谷积在仓，第一怕地湿房漏。"①通过对秦汉时期大量仓模型的观察，可以看到这一时期作为仓的建筑下部多有台基，囷下多有足，甚至还有相当一部分干阑式或高台建筑，屋面多覆瓦，这些都说明秦汉时期在建造仓时已经比较好地解决了防潮湿的问题。第二，通风。作为储粮设备，还必须解决通风问题。从秦汉时期开始直至后世，不管是圆囷还是方仓，也不管是小仓房还是重檐屋顶的大型仓，在仓底一般都有通风仓眼；在仓体上部有通风的窗口；有些在屋面上还开设天窗，这些都是为了解决通风问题。第三，防盗。仓的防盗和安全也是建造时需要考虑的，因此仓类建筑明器一般门少、窗小，而且门多开在高处，一层一般不开门。从出土建筑明器来看、有的陶仓有门扉和半圆形伏兔（门闩），可上锁封闭，而且板门坚固，严实，这不能不说是在建造时出于安全上的考虑。从出土大型陶仓楼中还可以看到，为了防盗的需要，仓楼外一般有高大的围墙，耸立的双阙，用于瞭望的望楼，还有守卫仓的武士等。

---

① 俞森:《常平仓考》，上海鸿文书局，清光绪十五年（1889），第17页。

从满足丧葬文化需求出发，陶仓也蕴含着丰富的艺术因子。第一，基于建筑技术上的艺术性。无论是防潮的高台基，还是通风的天窗、防盗的仓门，在雕塑处理上都观照到了艺术的需求，从台基与仓体的比例关系、门窗纹饰的应用、某些建筑部件的刻划，到人面形仓塞的应用等，均体现出源于生活，高于生活的艺术特征。第二，基于建筑装饰上的艺术性。从装饰艺术上来看，现实生活中实体仓的装饰不会华丽、丰富，但是在建筑明器中，陶仓楼制作中综合运用了彩绘、刻划、堆塑、捏塑等艺术表现手法，色彩丰富多样、图案勾画繁琐，表现了较高的艺术水平。

（二）灶

火的使用加速了人类的文明进程。除了提供光明和取暖之外，火最重要的功能就是用于熟食。为了熟食和保存火种，先民们在居室的中央挖一个火塘，在简单的居住条件下，这一方火塘满足了人们对于火的一切需求。随着人类居住环境的改变和建筑技术的发展，室内地面设置火塘用于熟食的功能逐渐被独立的灶所取代，灶成为家居环境中不可缺少的元素。灶的建造考虑最多的就是对火能的充分利用，通过对明器类灶的分析可以发现其主要通过以下途径实现。

第一，增加灶眼。早期陶灶以一个灶眼居多，后来出现双眼灶、三眼灶等。辽阳地区出土的汉代陶灶，为充分利用火能，提供更多热水，一般灶面上设置四个或者五个火眼，成为有别于其他地区的特点之一。如辽阳南郊街东汉壁画墓出土灰陶灶 M 2：23，灶面呈梯形，上有 5 个灶眼，灶后立有烟囱，方形灶门。灶门周围装饰 1 厘米宽的刻划纹带。台宽 23—26.2 厘米、长 25.5 厘米、通高 26.4 厘米。灶 M1：43 台面平面和侧面皆呈梯形，上有 5 个灶眼，并刻划 4 条鱼纹。灶门近长方形，四周有 0.5 厘米宽的菱形纹带。台面长 31 厘米、高 21.6 厘米（图 2.44）。[1] 辽阳旧城东门里东汉壁画墓出土陶灶也与此类似[2]。

第二，灶体变化。灶身的变化是为了增加灶体长度，这样可以增加风的抽力，起到节约能源的作用。通过建筑明器可以看到，陶灶发展经过了

---

[1] 辽宁省文物考古研究所：《辽宁辽阳南郊街东汉壁画墓》，《文物》2008 年第 10 期，第 34—59 页。

[2] 辽宁省博物馆：《辽宁旧城东门里东汉壁画墓发掘报告》，《文物》1985 年第 6 期，第 28 页。

圆形、马蹄形（南方多为船形）、长方形几种形制，通过灶体变化充分利用火能。

M2：23　　　　　　　　　　M1：43

图 2.44　辽宁辽阳南郊街东汉壁画墓出土灰陶灶

第三，灶门出檐。对于火能的利用还表现在灶门上方的出檐设计。为防止火苗蹿出灶外，汉代陶灶一般出檐，东汉以后灶一边设屏（又称陉、山华子），形式如后世之封火墙。北京平谷县西柏店和唐庄子汉墓出土绿釉陶灶 1 件，灶上放置三个釜，前两个较小，后一个较大，上面放置陶甑。灶的后面和侧面有围屏，后围屏中间有一根与灶面垂直相连的立柱，象征烟囱（图 2.45）。[①] 河南新乡市武陟县出土汉代陶灶 1 件，平面呈长方形，上附二釜，一温水缸洞。灶前壁下部正中有一半圆形火门，门上方

图 2.45　北京平谷县出土汉代绿釉陶灶　图 2.46　河南新乡市武陟县出土汉代陶灶

---

① 北京市文物工作队：《北京平谷县西柏店和唐庄子汉墓发掘简报》，《考古》1962 年第 5 期，第 242 页。

有挡火板。灶左壁后半部有双檐顶灶墙。灶后端是一长方形壁橱与左侧灶墙相连（图 2.46）。[1] 这一造型与其他陶灶不同，出现了放置炊具、餐具的壁橱，而且做成格档式；灶墙、壁橱上部皆做成悬山式屋顶，用于模拟厨房环境。

第四，烟囱设计。烟囱的设计一方面是为了将生火时产生的烟雾导出屋外，另一方面也可以增加灶的聚火抽风能力，从而起到节约能源的作用。《营造法式》规定："凡灶突，高视屋身，出屋外三尺。"长烟囱设计以山西太原金胜村出土的青铜虎形灶最具代表性，该灶共有烟囱四节，通高达 160 厘米，显然出于节能之目的。

此外，岭南地区出土陶灶，灶壁外侧常常堆塑 1—3 个陶罐，这也应是表明灶在利用余热，提供热水方面的功用。

在充分利用火能的前提下，灶的制作还兼顾到了审美的需求。从光素的平面到火门前壁刻划简单几何纹，再到灶面上模印鸡、鸭、鱼、肉、龟等食物和锅、碗、瓢、勺、箅等器具，进而模印出老鼠、猫等常见动物。灶门前的装饰，也从刻划几何纹饰增加到人物、水瓶、建筑部件等内容。这些都说明人们对生活的细微观察和通过陶灶反映真实生活场景的意愿。

（三）井

井主要是满足人们饮水和灌溉之用，与人类社会关系十分密切。根据考古发现，为了防止井身泥土滑落，古代水井有在井周砌砖、砌石、垒木板，在井口用砖、石等材料铺砌地面或者垒砌井圈的。至于井亭的使用，由于年代久远，目前考古发掘中虽有井中出土砖瓦等建筑遗物，但不能据此推断为井亭建筑之用。

井是西汉时期开始出现的随葬明器。从出土井类建筑明器来看，具有以下几个方面的特色。第一，井身造型以方形和圆形为主。井身主要还是模拟现实生活中井的形象，区别只在于为了增加明器的审美效果，不同地区、不同时期圆形和方形的井身高度不同，以及有直角、圆角、亚腰等不同细节的处理。第二，井口处理多样化。对于井口的处理，有直接与井身相连的直口、圆口等造型，也有在井身上再加井圈的造型。后加的井圈以"井"字形造型为主，井圈之内的井口有圆形、方形、八角形等。第三，

---

① 郭灿江：《河南出土的汉代陶灶》，《中原文物》1998 年第 3 期，第 65 页。

用于防护的井亭措施。井亭建造既可以防止杂物掉入井中，又可以保护汲水人免于风雨的侵袭。建筑明器上的井亭多数直接将立柱制作在井口之上，与井连在一起。南方出现将四根柱子立在井边四角，上覆屋顶的井亭造型。井亭的屋顶多为四阿式和两面坡式（图2.47）。第四，汲水设施的建造。早期的井制作简单，方形、圆形的井中或井旁放一个汲水的陶罐，就表明了井的功用。后期，随着汲水技术的发展，井的建造也越来越复杂。通过建筑明器可以看到，一般会在井亭之上模印汲水的辘轳或者滑轮等汲水装置，也有直接在井架上模拟的（图2.48）。

图2.47 北京大学塞克勒博物馆藏东汉灰陶井　　图2.48 徐州博物馆藏东汉灰陶井

（四）禽畜圈和厕所

农业出现之前，人们以渔猎捕获物为主要食物来源，因此，早期以动物或动物俑来祭祀、随葬非常普遍。两汉时期，随着随葬用品世俗化，人们不但在墓葬中随葬各类家禽家畜俑，还模拟现实生活，在墓葬中配备供禽畜居住的圈舍。禽畜圈建筑一般比较简单，在房屋里放置几只鸡就是鸡舍，雕塑一只狗在房内或房侧就是狗窝，盆形的圈里放置几只羊就是羊圈等；但也有制作比较精美的禽畜圈，如河南陕县刘家渠73号墓出土的汉代绿釉羊圈、长沙金盆岭墓出土的晋青釉羊圈、江苏金坛县出土的三国青釉鸡笼等。禽畜圈类建筑的墙体一般会做出很多镂孔，便于通风透气。在这一类建筑中制作最复杂、最用心的大概要算猪圈类建筑了。不但在简单的圈中放置几只猪，还有圈上建筑顶棚、雕塑食槽、分栏圈养等现象。而圈厕合体更是汉代随葬明器的一大特色。

目前考古发掘出土的厕所类建筑明器以两汉墓葬为主，具有以下几个方面的特色。第一，厕所往往与猪圈连在一起。两汉建筑明器中厕所多不单独出现，往往和猪圈合二为一，有方形，圆形和不规则形等。《汉书·武五子传》载："……厕中豕群出。"颜师古注曰："厕，养豕溷也。"溷厕合一可以把两个污秽之所集中一处，减少污染源；人畜粪共贮，清理方便；立体构筑，占地面积小，可有效利用空间；人粪作为猪的辅助饲料，也是一种资源再利用，这说明汉代人很早就有了较强的环境意识。① 这种溷厕合一的建筑至今还流行于陕南、四川等部分地区。第二，出现男女分厕。在圈厕类建筑明器中常可看到两个厕所造型出现在猪圈的两侧，有的还是一大一小，说明这一时期已经出现男女分开如厕的做法。第三，厕所建构合理科学。厕所明器一般包括厕房、蹲坑，部分厕房两侧或顶上还置有门窗，通风以排浊气，说明当时人们已经考虑到环保和健康。第四，厕所放置有一定的规则。在中国传统的风水理论中，厕所的安置被视为一个重要的内容。一般安置在房屋的次要位置，不能正对房门，不能处于风口上。八卦中的煞位为有可能带来凶祸的方位，故在此设厕，用污物秽气压之，所以宅院的西南方一般成为建厕的最佳选择之地。

"器以蕴美"，建筑明器不仅是中国丧葬文化的符号，而且是民族民间美学的载体，是黄泉下的建筑美学。建筑明器之美不仅包括构建技术和装饰部件等具象之美，而且还包括建筑艺术和明器特质等意象之美，是"形下"与"形上"的统一。

---

① 曹建强：《汉代的陶厕》，《古今农业》1999 年第 4 期，第 80 页。

第 三 章

建筑明器美的元素

马克思在《1844 年经济学—哲学手稿》中说："动物只是按照它所属的那个种的尺度和需要来进行建造，而人懂得按照任何一个种的尺度来进行生产，并且懂得处处都把内在的尺度运用于对象；因此，人也按照美的规律来构造。"① 古罗马奥古斯都时期的建筑理论家维特鲁威（Vitruvius）已经意识到建筑的多样性，赞成把建筑之目的确定为实用、坚固、美观，这一论断两千年来被建筑师奉为"金科玉律"。中国在春秋时期已经有了关于建筑美学的论述，《周礼·考工记》中认为："天有时，地有气，材有美，工有巧，合此四者，然后可以为良"，提出了时间、空间、技术、材料四个方面相互联系的美学原则。

对于建筑明器的本质，不同的人有着不同的看法。有人认为是符号学问题，或是一门象征艺术；有人认为是对理想天国的现实描述；有人认为是心理保护的家园；有人认为是虚无的，没有任何意义，如此等等。笔者认为建筑明器是地面建筑的影子，是地面建筑美品的模拟。建筑明器之美是由美"因"（功能之美），美"形"（装饰之美），美"感"（愉悦之美），美"意"（匠意之美），美"境"（意蕴之美）等要素所构成的"开放式多边形网络"，建筑明器如同网络中的一个"棋子"，在其中"游走"（图 3.1）。

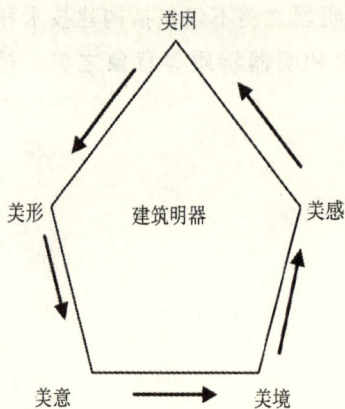

图 3.1 建筑明器美的元素

---

① 《马克思恩格斯选集》第 1 卷，人民出版社 1995 年版，第 47 页。

一　灵魂所居：功能之美

"实用先于审美"①，"一切人类所以为美的东西，就是于他有用"。②
"建筑首先要适应一种需要，而且是一种与艺术无关的需要。"③《易·系
辞》记载："上古穴居而野处，后世圣人易之于宫室，上栋下宇。以待风
雨，盖取诸大壮。"《墨子·辞过》说："古之民未知为宫，时就陵阜而
居，穴而处下，润湿伤民，故圣王作宫室。"《韩非子·五蠹》中说："上
古之世，人民少而禽兽众，人民不胜禽兽虫蛇。有圣人作，构木为巢以避
群害，而民悦之，使王天下，号之曰有巢氏。"由此可知为防风避雨、御
寒保暖、抵御野兽，先民们营造了最早的房屋，所以，"房屋完全是一种
有目的的结构，由人按照人的目的而建造出来的"④。

康德认为美有纯粹的和不纯粹的，不涉及概念和利害关系的无目的
之纯形式美被他称为"纯粹的美"，反之为"依存美"。"建筑难以达到
那种可在其他艺术形式中找到的纯粹的境界，这种美只能是'依存
美'，所以对建筑艺术的评价就在于它是否为某种用途提供了适合的功
能。"⑤ 对于建筑的功能，梁思成在《中国建筑史》（卷三）中论道：
"建筑之始，产生于实际需要，受制于自然物理，非着意创制形式，更
无所谓派别。其结构系统，及形式之派别，乃其材料环境所形成。"
《释名》中对宫的解释为："宫，穹也，屋见于垣上穹隆然也。室，实
也，人物实满其中也。"所以先民们构屋筑巢的动机是出于防御自然界
中的种种侵害，房屋对居住者来说是纯粹功能式的，并不存在宫殿和民
房的等级差别。⑥ 英国著名科技史学者李约瑟在《中国科学思想史》中
也认为中国传统建筑的屋顶向上翘起具有尽量容纳冬日阳光和减少夏日
暴晒的实用效果，而向下弯曲的屋面则可以将雨雪排出檐外，离开建筑
的台基。因此，建筑形制的形成首先是基于实用之目的，艺术只是依附

---

① 《普列汉诺夫美学论文集》，曹葆华译，人民出版社 1983 年版，第 431 页。
② 《鲁迅全集》第 4 卷，人民文学出版社 1981 年版，第 207 页。
③ 黑格尔：《美学》第 3 卷上册，朱光潜译，商务印书馆 1991 年版，第 29 页。
④ 同上书，第 65 页。
⑤ 卡斯滕·哈里斯：《建筑的伦理功能》，华夏出版社 2001 年版，第 22—23 页。
⑥ 汤德良：《屋名顶实：中国建筑·屋顶》，辽宁人民出版社 2006 年版，第 23 页。

于实用之上的存在。

建筑明器含有建筑和明器两个元素。作为建筑因子，建筑明器是墓主人生前生活的反映，是同时代地面建筑的摹写；作为明器因子，建筑明器又是墓主人在阴间的房子，是灵魂的居所。前者主要指建筑明器"物"的功能，它囊括地面建筑所具有的一切实用元素，后者主要指建筑明器"道"的功能。这种"道"的功能不仅体现在对建筑形象美的加工上，而且还渲染出具有某种明显指向的精神意味，这才是建筑明器真正鹄的之所在。望楼、明器上的云纹等反映了当时的一种升仙思想；陶仓和家畜禽的存在反映了墓主希望他们在阴间也能衣食无忧；汉代的连体厕所与猪圈，反映了当时人们的一种实用思想；陶灶上模印的鱼、龟、鼠、猫等充满了生活气息，反映了当时丧葬文化的世俗化观念等。建筑明器最基本的功用在于为墓主人提供舒适居所，因此适居是它的根本所在。在适居的基础上，才附着有一定历史时期的文化观念和艺术追求。

二 雕梁画栋：装饰之美

装饰是"打扮"的意思，建筑艺术及其美的起源在于它的物质实用性，而"美"的最后成"形"，还有赖于人的意匠、加工和创作，如果没有装饰，建筑就会失去生机。西方人爱用雕塑和嵌饰去美化建筑，中国人爱用绘画和色彩去美化建筑；西方的石建筑表现出"雕塑性"的装饰美，中国的木建筑表现了"绘画性"的装饰美。大凡美的建筑，就必然伴随着美的装饰，"没有装饰就没有美"的建筑理念，一直支配着建筑艺术的发展。① 文艺复兴时期著名的建筑及艺术大师阿尔伯蒂指出："任何一个建筑物上所感觉到的赏心悦目，都是美和装饰引起来的……如果说任何事物都需要美，那么建筑物尤其需要，建筑物不能没有它。"② 建筑师的任务就是建造这样一种实体，它在满足功能的同时还要看起来舒服，这就需要通过装饰来达到对建筑"打扮"的效果。

---

① 汪正章：《建筑美学》，东方出版社1991年版，第24页。
② 阿尔伯蒂：《论建筑》卷Ⅰ第9节，转引自陈志华《外国建筑史》，中国建筑工业出版社1979年版，第121页。

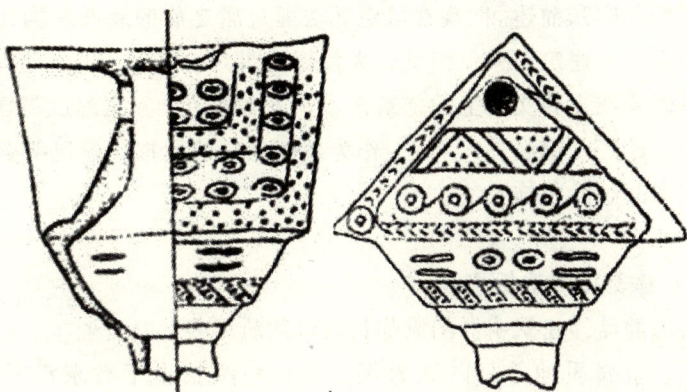

图 3.2　江西清江营盘里出土新石器时代陶器

　　中国建筑装饰经历了长期的发展过程，其萌芽状态甚至可以追溯到上万年前的石器时代，如西安半坡建筑遗址中就出土了一些浮雕或圆雕的泥塑残块，表现的是动物形象。据有关专家推测，这些泥塑可能是建筑上的装饰物。在陕西临潼姜寨遗址，考古人员发现了先民用手指塑造和工具刻划成花纹图案的做法，这种装饰手法大概也用于建筑门口的装饰。① 江西清江营盘里遗址出土了一件新石器时代的陶器，做的是一个建筑，脊长檐短，屋面呈梯形，其上饰有许多抽象的原始图案。这个建筑陶器在一定程度上反映了当时的建筑形态，其上的建筑装饰可以说是萌芽状态的建筑艺术（图 3.2）。② 江苏大墩子出土陶屋模型"四壁及屋顶的坡面上均刻有狗、羊等动物形象，原始人将自己饲养而关系密切的动物和自己居住的房舍复合在一件物体上，这种创造实际上开了在建筑物上刻划图像的先河"。"这件模型上的动物刻划不仅具有建筑物表面刻画图像的性质，还有为亡故的人服务和祈福的性质。"③

　　据文献记载，从先秦时起，建筑部件上便有绘画、雕塑等各种精美装饰，《论语》中就有"山节藻棁"、"朽木不可雕"的记载。从汉赋中也可以看出当时建筑中绘画雕刻的繁复，斗拱飞檐的讲究，门窗形式的自由多样，鲜艳色彩的极力追求，"金铺玉户"、"重轩镂槛"、"雕梁画栋"

① 房厚泽：《凝固的历史——中国建筑的故事》，北京出版社 2007 年版，第 61 页。
② 沈福煦：《中国古代建筑文化史》，上海古籍出版社 2001 年版，第 33 页。
③ 顾森：《汉画像艺术探源》，《中原文物》1991 第 3 期，第 4 页。

是对它们的形容和描述。①　现在虽然无法通过唐之前的地面木构建筑看到昔日装潢富丽的建筑形象，但是，大量建筑明器的出土，可以让人们得以看到这种附着在丧葬文化上的建筑艺术。著名建筑学家梁思成将建筑装饰分为雕塑、绘画及镶嵌三大类，②　作为地面建筑的模拟，建筑明器一般也采用雕塑和彩绘的装饰手法。

（一）雕刻和塑造的艺术

作为随葬品，建筑明器的制作材质以陶质居多，又有瓷质、石质、木质、竹质、金属质地等。以灶为例，在陕西绥德出土有东汉石灶（图3.3）；咸阳市头道塬出土有东汉砖雕灶③（图3.4）；汉长安城遗址出土有金灶；陕南、陕北、关中地区出土有龟头铜灶（榆林）、龙头铜灶（咸

图 3.3

陕西绥德四十里铺出土石灶

阳 202 所）、蛇头铜灶（麟游）；江苏吴县狮子山西晋墓出土有青瓷灶④；河南偃师县出土有三彩灶⑤，等等。不同材质制作工艺稍有差别，但是基本造型手法都是以雕刻和塑造为主。在建筑明器上，各种雕塑手段均有体现，塑、堆、捏、刻、画等雕塑手法已被熟练运用，这说明中国古代雕塑艺术很早已达到了较高水平。

1. 建筑明器的雕塑工艺

建筑明器是以地面建筑为摹本制作的丧葬用品，因此它所反映的制作工艺，不是地面建筑的建造工艺，而是明器的制作工艺。从现有出土建筑明器来看，材料多以陶质为主，而陶质器物的制作则以捏塑工艺为多。这种捏塑工艺表现在以下几个方面。

---

① 李泽厚：《美的历程》，天津社会科学院出版社 2008 年版，第 110 页。

② 梁思成：《梁思成文集（三）》，中国建筑工业出版社 1983 年版，第 39 页。

③ 咸阳市文物考古研究所：《咸阳十六国墓》，文物出版社 2006 年版，第 118 页。

④ 吴县文物管理委员会：《江苏吴县狮子山四号西晋墓》，《考古》1983 年第 8 期，第711 页。

⑤ 偃师商城博物馆：《河南偃师县四座唐墓发掘简报》，《考古》1992 年第 11 期，第1009 页。

图 3.4　咸阳中铁七局出土东汉砖雕灶

（1）模制

模制是建筑明器中应用最多的制作手法，大部分建筑明器都是经过模制后拼接而成的。房屋类建筑的屋顶、围墙等构件，一般都是模制的，部分模制后的屋顶还在椽头和脊首压印瓦当纹图案；围墙则在模制后再在上面刻划或者捏制一个装饰构件。陶灶的灶面、灶壁等基本上也是分别模制后拼接的。

建筑明器中不但主要构件是模制的，而且构件上的部分装饰纹样也在模制时一并完成。以陶灶为例，在模制灶体的同时，也会在灶面模制厨房用品，如瓢、铲、钩、削、刷、算、勺等物品，以及用于烹调的鱼、龟、肉、馒头等食物，还发现有反映生活气息的鼠。有的灶体侧面还模印出四

图 3.5　咸阳杜家堡汉墓出土陶灶装饰

神，灶门部位模印出柱子、斗拱等建筑构件，以及水瓶和烧火人。这种多样展示，不但体现了生者对死者在阴间生活周到的考虑，也寄予人们对富足生活的企望。如咸阳杜家堡东汉中期墓出土的半圆形双眼灶，灶面模印有鱼、鼠、铲、钩、刷、算、勺等图案（图 3.5）。① 此外灶面后端的宝顶状烟囱也多是模制后粘贴的。

（2）轮制

轮制主要用于圆形仓体和井身。圆形仓和井因为和现实中仓、井形象最为接近，因此一直是明器摹仿的主要形式。圆形仓一般由仓盖和仓身组

---

① 咸阳市文物考古所：《陕西咸阳杜家堡东汉墓清理简报》，《文物》2005 年第 4 期，第 43—50 页。

成，仓盖多为模制，仓身制作方法多样，有轮制的；有肩、腹分体轮制而后拼接的；也有肩模制、腹轮制而后拼接的。足均为模制，而后与仓体拼接。如西安雅荷城市花园出土陶仓，泥质灰陶，器身轮制，足模制，而后粘接，腹部凸弦纹为先抹泥而后用专门工具旋划而成，烧成后器表饰红色彩绘。西安方新村出土西汉晚期泥质红陶仓，器表施绿釉，肩部为模制，腹为轮制，而后粘接，足为模制，之后粘接于仓底，能看出腹与肩的粘接痕。肩部有三处烧结粘痕，与三足相对应，其烧造方式为叠烧。

（3）捏制

捏制是最古老的雕塑手法，早期出土房屋模型大多为捏制而成。因为捏制不需要辅助工具，所以造型简单的建筑明器一般均为捏制而成。在大型建筑明器制作工艺中，捏制往往应用于一些建筑部件，如斗拱、屋脊、楼阁的扶梯等；或者建筑的装饰部分，如屋脊的瑞鸟、枝叶、花朵等；或者在模制大形之后，细部捏制修正，如勉县老道寺出土灰陶院落的斗拱和起翘正脊皆为在模制的基础上捏制而成。

（4）刻划

刻划是建筑明器雕塑艺术的另一种表现方式。线条是自然美在创造者内心引起的审美感受，艺术形象的神韵正是通过线条运用显示出现的，这是中国美术特色之一。建筑明器部分建筑构件和装饰图案均采取了刻划的方式，如房屋和仓房的门、窗、柱、斗拱等；楼阁的栏杆、扶梯；陶灶的灶门、火眼等皆为刻划而成。部分装饰纹样如动物纹、植物纹、人物等也为刻划纹饰，其中以几何纹刻划最多。东汉司徒刘崎墓出土釉陶楼上刻划有树木造型；富县出土陶仓上刻划有鹿纹造型；甘泉出土陶仓上刻划有凤鸟造型[1]，等等。

圆形建筑明器一般以轮制为主，其他建筑明器则综合利用模制、刻划和捏制几种方法进行分体制作。西汉早期，房仓一般由屋顶和四壁及底座构成，房顶模制，仓壁模制而后相互拼接，最后再与房顶拼接，有的筒瓦末端模印出瓦当样式。如西汉窦氏墓出土的房形仓，前后墙两壁粘接于两侧壁之上，粘接处内侧抹泥加固，外侧削平，正面切割出仓门，两侧及中

① 王勇刚等：《陕西甘泉出土汉代复色釉陶器》，《文物》2010年第5期，第68页。

间粘贴三个竖鼻以封仓门。①

陶灶可以分为灶面、侧壁和前壁，模制后拼接。釜部分与灶面一次模制而成；部分为模制而后粘接于相应位置。陶灶的拼接方式为先粘接灶壁，再把灶面按于灶壁之上，拼接处外侧用刀削平，内侧抹泥加固。有的灶壁由一块泥坯制作而成，再粘接灶面，其制作方法是先在前部折出方角，泥坯两端粘接处在尾部，也有泥坯两端接于灶前端一角的。

大型建筑明器，一般是先制作出各个部件，后粘接在一起，如河南焦作出土的七层彩绘连阁陶仓楼。为了便于粘接，在楼体的一些构件上书写有"苍前"、"男方"、"第十一"、"北第一"、"中央"、"北方"等朱色文字，其中"苍"通仓、男通"南"②等。楼阁式建筑明器则是先模制出各层样式，后在墓中逐层套叠摆放而成。

2. 建筑明器的雕塑图案

（1）几何纹饰

几何纹是最早出现的装饰纹样之一，因其刻画简单、易操作，又可通过组合，构图成纷繁的样式，因此历来是装饰的首选。在建筑明器中，几何纹饰是最重要的装饰纹样。这些几何纹饰以三角纹、网状纹、菱形纹、X 纹、十字纹、方格纹、直线纹等为基础，通过模制、刻划、彩绘等手法表现出来，组成形状各异、灵活生动的装饰图案。以斜线交叉构成的网状和菱形纹饰，往往是以阴刻或彩绘两种方式出现。三角形以单线勾画，有的留白、有的填充，连续排列；菱形纹多两两相接，有的则与三角形上下交错，左右衔接。

1983 年，焦作市马作村出土东汉中期五层彩绘陶仓楼。楼体坐落于院落后部，二层前壁与窗口四周绘有白线条。斗拱均为一斗五升，上施彩绘，横木上施绿彩，斗上施红彩，立体感较强，其他层间斗拱的制作基本与此相同。三层右侧开一长方形门，四周刻画有线条，以示木结构的门框。门两侧用红线各画一长方形框，内画黑色菱格网状纹饰。左侧开一方形小洞窗，窗口开挖的很讲究，外口大，内口小，四周向里面呈斜面，窗四周还绘红、白相间的线条数周。前壁和两山墙有用朱红

① 西安市文物保护考古所：《西安东郊西汉窦氏墓（M3）发掘报告》，《文物》2004 年第 6 期，第 4 页。

② 索全星：《河南焦作市白庄 6 号东汉墓》，《考古》1995 年第 5 期，第 396 页。

色、白色涂画的长方形、三角形、菱形等图案。平座栏杆正面刻有三组竖条的纹饰，其间隙处绘白色菱格纹，内填涂红彩，以象征栏杆的花纹图案，两侧面只施彩绘，无刻划纹饰，后面无饰。四层前壁窗下墙面界白色粗线，刻三组竖条纹，其间缝处绘有白色菱格纹饰，与下层平座栏杆相近。五层为小望楼，前壁开一小窗，四周的刻画与彩绘纹饰和下层大同小异。[①]

　　陶灶上的几何纹饰一般出现在灶前壁上部横额、两边边框以及火门的两侧。西汉早期在灶门两侧出现比较简单的菱形、三角形纹饰；中期开始纹饰不仅从灶门两侧扩大到整个前壁，而且在灶面上也出现对称的三角纹、网状纹等几何纹饰，以后还出现斗拱、帷幔等建筑部件纹饰（图3.6）。

图 3.6　西北医疗设备厂 M170
出土陶灶前壁

　　圆形或者方形陶仓、陶井上的几何纹饰一般装饰在仓体之上，模印或刻划纹样以弦纹为主，彩绘纹样则以三角纹、锯齿纹等为主。圈厕类建筑明器上相对来说几何纹饰较少，有作为表现墙砖或铺地砖、门窗界线等纹样出现，如河南汲县出土灰陶厕所猪圈，圈井内侧墙壁下部刻划出用小条砖叠砌的痕迹[②]；山东淄博临淄区金岭镇东汉砖室墓出土灰陶厕所猪圈，厕所前的台面刻划成方格纹形状，象征铺地砖，等等。[③]

　　（2）动物造型

　　建筑明器上常常雕塑或刻划有动物造型，这些动物造型不同于地面建筑上的装饰，具有特定的含义。其一，这些被选择的动物造型，一般都暗含丧葬文化的因子，也就是说都蕴含了某种祥瑞的意愿。其二，这些动物形象也代表了建筑所包含的外部环境或者人们的传统认识。如为表现祥瑞而

　　① 河南博物院：《河南出土汉代建筑明器》，大象出版社 2002 年版，第 165 页。
　　② 同上书，第 145 页。
　　③ 山东省文物考古研究所：《山东淄博金岭镇一号东汉墓》，《考古学报》1999 年第 1 期，第 97—122 页。

在正脊放置凤鸟、仓体上模制猴等；为表现周围环境而在仓体顶部塑置鸡、仓体壁上浮雕马，灶面上刻画猫、鼠，灶门前刻塑狗等；为表现人们传统认识而在仓足上捏塑负重的熊，等等。

陕西富县出土汉代赭釉鸡盖陶囷，上部开长方形囷门，四周用绿彩画出门框，伞状囷顶上模印有四条脊楞，囷顶上立两只鸡；出土赭釉鹿纹陶囷，囷体刻画有鹿造型（图版 23）。① 西安张家堡薛家寨出土汉代釉陶仓。黄褐釉，伞状顶，圆筒形，仓体有四道凸弦纹，下有三兽足。仓体上部开一长方形小窗，窗旁一侧模印一鹿头，另一侧模印一走猴，仓体下部相对应的位置，模印有一人面、一熊、一鹿。西北医疗设备厂 M170 出土的汉代陶仓，酱釉，泥质红陶，筒状仓体，平底，下面三兽形足，檐下浮雕二鹿头，并模印出鹿角，鹿头间有印戳，印戳正下方、仓底的上部浮雕一熊，仓体鹿头与熊之间有二组三道均等的凸弦纹，间有线刻锯齿纹和变形蟠螭纹（图 3.7）。②

图 3.7　西北医疗设备厂 M170
出土汉代陶仓

河南淮阳北关 1 号汉墓出土石仓楼，面宽 147 厘米、高 120 厘米。楼顶、楼身各用一块青石雕成。楼身前面接一平台，平台正面刻 4 个方框，右侧第一方框内刻狗 1 只，其他 3 个方框空白。紧依楼梯的楼壁各刻 1 人。左侧的头戴巾帻，回首后视，两臂一前一后，正迈步上楼。右侧的也头戴巾帻，右臂前伸，左臂抱持 1 袋，正负重上楼。人物画像与楼梯结合自然。上部楼壁凿 3 个长方形窗。3 窗之间刻两幅画像，左侧 1 人戴前低后高的冠，身穿长袍，坐姿。右侧 1 人戴三梁进贤冠，左右手持物，身前倾。楼身左侧壁刻画两幅画像，下面的为羊，长角弯曲，短尾。上面的为牛，短角长尾。皆用缰绳牵系。右侧壁刻画长条形浅槽，无画像。背面画

---

① 《三秦瑰宝——陕西新发现文物精华》，陕西人民出版社 2001 年版，第 59—60 页。
② 西安市文物保护考古所：《西安龙首原汉墓》，西北大学出版社 1999 年 12 月版，第 172 页。

像分上下两部分，用浅条槽隔开。下部 4 个方框内皆有画像，左侧方框内刻画一人，其余三个方框内各刻画一马，姿态各异。上部画面刻 2 人 3 马。左侧 2 人似在谈话。右侧 3 马中有的腾跃，有的站立。画像雕刻技法皆为减地浅浮雕，细部阴线刻（图 3.8）。① 焦作市河南轮胎厂出土东汉早期四层塑马灰陶楼，前壁砌塑有模制的两匹马，两山墙也各砌塑一匹。形成高浮雕的装饰效果。②

图 3.8　河南淮阳北关 1 号汉墓出土石仓楼上的人物、动物造型

建筑明器上的动物造型有模印、有捏制，也有刻划，如广州汉墓 M2051 出土陶灶。灶身前端略窄。灶门为拱券形，灶门左壁刻划一犬，右壁刻划一猫，均昂首蹲坐，尾巴翘起。灶门上的灶额向前斜出，以挡烟火。灶面开釜眼 3 个，置 3 釜 1 甑。灶面及两壁均刻划斜方格纹。通高 19.5 厘米、长 37 厘米（图 3.9）。③

（3）植物造型

建筑明器的装饰纹样以动物纹和几何纹为主，植物纹样较少。装饰植物纹样的主要为楼阁建筑、部分陶仓建筑。井、圈厕、灶上一般不出现植物纹。

图 3.9　广州汉墓出土陶灶

---

① 周口地区文物工作队、淮阳县博物馆：《河南淮阳北关一号汉墓发掘简报》，《文物》1991 年第 4 期，第 41—42 页。

② 河南博物院：《河南出土汉代建筑明器》，大象出版社 2002 年版，第 164 页。

③ 广州市文物管理委员会、广州市博物馆：《广州汉墓》，文物出版社 1981 年版，第223 页。

　　楼阁上的植物纹首推脊部装饰的柿蒂纹和叶状纹。东汉时期开始，楼阁类建筑的脊部出现了柿蒂纹或者花叶纹。柿蒂纹顾名思义如同柿子上部的蒂一样，四瓣或五瓣。关于柿蒂纹的装饰意义，历来说法较多，《酉阳杂俎》一书写道："木中根固，柿为最。俗谓之柿盘。"建筑图案运用柿蒂纹和叶状纹，寓意建筑物的坚固、结实，同时在视角上产生向上腾空之感。陕西潼关吊桥出土汉代陶望楼，河南灵宝出土汉代陶望楼、百戏楼、陶仓房，河南陕县、桐柏县、内乡县出土汉代陶望楼等建筑明器上都可以看到这种纹饰，如灵宝县出土东汉四层绿釉陶望楼上的柿蒂纹；河南博物馆藏东汉三层红釉陶望楼上的叶状纹等（图3.10）①。在其他地区出土水榭和望楼中也可以清晰地看到柿蒂纹装饰，说明这种装饰纹样在当时是较为常用的。

柿蒂纹：灵宝县出土　　　　　　叶状纹：河南博物馆藏

图3.10　陶望楼上的柿蒂纹和叶状纹装饰

　　楼阁类建筑和陶仓上出现的另一类植物纹样为蔓草纹。蔓草纹或称为缠枝花纹，一般装饰在楼阁的平座或陶仓的仓体上。河南偃师县菜站出土东汉晚期方形二层灰陶仓楼，上有缠枝花图案。仓楼一层较高大，前壁中部偏下方开一长方形门，四周有凸出的长方形门框，上压有缠枝花图案。

---

　　①　河南博物院：《河南出土汉代建筑明器》，大象出版社2002年版，第176—178页。

仓楼四角各有一凸出菱格镂空窗。仓顶部四角向上伸出两个挑梁，承托四阿式腰檐，檐下饰圆形瓦当。平顶正中有方形平座，四周饰缠枝花纹，与门框近似。这种缠枝花图案在仓楼中比较少见（图3.11）。[1]

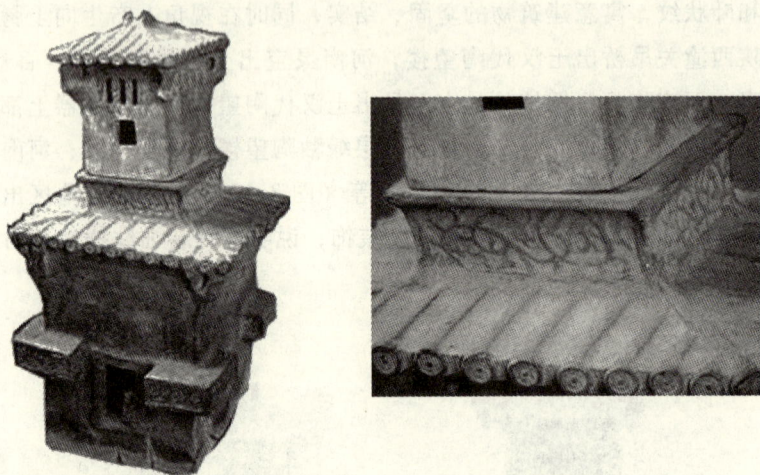

图 3.11　河南偃师蔡站出土灰陶仓楼上的缠枝花图案

　　唐代之后，宝相花纹饰逐渐出现在建筑装饰上，此期出土的建筑明器上也运用这种装饰。宝相花又称"宝仙花"、"宝花花"，是一种寓有"宝"、"仙"之意的装饰图案。一般以某种花卉（如牡丹、莲花）为主体，中间镶嵌着形状不同、大小粗细有别的其他花叶。尤其在花心和花瓣基部，用圆珠作规则排列，像闪闪发光的宝珠，加以多层次退晕，显得富丽、珍贵，故名"宝相花"。宝相花来源于牡丹，造型饱满。从花形看，除了牡丹花，还有莲花的特征，多层次排列的花瓣使图案具有雍容华丽的美感。西安市雁塔区金滹沱出土明代房屋，格扇门裙板上有宝相花纹饰，花瓣以红、蓝、粉、绿、白间隔彩绘。

　　在建筑明器上，还可以看到树木纹样的造型。这类纹饰一般出现在楼阁、房屋、仓房、圈舍类建筑的墙体之上。陕西华阴县岳庙公社东汉司徒刘崎及其家族墓出土绿釉陶楼 1 件（M2:30），残高 105 厘米，共三层。顶作四阿式，四角有柿蒂形脊首。屋面作成板瓦和筒瓦形状，筒瓦头为云

---

① 河南博物院：《河南出土汉代建筑明器》，大象出版社 2002 年版，第 169 页。

纹瓦当图案。一层两壁上刻划着一棵大树。第二层底座背面两侧和四角刻
划有网格形纹。第二、三层楼体两侧的桃形小窗孔上方两侧，刻划有三棵
小树。正面门楣之上有并列的三棵小树（图 3.12）。① 广州出土汉代陶屋
上也多有刻画的树木造型出现，如东郊红花岗出土曲尺式房屋，外侧墙体

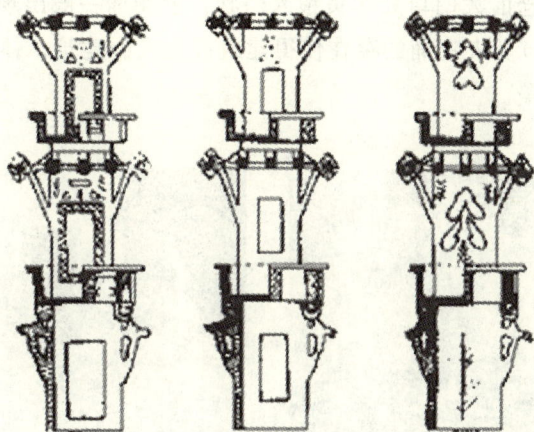

图 3.12　华阴县岳庙公社东汉司徒刘崎及其家族墓出土绿釉陶楼

上有刻划的树造型（图 3.13）。② 在陶灶上也有树木刻划纹饰出现，如河
南新乡出土陶灶，灶前壁刻划有树造型三棵。树木纹样除了含有通天之木
的意蕴外，还应表现了建筑物周围树木参天的绿荫场景。

（4）人物造型

建筑明器上人物造型大量表现为与
建筑功能相配套的、生活在其中的人物
形象。在汉代陶灶上还出现灶神或者烧
火人，在陶井上出现灭火人等。还有一
部分表现为人形的装饰部件，如在一些
建筑明器上出现了人形柱、人形斗拱以
及人形足、浮雕人面等。

图 3.13　广州红花岗出土曲尺式宅院

---

① 杜葆仁、夏振英、呼林贵：《东汉司徒刘崎及其家族墓的清理》，《考古与文物》1986 年
第 5 期，第 45 页。

② 广州市文物管理委员会：《广州出土汉代陶屋》，文物出版社 1958 年版，第 21 页。

第一，圆雕的人物造型。圆雕的人物造型包括人物俑、人形斗拱、人形柱、人形足等。建筑明器中的人物俑主要有居住类建筑中的劳作俑、武士俑、奴仆俑等；仓楼类建筑中的守仓俑、交粮俑等；百戏楼中的墓主俑、歌舞俑等。墓主俑一般端坐在楼体内部，守仓俑一般放在仓楼的平座内，交粮俑在仓前大门口处作负粮入门状，歌舞俑一般出现在百戏楼或水榭中（图3.14）。人物俑的存在使得建筑成为人的建筑，体现了建筑的宜人性和适居之美。

图 3.14　西安三爻村出土绿釉陶楼中的人物俑

人形装饰部件在建筑明器中并不多见，主要出现在立柱和仓足上。河南淮阳县九女冢村采集的汉代三层绿釉陶榭。二、三层平座栏杆每面均附

图 3.15　西安市方新村汉墓群出土
陶仓上的人形足

有变形人体斗拱数个，四角两面为并立的裸体人形柱。也有人形斗拱承托底座或窗户的造型出现，这既是某种装饰，也可能与宗教祭祀有关。① 仓体底部出现的捏制人形足相对来说较为常见，如西安市方新村开发公司汉墓群出土陶仓上的人形足（图 3.15）②，该部位的人形装饰纹样应是表现大力士的造型。

第二，浮雕的人物造型。浮雕

① 张勇：《人形柱陶楼定名与年代问题讨论》，《中原文物》2001 年第 5 期，第 73—77 页。
② 西安市考古研究所：《长安汉墓》，陕西人民出版社 2004 年版，第 123 页。

人物造型一般出现在建筑明器的外壁上，如百戏楼戏台两侧的装饰、陶仓的仓体，以及大量陶仓的仓塞。如河南西平县寺后张东南出土东汉绿釉陶百戏楼、项城县老城邮电所院出土绿釉陶百戏楼①，等等。百戏楼两侧柱子以及其他地方浮雕的人面造型或人物造型，可能是戏台本身装饰的需要，也可能有某种意指。在陕西关中地区，汉代墓葬中出土的陶仓多伴有人面浮雕仓塞，如西安市方新村开发公司汉墓群 M1 出土的陶仓，近底有一圆形仓门，内塞以人面纹仓塞，五官俱全、雕镂清晰、面带笑容。陕西省交通学校 M246 出土的人面仓塞，顶端模制人面，颧骨突起，头戴高冠，眼窝深陷，像踞状老者。② 仓塞一般为长圆柱形，前端做出人面等纹饰，插入仓体预留出粮孔中。由此可以判断西安北郊枣园汉墓出土的一人面饰③应是陶仓的仓塞。该人面饰为圆柱形，前端为一头戴帽的人面，阔鼻大嘴，满含笑意（图 3.16）。在其他地区出土汉代陶仓中也发现有人面仓塞

A. 西安市方新村开发公司
汉墓出土陶仓（M1.4）

B. 陕西省交通学校汉墓
出土陶仓（M2465）

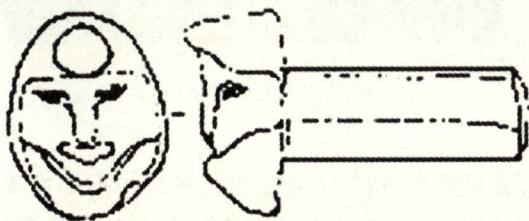

C. 西安北郊枣园汉墓出土人面饰

图 3.16　陶仓上的人面仓塞

---

① 河南博物院：《河南出土汉代建筑明器》，大象出版社 2002 年版，第 175、176 页。
② 西安市考古研究所：《长安汉墓》，陕西人民出版社 2004 年版，第 110 页。
③ 西安市文物管理处：《西安北郊汉墓发掘简报》，《考古与文物》1991 年第 4 期，第 12—30页。

造型。人面仓塞装饰在现实生活中未必存在，但是在明器中却常常出现，他们或微笑、或沉思、或忧伤、或默默鼓劲……使得堵塞之物顿时变得活泼有趣起来，也增加了建筑明器的生活气息，犹如幽冥世界里透漏出的一缕光，使得逝去也变得明快、轻松。

第三，模制人物场景。模制人物场景一般出现在灶前壁、井壁、仓壁、楼壁等空白面较大的地方，有着连环画的表现方式。如陕西省历史博物馆藏陶井，井栏体四面均模印阳线的画像图案。其中一侧画面中部为一人，左手执瓶，右肩扛竿，身后跟一雄鸡，作疾走状。画面两边各模印二字，合为"灭火东井"，通过简单的线条勾勒描绘出一幅极富生活情趣的图景（图3.17）。井可以灭火、供水，因此人手持一瓶可以理解为打水的行为，身后的鸡既是生活的场景化，又可表现丧葬文化中鸡的通天导引作用，因此，对画面可做多重角度阐释。同样的造型在中国国家博物馆藏建筑明器上也有出现。

图 3.17 陶井栏模型

在河南新野县樊集乡吊窑37号墓出土东汉中期画像灰陶楼院上，楼体和院落的墙壁外侧，均模印有数组画像，内容多为西王母升仙、捣药的玉兔、九尾狐、仙人等。这种题材多出现在汉代画像砖（石）中，是汉代升仙思想的表现。明器虽为丧葬文化的重要载体，但是这种装饰题材直接模印在建筑之上还是比较少见的。①

特别要提到的是从西汉中期开始，陶灶前壁两侧开始出现人物和水瓶

---

① 河南博物院：《河南出土汉代建筑明器》，大象出版社2002年版，第172页。

的组合图案，人物多手持火棍，做拨火状。如咸阳织布厂清理的 16 座西汉中晚期墓葬中，发现陶灶 8 件①，灶前壁多为一侧饰一人跪着烧火，另一侧模印一瓶，上方饰几何图案；西安北郊发掘的 19 座汉墓中出土陶灶 6 件②，前壁两侧多为水瓶和烧火人。从东汉初期开始，灶前壁流行的组合图案还有一手推拉风箱的烧火人和建筑构件的组合构图。西安白鹿原、长安县南李王村、咸阳织布厂、咸阳教院等地汉墓出土陶灶上皆有此类图像。如西安白鹿原清理的 3 座汉墓中出土陶灶 4 件，M10：25 灶前壁火门两侧印有四根立柱，其外侧两头有一斗二升的辅作，上承阑额。门框与横栏间立短柱二根，栏上有一小窗。火门右侧有一人坐地，双手前伸，作拉风箱状，左侧有一门扉形的装饰。M41：7 火门右侧一人在拉风箱。左侧有一立柱，柱头是一斗二升的辅作，上立一鸟。③ 长安县南李王东汉晚期 M5：17 陶灶，火门两侧分别为跪坐烧火人和放置一张几的图案；M5：25 火门两侧为一拉风箱者和一亭状物。④ 除了人和物的联合构图外，还有人和人的联合构图，如户县出土东汉阳嘉二年（133）的陶灶。为半圆形，单火眼，灶火门一侧有一老翁，一手持刀，一手抓一公鸡准备宰杀，另一侧跪坐一老妇，一手持便面，一手持火棍，正在烧火⑤（图 3.18）。

对于汉代出土陶灶上的人物造型，一般认为她是烧火人，是一种家内奴婢，社会上蔑称为"灶下养"。也有学者认为她是祭祀的灶神，《礼记·礼器》曰："燔柴于灶，夫灶者，老妇之祭也。盛于盆，尊于瓶。"汉郑玄注："老妇，先炊者。"汉代经学家认为祭灶是为了报先炊之德，祭祀对象是一位老妇人，祭祀用品是盆和瓶。长安县南李王村汉墓出土东汉晚期陶灶⑥上头戴高冠的妇人，可能就是这位女神的形象。她与当时常模印在陶灶火门左侧的烧火人不同，后者头顶无冠，手持捅火棍，并采取踞跪姿

---

① 咸阳市文物考古研究所：《咸阳织布厂汉墓清理简报》，《考古与文物》1995 年第 4 期，第 10 页。

② 中国社会科学院考古所唐城队：《西安北郊汉墓发掘报告》，《考古学报》1991 年第 4 期，第 239 页。

③ 喻伟超：《西安白鹿原墓葬发掘报告》，《考古学报》1956 年第 3 期，第 33—76 页。

④ 负安志、马志军：《长安县南李王村汉墓发掘简报》，《考古与文物》1990 年第 4 期，第 64 页。

⑤ 陕西省考古研究所：《陕西户县的两座汉墓》，《考古与文物》1980 年第 1 期，第 44 页。

⑥ 负安志、马志军：《长安县南李王村汉墓发掘简报》，《考古与文物》1990 年第 4 期，第 64 页。

势。① 笔者认为，仅仅以带冠与否就将烧火人与灶神划分是不科学的，灶前壁的老妇形象应该是烧火人，其或做拉风箱状，或做拨火状，皆为劳作造型。瓶是厨房中必备的汲水和淘米器具，也是祭灶时所用器物，所以往往和烧火人共同构图。与烧火人同构图的还有亭、几等，这可能是当时厨房建筑和室内设施的平面描写。户县汉墓出土陶灶前壁上的杀鸡翁与拨火妇人同时出现，使厨房充满生活气息，更加验证了妇人应为烧火人造型。

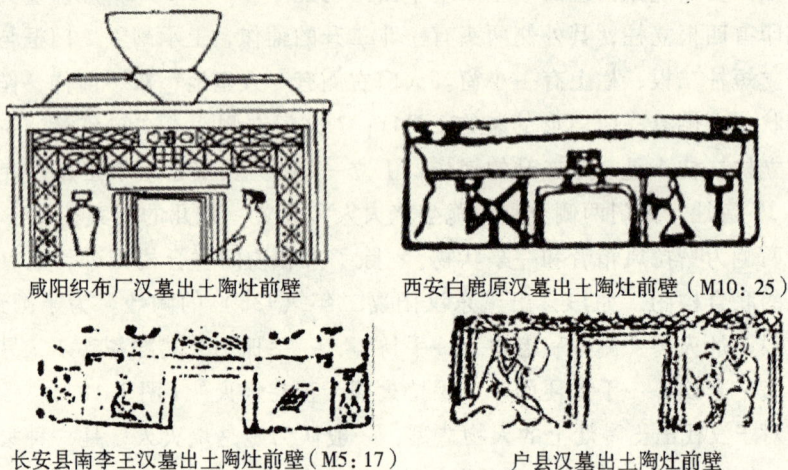

咸阳织布厂汉墓出土陶灶前壁　　西安白鹿原汉墓出土陶灶前壁（M10：25）

长安县南李王汉墓出土陶灶前壁（M5：17）　　户县汉墓出土陶灶前壁

图 3.18　汉代陶灶前壁上的人物组图

罗振玉收藏的河南出土陶灶中不仅有人物造型，还出现人物与动物组合图案。这种画面的出现和汉画像中的构图和题材较为类似，也应同样表现了趋吉辟邪的思想（图 3.19）。②

此外，在广州出土陶屋中出现了刻划和镂空的人物造型。如广州北郊登峰路出土曲尺式宅院，长 26 厘米、宽 28 厘米、高 27.6 厘米，房屋背面洞口两侧刻画有持兵器的武士造型。一人手持类似三叉戟的武器，一人手持类似长柄刀的武器，武器皆指向墙壁的洞孔。汉代屋院墙壁上常可看到这样的洞孔造型，有人认为是为家禽家畜预留的出入口，那么这两名武士就代表了守护财富的守卫。房屋侧面右下部镂空有一斗

① 梁云：《论秦汉时代的陶灶》，《考古与文物》1999 年第 1 期，第 53 页。
② 费鸣：《古明器鉴赏图录》，国际文化出版公司 1985 年版，第 75—85 页。

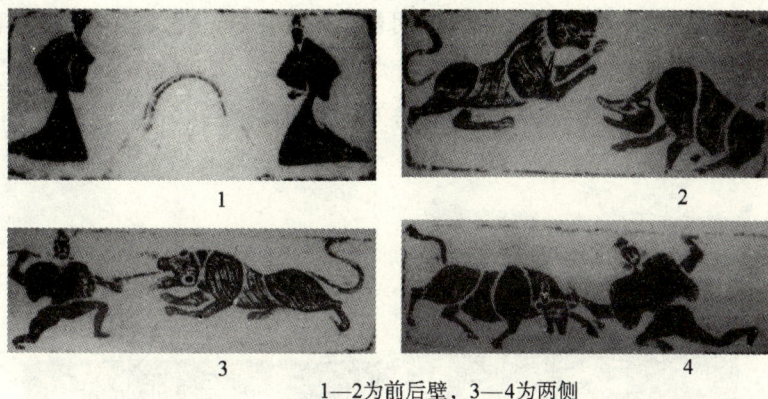

1—2为前后壁，3—4为两侧

图 3.19 河南出土陶灶的人物组合图案

三升斗拱一朵，两个升子塑成两个舞蹈的人物造型。同样的人物造型也出现在广州龙生岗出土曲尺式宅院上，该宅院长 25.1 厘米、宽 21.5 厘米、高 25.9 厘米，为干阑式建筑。底部被塑造为镂空的以立柱为中心的长袖舞蹈人物造型，立柱上部为栌斗（见图 3.20）。[①] 这两座房屋底部斗拱造型较为类似，舞蹈人像与青海大通上孙家寨出土人物舞蹈彩陶盆和传统的抓髻娃娃图案也有相似之处，因此这种图案可能蕴含了招魂辟邪祈求长生、再生的生命之意，也可以理解为围绕房屋翩翩起舞的现实生活描绘，或者是祭祀场面的艺术再现。

（二）线条与色彩的艺术

彩绘是中国古代建筑最重要的装饰手段，木构建筑的梁、枋、柱、门、窗等构件一般都有彩绘出现。彩绘初期偏重于保护性，它可以防止木材受潮，免受风雨、烈日侵蚀，而且彩画颜料具有毒性，还可拒虫。在后来的发展中，彩画逐渐偏重于装饰性，当木材表面有瘢痕、色泽不佳、纹理不均匀等瑕疵时，用颜料涂刷或彩画掩饰是很自然和必要的，这种遮瑕之目的显然是为了美化。[②] 当然，这种保护和遮掩的功效都只是最初的实用主义，在这种实用基础上发展出的艺术性构成了中国古代建筑的独特魅

[①] 广州市文物管理委员会：《广州出土汉代陶屋》，文物出版社 1958 年版，第 25、12 页。

[②] 王其钧：《中国古建筑语言》，机械工业出版社 2007 年版，第 220 页。

力。作为地面建筑的替代品，建筑明器上的彩绘模拟也是必需的。但是，这种彩绘在兼具地面建筑彩绘风貌特点的同时，更多地兼顾随葬品装饰色彩的要求。从出土建筑明器上的彩绘可以领略到二者既相结合，又相区别的意味。

广州北郊登峰路出土曲尺式宅院

广州龙生岗出土曲尺式宅院

图 3.20　广州出土陶屋

1. 彩绘图案

（1）几何图纹

建筑明器上彩绘的几何纹饰和模印、刻划的几何纹样基本相同，以三角纹、网状纹、菱形纹、X纹、十字纹、方格纹、直线纹等为主。相比较于模印、刻划纹样的制作，彩绘纹样更为简单和便捷，往往以套和、连续等方式组成形式多样的几何构图。

建筑明器上大量彩绘几何纹饰的使用可能与建筑的实际面貌无关，是明器施用制度的反映。如在陕西靖边县张家坬西汉墓出土的一批彩绘灶、仓，纹饰多为三角、云纹及短线纹，色彩艳丽，构图对称、均衡、严谨。其中陶灶通体红色彩绘，外饰菱形回纹、波折纹。陶仓通体用红色彩绘，顶饰两圈单线，腹上、下部各为一圈单线，每个单线下饰一圈锯齿纹，中部为两组菱形构图，菱形内双线交叉的三角形两个水平角尖用红彩涂成弧形三角。中心饰卷云纹，每个卷云纹两边用黑色涂抹成"扁钟"形，平行线和交叉线相接处饰长、短不一的线条三条（图3.21）。①

图3.21　陕西靖边县张家坬西汉墓出土彩绘陶灶、陶仓

陕西省交通学校65号汉墓出土陶仓5件，形制相同，直筒腹，平底，底附三兽形足。标本M65：1，通体施红色彩绘，腹部三组（每组三周）凹弦纹将彩绘图案分为四组，自上而下第一、第四组为一周锯齿纹，第二、第三组为连续菱形纹，其间填饰卷云纹、圆点纹、弧线三角纹、弧线纹等。标本M65：4，上下两组为锯齿纹，中间两组为星云纹（图3.22）。② 西安北郊枣园汉墓出土陶囷（M29：10），伞型顶盖，上饰

---

① 陕西省考古研究所、榆林市考古研究所：《陕西靖边县张家坬西汉墓发掘简报》，《考古与文物》2006年第4期，第3页。

② 西安市考古研究所：《长安汉墓》，陕西人民出版社2004年版，第457页。

瓦棱纹，盖顶开圆口，直筒形腹，腹部三组均等的凸弦纹将仓体分为四区，上下两区饰红色锯齿纹，中间两区上区为红色菱形框中点缀圆点、勾云纹、弧线纹，下区为红色波浪纹。三兽形足（图3.23）。①

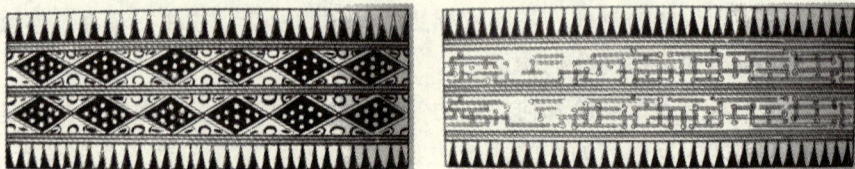

图 3.22　陕西省交通学校汉墓出土陶仓上的纹饰

图 3.23　西安北郊枣园汉墓出土陶仓上的纹饰

在实际建筑中，人们不会花费很大精力在灶和仓上描摹刻画如此繁复的纹样，而且此类纹样出现在仓、灶建筑上也不会很美观。但在明器中，因为体量缩小、建筑变形、丧葬需要等，这类纹样就成了适合纹样。

另外，楼阁类建筑明器上，也描绘有大量彩绘几何纹饰，如在河南焦作市出土陶仓楼上可以清楚地看到彩绘几何纹饰，尤其是 1984 年马作村出土的东汉中晚期五层彩绘陶仓楼。楼体用红色线条绘出流云纹、菱形纹、三角纹、直线纹等，并用黄、红线条界在门窗四周，色彩鲜艳。白庄6 号墓出土七层连阁彩绘陶仓楼上彩绘几何图案也很精美。② 这些彩绘纹样以出现在墙体门窗周围、平座、栏杆、檐下等部位为主，颜色包括红、黄、蓝、绿、紫、黑、白等，图案与色彩应该是摹画了现实建筑的装饰部位和构图。

---

① 西安市文物管理处：《西安北郊汉墓发掘简报》，《考古与文物》1991 年第 4 期，第 12—30 页。

② 河南博物院：《河南出土汉代建筑明器》，大象出版社 2002 年版，第 21、23 页。

（2）云气纹

建筑明器上云气纹多为彩绘，以描画在楼阁类建筑明器的平座勾栏或屋檐部位为多。另外在彩绘陶灶、仓上云气纹也为常见纹饰。圈厕、井上相对较为少见。从发现地域来看，北方地区比南方地区多见。

1974年，河南焦作市机床厂南地出土的东汉中晚期五层彩绘陶仓楼，二层上部绘一红白相间的云气纹带，象征平座，云气纹上开四个方形洞窗，窗间墙壁绘有红白相对的三角纹饰。三层平座栏杆正面彩绘红白相间云气纹，前壁左右各开一长方形门，门上画有菱格网状纹饰，象征窗棂，门间墙壁绘有白色对三角纹。三层各个挑梁的边沿和横木绘有红色粗线。山墙上画有多条红色线状纹饰。四层窗下及左右满绘白色的菱形、三角形等几何纹饰，窗上绘一红色横长方框，内画数组红色菱形网状纹、横条纹等纹饰。两山墙皆用黑色粗线绘有较大的菱格图案。五层图案与四层相似。①

西延铁路甘泉段汉墓出土的彩绘灶，灶面上三个釜的口沿涂淡绿彩，周围用橘红、粉白绘云纹，灶前面以橘红画框，内有三色顿点，灶两侧各用三色绘一组大流云纹。该汉墓群出土的囷口颈部有一周橘红弦纹，上腹于两周橘红弦纹之间又饰菱形几何纹，其间饰草叶、圆点及变形云纹等。仓体上还开有一个圆孔模仿仓门，圆孔四周以橘红，粉白绘出门框。整个纹饰带下部又绘一周水波纹（图3.24）。②

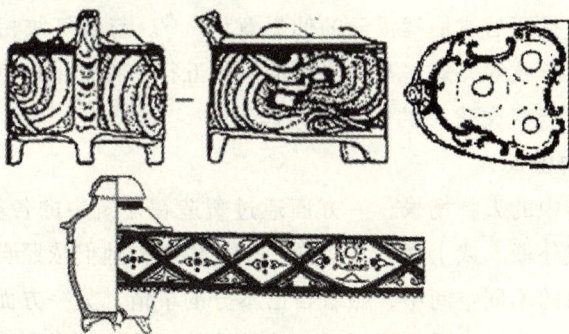

图3.24　西延铁路甘泉段汉墓出土彩绘灶、囷

① 河南博物院：《河南出土汉代建筑明器》，大象出版社2002年版，第168页。
② 陕西考古研究所、延安地区文管会、甘泉县文管所：《西延铁路甘泉段汉唐墓清理简报》，《考古与文物》1995年第3期，第25页。

1991年陕西横山县黑石克村出土汉代彩绘陶仓5件，通高17厘米①。仓体上下为彩绘几何纹饰，中部为宽大的云气纹带，大朵的流云纹围绕仓体疏朗飘动，增加了陶仓的神秘感（图3.25）。

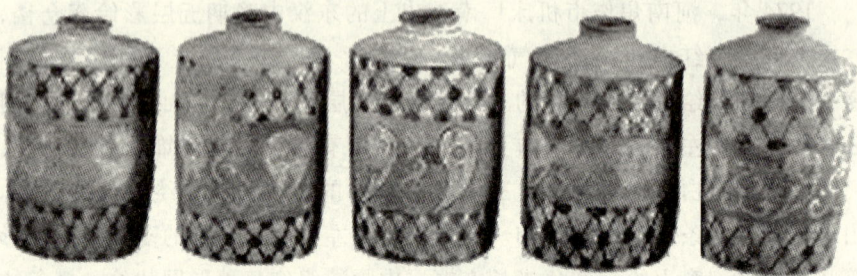

图3.25　陕西横山县黑石克村出土陶仓

云纹流行与当时盛行的黄老思想和死后升仙的社会风气紧密相关。在汉代人的理念中，人的躯体里有魂魄二气，属于弥漫于天地之间的阴阳二气以及存在于二气之中的神灵。云与气结合在一起不再是单纯的自然现象，而是表示出一种特殊的寓意。人要成仙升天，云气就是必不可少的借助条件。《后汉书·梁统列传》载："（梁）冀乃大兴第舍……窗牖皆有绮疏青琐，图以云气仙灵。"建筑明器中发现的云气纹很多，其"直接模仿于天气自然现象，引申的文化寓意可以从两个层次推测，一是死后灵魂的飞升景象，二是死后成仙驾浮云的仙界意识"②。与云气纹相关的还有勾连云气纹、星云纹等，这些都与当时的阴阳五行、神仙信仰有关，是汉代升仙思想中"云气文化"的一种具体体现。

（3）人物场景

建筑明器中的人物场景，一方面通过塑造在建筑中的各类俑来体现，墓主人俑、奴仆俑、武士俑、宾客俑、乐舞俑等，他们依照自己的身份被塑造在建筑内的不同空间中，做着自己本分的事情。另一方面，建筑体上还绘制有人物活动的场景，表现了与建筑功能相关的生活画面。目前发现

① 《三秦瑰宝》，陕西人民出版社2001年版，第58页。
② 西安市考古研究所：《长安汉墓》，陕西人民出版社2004年版，第780页。

建筑明器上绘制的人物活动场景主要包括收租图、斗鸡图、乐舞图、喂马图等。建筑明器上刻画的生活场景有时象征着逝者生前的生活状态，有时意指逝者将要去往的另外一个世界，二者相互补充，共同构成了明器所承载的某种意指。

　　1958 年荥阳县河王水库 1 号墓出土一件二层彩绘陶仓楼，通高 77 厘米、面阔 70.3 厘米、进深 38.4 厘米。仓体上先饰白粉，再在其上彩绘。檐部枋上下皆绘红黑相间的云气纹，斗拱与挑梁上分别界出红色线条或饰红彩，窗口上下及左右边沿均界黑线，窗间墙壁黑框内用红曲线画出完全相同的图案，平座栏杆上饰红彩。平座、上下楼梯部位都有壁画，上部一幅画面中共 5 人，左侧两男子穿红色衣服，其中一个佩长剑，右侧 3 男子，一个穿黑衣，两个穿白衣。下部一幅画面共 4 人，右边第一个为女子，长袖飘扬，举足踏盘；第二个为赤裸上身的男子，手持一棒，好像与女子同舞；对面两男子，持棒击鼓，像是乐人。在陶仓的两侧各绘制着一个高大门神一样的人物图像。仓体背面绘制的是带翼羽人与云气纹。①1963 年密县后士郭 1 号墓出土 1 座彩绘陶仓楼，通高 70 厘米、面阔 52 厘米、进深 20 厘米。长方形仓体，下面为四个方形足，仓体下部正面和背面开有圆形通风孔。正面上部左右各开一方形门洞，上层门洞的一侧绘有窗户造型。之上用丁头拱出挑五朵斗拱支撑上部枋木。仓顶为悬山式。仓体四面绘有壁画。正面下部绘有一只羊、通往二层的楼梯，以及包括四人的收租图。背面绘有一人站于一匹马后，马正在草料兜中吃草。侧面各绘一人，身穿黑衣，头戴平帻。其中一人手执彗，一人束腰佩剑，双手袖于胸前。整个仓体壁画表现了以仓为中心的生活、生产场景，是研究当时庄园经济的难得素材（图 3.26）。②

　　（4）植物纹

　　植物纹主要有常青树、蔓草、牡丹、石榴、莲花、竹子等。汉代主要为常青树、茱萸，宋代以后出现了写实性的花卉和枝蔓，枝蔓曲线流动，充满动感和活力。

---

　　①　贾峨：《荥阳汉墓出土彩绘陶仓楼》，《文物参考资料》1958 年第 10 期，第 16 页。

　　②　河南文物工作队：《密县汉代陶仓楼上所绘地主收租图》，《文物》1966 年第 3 期，第 6—7 页。

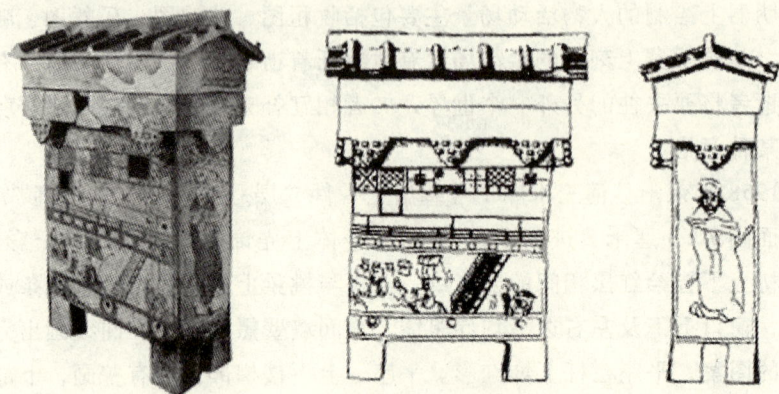

图 3.26 河南密县后士郭汉墓出土仓楼

第一，树木造型。汉代建筑明器上的树木造型多施在仓体和楼阁四壁。西北医疗设备厂西汉早期墓葬 2 号墓出土陶房仓一座，仓体下部用紫红色彩绘出一株常青树，枝叶繁茂，生命力旺盛（图 3.27）。[1] 1982 年，陕西省第一纺织机械厂西汉墓出土陶仓 6 件，共分两式。其中 I 式：顶为圆锥形，呈瓦垅状，上有小盖，底有三足，一足残缺，腹部有彩绘的门和植物图案，出土时内装有谷子（图 3.28）。[2] 河南焦作市墙南村出土东汉中期七层连阁彩绘陶仓楼，侧壁上出现白色彩绘树木造型。

图 3.27 西北医疗设备厂 M2 出土陶仓   图 3.28 陕西省第一纺织机械厂西汉墓出土陶仓

---

① 西安市文物保护考古所：《西安龙首原汉墓》，西北大学出版社 1999 年版，第 18 页。
② 咸阳市博物馆：《咸阳西汉墓清理简报》，《考古与文物》1984 年第 5 期，第 14 页。

　　对于明器上出现的树木造型，学者有着不同的观点：有学者认为其"反映了当时人们以衣食为生存之根本，农桑并重的社会意识"。① 有学者认为是生命树，它不仅自身寓意着生生不息，而且可以使人"食之常寿"，可以"食其实者不死"。② 笔者认为这种建筑明器上的树木首先代表了传统思想中流行的可与天神相通的若木、建木、扶桑树、常青树等作为神祇符号的生命之树。其次以树木为装饰纹样反映了现实世界的场景。在汉代，国家大力倡导树木栽植、环境绿化，长安城街道两边广植槐、杨、柏、榆等树木，皇帝宫殿、百官宅邸筑山造林、引水浇园、种花养草，以美化居室环境。对于普通百姓的宅院，政府也明文规定必须植树绿化。《汉书·卷二十四上·食货志第四上》记载："还庐树桑，菜茹有畦，瓜瓠、果蓏殖于疆易。"《食货志第四下》又规定："凡田不耕为不植，出三夫之税；城郭中宅不树艺者为不毛，出三夫之布。"由此可见，政府不但鼓励人们在房屋周围种植树木、蔬菜瓜果，同时还辅以强制处罚的手段。基于此，笔者认为在建筑明器上出现树木纹样应该是对居室环境的还原，是把现实世界的空间布局，写实为平面描绘。

　　第二，茱萸纹。茱萸是一种乔木，结实、气味芳烈，可入药。古人认为其能"辟除恶气，令人长寿"。《风土记》记载："九月九日……俗尚此日折茱萸以插头，云辟淬除恶气，而御初寒。"汉代人们追求长生不老和升天成仙，因此茱萸纹和云纹常常组合在一起，构成四方连续纹样，寓意辟除不祥、祝颂长寿，是当时颇为流行的装饰纹样。如长沙马王堆一号汉墓"长寿"绣、"万事如意"锦及新疆尼雅遗址出土的"五星出东方利中国"文锦等丝织物上皆有茱萸纹。但是茱萸纹饰出现在建筑明器上则较为少见。如1996年河南焦作市河南轮胎厂13号墓出土的四层灰陶仓，二层楼梯侧面以白彩绘制茱萸纹一支。1972年焦作市西郊出土东汉晚期五层彩绘陶仓楼，楼檐下为云气和茱萸混合纹等。陕西靖边县张家坬西汉墓出土彩绘囷，中间为茱萸与云纹组合在一起的连续纹样，上下以连续菱形纹图案为点缀，整个构图排列恰当、虚实结合，纹样风格和选材都比较新颖（图3.29）。③

　　① 西安市文物保护考古所：《西安龙首原汉墓》，西北大学出版社1999年版，第234页。
　　② 靳之林：《生命之树》，广西师范大学出版社2002年版，第2页。
　　③ 陕西省考古研究所、榆林市考古研究所：《陕西靖边县张家坬西汉墓发掘简报》，《考古与文物》2006年第4期，第3页。

图 3.29　陕西靖边县张家坬西汉墓出土彩绘图

第三，牡丹。牡丹花朵大而艳丽，被喻为花中之王，国色天香，又有富贵的吉祥寓意，所以常作装饰纹样。作为装饰，牡丹往往与凤一起构图，单独的牡丹图案已有"富贵"之意，若与凤相结合，则寓意更为富贵。长安县博物馆藏明代房屋，斗拱间为升龙图案，牙板上为龙穿牡丹构图，红色铺底，白线描绘，牡丹红花绿叶，翼龙穿花而过。中国传统构图原则是云从龙、花从凤，但是在这组彩画中，却出现了龙穿牡丹的造型，可能意指不同（图 3.30）。

图 3.30　长安县出土明代房屋牙板上的龙穿牡丹图案

（5）仿建筑部件

建筑明器属于模型明器，以有形实体承托人们的某种意念，因此"具其形"是最关键的。这种追求隐喻表达的方式，使得人们在制作明器时常常采取简化和意象的艺术表达手段。最明显的表现方式就是在建筑明器主体上把一些建筑部件通过绘画显示出来，而不是根据建筑实体来制作。这种彩绘的建筑构件一般包括楼梯、门、窗、斗拱、柱子、梁枋、平座栏杆等。西安市考古所在潘家庄世家星城发掘了一批秦墓，其中 M201：14 为长方形仓，前开二方形仓窗，四周线刻出边框，上下边框均向两边延伸，左边窗打开，右边仅线刻出窗形。除顶外，均饰白衣，仓两侧壁红色彩绘"十"字各一，窗边框内均饰红彩，左窗下绘出一斜放的梯子，窗中用红彩绘出一小圆点（图 3.31）。①

以上这些彩绘图案可以分为两类，一类是具象的，如动植物造型、仿建筑部件等，主要表现的是现实生活的场景；另一类是抽象的，如几何纹图案，利用线条组合，表现了某种形式之美。建筑明器上的几何装饰，大部分没有写实性的内容，对它的解释除了彩绘本身外，还要联系当时的社会背景、文化观念、审美情趣等。

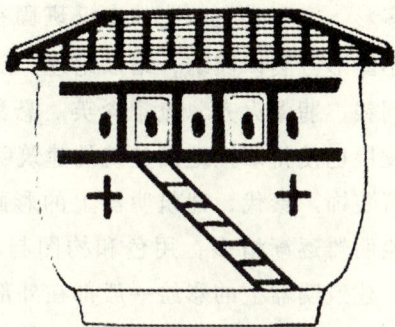

图 3.31 潘家庄世家星城秦墓陶仓上的纹饰

两汉时期神仙思想盛行，汉初方士们谈及长生成仙之道必然托辞于黄帝、老子。西汉中期儒家思想逐渐替代黄老之说在政治上取得话语权，但是神仙思想并没有衰落，反而愈演愈烈。方士们描述富贵逍遥的神仙世界，虽为迎合统治者永享荣华之奢望，但也对普通老百姓产生了很大的诱惑。汉代，长生成仙成为上至皇族，下至百姓的一项乐此不疲的人生目标，留给现代人的就是汉代墓葬中大量出土的蕴含神仙思想的器物和纹饰。如陶仓楼门、窗的两旁或者上部，彩绘或雕刻网状纹、菱形纹、云气纹等，色彩的选择以红色为主，这种装饰在当时应该起到镇邪作用。

2. 色彩的运用

中国古代建筑是土与木的结合，土在建筑中逐渐转化为砖、瓦的使用，夯土的墙基也会用砖石等加以保护。如何保护木材免受风吹雨淋、烈日蚁虫的毁坏也是人们摸索思考的问题，这一问题的解决最终促使油漆彩绘的出现。同时，彩绘工艺在保护木构架建筑的同时，也逐步发展为建筑上的主要装饰手法，成为中国建筑的另一大特色。从典籍记载及考古发掘

① 西安市文物保护考古所：《西安南郊秦墓》，陕西人民出版社 2004 年版，第 527、595、626 页。

得知，早期建筑彩绘大多以矿物颜料的原色进行彩画，图案多样，设色热烈、丰富，有黑、红、赭黄、石青、石绿等。

春秋战国时期，不仅宫室的柱头、柱身绘山纹，梁上、短柱绘藻纹，而且墙上也加彩绘。① 从秦咸阳城一号和三号宫殿基址的考古发掘中可以得知宫室之内和回廊部位已经使用了壁画装饰。汉代建筑彩绘绚丽多彩、富丽堂皇，犹如东汉班固在《西都赋》中所云："屋不呈材，墙不露形。裹以藻绣，络以纶连。随侯明月，错落其间。金釭衔璧，是为列钱。翡翠火齐，流耀含英。悬黎垂棘，夜光在焉。"建筑彩绘的蓬勃发展也使得摹拟地面建筑的建筑明器在制作过程中大量运用彩绘艺术进行装饰。秦代，建筑明器上的彩画还没有大量运用。西汉时期开始，彩绘明器逐渐增多，用色和构图与考古发掘建筑遗址中的壁画基本一致。建筑明器上的彩绘一般都在外部，先在器物的表面涂一层白粉，然后根据匠人构思设计样本，按比例划出条带，再使用稳定性强的矿物质颜料绘制各种图案。②

唐代，建筑色彩在保持汉代以来传统的基础上，"大胆地用朱红作为大建筑物屋身的主要颜色，用在柱、门窗和墙壁上，并且用彩色绘画图案来装饰木构架的上部结构，如额枋、梁架、柱头和斗拱"③等。朱柱素壁，土朱或赭红的木面与白墙对比，很好地显露了结构，加以素灰的台基及绿釉屋顶，显得淳雅庄重。如西安中堡村出土的三彩院落模型，整组建筑柱、窗、门均为红色，顶有绿、蓝和赭色。尤其是歇山式屋顶大殿，色彩十分明丽，其顶为绿釉；斗拱白色勾边，青色填充；额枋为蓝色，枋板为红色；门窗柱子为红色；墙体为白色，给人以沉稳壮丽之感。

宋元时期，彩画技术普遍提高，突出特点就是产生了以青绿两色为主要色调的彩画，这使得建筑装饰更趋于幽静。明朝以后，房屋的主体部分，即经常可以得到日照的部分，一般用"暖色"，尤其爱用朱红色，檐下阴影部分则用蓝绿相配的"冷色"，这样就更强调了阳光的温暖和阴影的阴凉，形成悦目的对比。朱红色门窗部分和蓝绿色檐下部分往往还加上

---

① 袁镜身：《建筑美学的特色与未来》，中国科学技术出版社 1992 年版，第 24 页。
② 郭建设、任军伟：《汉代焦作陶仓彩绘雕刻艺术》，《荣宝斋》2007 年第 2 期，第 31 页。
③ 梁思成：《梁思成谈建筑》，当代世界出版社 2006 年版，第 309 页。

丝丝的金线和点点的金点，蓝绿之间有时也间以少数红点，使得彩画图案更加活泼，增强了装饰效果。这种彩画应用不但在现存建筑中多可看到，而且在建筑明器中也有体现，如西安明秦王墓出土陶屋，砖墙的摹画、门、窗、檐下的彩画颜色和构图与现实建筑并无太大差别。但是作为随葬用品，整体房屋的设色还是偏重了红色，尤其是金滹沱村出土房屋的内外墙壁和代表地面的地板均涂为大红色，应是明器制作的特色，与现实建筑并不对应。

三　美轮美奂：愉悦之美

建筑明器不仅是对现实生活遮风避雨外壳的摹写，更是人们对死者生前场景的描绘和黄泉生活的设想，是一种含有特殊意义的象征符号，是一种无声的语言系统。从器物学的角度来看，建筑明器除了带给人们功能性的现实满足外，还有象征性的精神需求，二者的结合构成了建筑明器特有的艺术性。这种艺术性是从完整构图中散发出的灵动形象，是一种由直观判断而生的"愉悦之感"，主要包含比例、尺度、均衡、对称、色彩、质感等。

（一）比例尺度

比例关系是一座建筑在三度空间和两度空间各个部分之间，虚与实，凹与凸，长、宽、高的比例关系，这种关系是决定一座建筑物好看与否的最主要因素。[①] 和谐的比例可以带来美感，2000 年前，维特鲁威在《建筑十书》中写道："当建筑物的外貌优美悦人，细部的比例符合于正确的均衡时，就会保持美观的原则。"[②] 黑格尔也认为建筑之所以被比喻为冻结的音乐，是因为"这两种艺术都要靠各种比例关系的和谐"来展现。[③] 作为对地面建筑的摹仿，建筑明器虽可有适当的夸张、变形，但是从适合人们心理的角度来看，建筑明器的制作同样要遵循建筑物本身的建造标准，带给人们审美的愉悦。

---

①　梁思成：《梁思成谈建筑》，当代世界出版社 2006 年版，第 375 页。
②　维特鲁威：《建筑十书》，高履泰译，中国建筑工业出版社 1986 年版，第 14 页。
③　黑格尔：《美学》第 3 卷上册，朱光潜译，商务印书馆 1991 年版，第 64 页。

1. 以房屋自身为尺度

比例首先可以从建筑物作为一个有三度空间的体量上去考虑，从它所形成的总体轮廓上去审视，表现为它的大小、高低、长宽等相互关系和比例是否恰当；其次看建筑物的各个部分及各个构件本身和相互之间的比例关系，例如门窗和墙面的比例，门窗和柱子的比例，门窗之间的比例，以及一切左右关系、上下关系的比例，等等；再次是每一个构件本身的比例关系，例如门的宽和高的比例关系，窗的宽和高的比例关系，柱子柱径和柱高的比例关系等。根据《营造法式》，每扇门板的高宽比为 2∶1，最大不超过 5∶2，而格扇门每扇的高宽比为 3∶1 至 4∶1 不等。柱式直径与柱高的比例一般为 1∶10，唐代为 1∶8—1∶9 之间，显得柱身粗壮；宋代大约为 1∶12，显得柱身清秀。

建筑明器是地下的阴宅，这种"宅院"建筑也要遵循地面建筑的比例关系，带给人们视觉的稳定，符合人们视建筑为安全、舒适、和谐家园的理念。如勉县老道寺出土灰陶宅院，规模宏伟、工艺精湛，是汉代大型庄园的立体摹写。首先从单个建筑与整体布局来看，其建筑多样、结构严谨。整个宅院是由十九个单体建筑组合而成，平面 126 平方厘米，有宅门、院墙、左厢、右厢、正楼、偏门、佣人房、家禽家畜圈等。其次从三度空间来看，正楼面阔三间，明三暗四，通高 75.8 厘米，一层，通高 31.4 厘米、面阔 54 厘米、进深 27 厘米；宅门房面阔三间，通高 33.6 厘米、面阔 43.2 厘米、进深 19.2 厘米。再次从各个构件与整体的比例以及构件本身的比例关系来看，也是十分合理的。如宅门高 12.8 厘米、宽 10.8 厘米，高宽比例为 1∶1.2；正楼墙壁上安装 8.5 厘米见方的斜棱窗，占据整个墙面大约 1/5，属于大窗户，便于室内采光和流通。

西安中堡村唐墓出土的三彩院落，大殿构件组成的比例关系反映了唐代建筑的大气、疏朗。比如斗拱硕大，占据正面屋身近 1/3；明间门几乎占据整个明间空间；次间的直棂窗占据次间整个面积近 1/2；四根檐柱直径与高之比大约为 1∶9，显得立柱雄壮挺拔。

西安雁塔区金滹沱村出土明代陶房屋模型，Ⅰ型房屋大门框高宽比约为 2∶1，格扇高宽比约为 4∶1；Ⅱ型房屋门框高宽比约为 2∶1；四根檐柱直径与高之比约为 1∶10，比例和谐。

参照地面建筑的制作方法，使得大部分建筑明器比例关系比较和谐。但是建筑明器毕竟不是真实建筑，在制作过程中不必太多计较各个构件之间搭接是否正确，是否符合建筑力学的真实状况，因此常常会掺杂放大、缩小或变形个别构件，以凸显某一部分功能的特殊造型。这种夸张的艺术造型在汉代建筑明器中多有出现，如四川出土陶楼中的斗拱形制硕大，给人以稳重、大气之感；河南、陕西出土陶望楼屋脊上的柿蒂纹造型夸张，不仅寓意楼阁的坚固高大，而且给人以腾飞之感；河南出土楼阁上的瑞鸟造型，塑的几乎覆盖整个屋面，不仅具有吉祥之意，而且表达了升仙的强烈愿望。

另外，在建造明器中常用夸张的艺术手法来表达某种特殊意义。如广州汉墓出土异形井（M2009：1），圆地台，圆形井栏。栏侧附有两面坡矮屋一间，正面开门，左侧有直棂窗，山墙及后墙均有直棂窗穴。井栏高14.5厘米、地台径23厘米，而屋长8厘米、宽6.5厘米（图3.32）。① 这件作品的视觉效果直观的表明这首先是一口井，其次才有井旁附属的小房子，可以将其理解为井旁的杂物间、井旁的管理房，等等。雕塑者通过夸大井身、缩小房屋的手法突出了雕塑的主体部分。

这种特殊的处理手法，还大量用在圈栏类建筑明器之中。墓葬中圈栏类建筑明器最主要的功能是圈养为墓主人提供肉食的禽畜，因此常常可以看见圈栏里雕塑的禽畜体积远大于圈栏，以突出禽畜的硕大、肥美，也给人以强烈的视角震撼。在全国出土的陶猪圈中，猪一般塑得都比较大，有的几乎占据猪圈的全部空间，有的羊、鸡塑得也较大，如河南三门峡市出土绿釉陶羊圈，圈高8.3厘米、直径24厘米。平面近似圆形，一周置竖条镂空栅栏围墙，内有比例较大的两只羊（图3.33）。②

图3.32 广州汉墓出土异形井　　图3.33 河南三门峡市出土绿釉陶羊圈

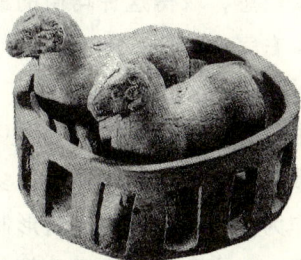

① 广州市文物管理委员会、广州博物馆：《广州汉墓》，文物出版社1981年版，第223页。
② 河南博物院：《河南出土汉代建筑明器》，大象出版社2002年版，第156页。

2. 以人为尺度

地面建筑的比例关系不仅是一种视觉效果上的感受，更要以人为尺度，达到"宜人"的人本原则。《吕氏春秋》曰："室大则多阴，台高则多阳，多阴则蹙，多阳则痿，此阴阳不适之患也，是故先王不处大室、不为高台。"在空间尺度上，中国单体建筑的体量都不是很大，造型或空间之"大"，主要是通过平面展开的群体组合来实现的。

建筑明器是供墓主人居住、活动的住宅，为真实反映明器所蕴含的意义，一般在建筑的立面上都会有墓主人、武士俑、乐伎俑等人物俑造型出现。这种"人"、"物"关系一方面表明建筑明器的生活居所功用，另一方面也以人为参照，表现了建筑明器和谐的比例关系。如东汉刘崎墓出土釉陶水榭中的陶俑造型，有的端坐廊下，有的凭栏眺望，有的对镜梳妆，有的手持弩机；西安三爻村出土釉陶楼阁上也有相类似的陶俑造型，或持弩、或负粮、或瞭望，这些都表明了当时人们的一种社会生活场景。成都天回山崖墓出土陶楼阁，二楼上一人抚琴、一人翩翩起舞，造型丰富、人物灵动，给人一种如临现场之感。当然，为了凸显某种寓意，这种比例关系也有所改变，如一般墓主人塑造为端坐之态，而且比较高大。

（二）均衡对称

中国传统建筑崇尚中轴对称原理，大到都城规划，小到合院民居、单体建筑，秩序井然的中轴布局成为极富中国特色的美学元素。正如梁思成所说的："如同其他艺术一样，建筑物的各部分必须在构图上取得一种均衡、安定感，取得这种均衡的最简单方法就是用对称的方法，在一根中轴线的左右完全对称。"[①]

1. 单体建筑中的对称美

中国古代单体建筑的房屋平面布局，以"间"为基本构成单位。房屋间数一般为单数，民居房屋多为三开间，以中间为轴左右对称。

作为使用最广泛的建筑形制，三开间在出土单体房屋类建筑明器中多有体现。如广西合浦西汉木椁墓中出土了面阔三间的铜屋；河南焦作市马作村出土了东汉中晚期面阔三间彩绘陶房，等等。汉代楼阁建筑类明器也多呈中轴对称之势，如潼关吊桥的陶楼阁与门房以门为轴线左右对称；汉

---

① 梁思成：《梁思成谈建筑》，当代世界出版社 2006 年版，第 376 页。

代司徒刘崎墓釉陶楼阁和釉陶水榭、韩城芝川镇釉陶楼阁等都为中轴对称建筑。唐代出土房屋模型是以单体房屋组合而成的四合院建筑，从目前出土的庭院明器中可以看到，这种由单体房屋围合的庭院，其门房、厢房、中堂、后堂皆面阔三间，左右对称。这种对称均衡的建筑形式，既有制造和使用的方便，又在一定程度上反映了中国人的中庸之道和处世哲学，给人以流畅连贯之感。

2. 居住宅院的对称美

中国古代建筑就单体来说，相对比较低矮、平淡，但它不是以单个建筑物的体状形貌，而是以整体建筑群的结构布局、制约配合而取胜。[1] 就建筑群来说，中国古代建筑结构方正、逶迤交错、气势雄浑、杂而不乱，其主要原因就在于应用了中轴对称原理。

秦汉是中国古代建筑的蓬勃发展期，庭院式建筑形式多样，包括双体式、三合式、四合式、复合式等。魏晋之后，中国古代宅院建筑基本以四合式为主。从出土建筑明器来看，汉代庭院建筑虽结构复杂，但基本格局还是以对称均衡为主。三合式、四合式庭院一般都有一个中轴线。复合式宅院则出现2—3个中轴，但是以一个主轴为主干，其他轴线以此为中心向两边延展，这种不完全对称也能达到一种均衡的效果。到了唐代，几乎所有的院落建筑都有了明显的中轴线。

依照对称均衡原则构建的宅院建筑，正房高大、配房环列、外墙封闭，这既有利于人居安全，又分区明确，给人以匀称、均衡、连贯、流畅的感受，体现一种娴静、稳重、庄严的居住环境。同时整个建筑布局也遵循长幼有序、内外有别、尊卑有定的原则，使建筑成为人伦和文化的载体。

（三）稳定流动

建筑的出现是为了给人们提供遮风避雨的场所，因此"安稳是基本的定性"。虽然建筑本身是稳定的，但建筑外观的变化却必须呈现出某种流动感，"如果一座建筑物轻巧而自由地腾空直上，大堆材料的重量就显得已经得到克服"。[2] 否则就会因牵制稳定而显得笨拙。

---

① 李泽厚：《美的历程》，天津社会科学院出版社2008年版，第103页。
② 黑格尔：《美学》第3卷上册，朱光潜译，商务印书馆1991年版，第79页。

中国古代建筑是稳定和流动的统一，其稳定性首先表现在建筑下部有台基。台基的存在不仅有隔离潮湿的实用功能，成仙升天的精神寄托，还有稳定的视觉效果。从出土建筑明器来看，秦汉时期一般建筑都有台基，为了取得稳定的效果，没有台基的楼阁下部或塑一个小院落，或塑一方水塘，视觉效果与台基相似。汉代以后，出土建筑明器一般主体建筑下建有托板，通过厚实的底部既可以对整个建筑起烘托作用，又能够使建筑显得稳定和坚固。其次建筑的稳定性还表现在屋身上。建筑明器中的房屋模型，除了圆形仓房以外，大多屋身为方体，相对于圆形等其他形状，长方体具有更大的稳定性。所以中国古代建筑正是通过台基和屋身的外在形象保证了整座建筑的稳定性。

中国古代建筑的流动性首先表现在屋顶的流线状。美学家荷迦兹提出一个著名的论点：波状线和蛇形线是最美的。中国木结构建筑凹曲的屋面，飞扬的翼角，使本应异常沉重下压的大屋顶，反而随着线条的曲折，显出向上挺举的昂扬动感。配以敦厚的屋身和阔大的台基，整个建筑安定踏实而毫无头重脚轻之感，体现出一种情理协调、舒适实用、有鲜明节奏感的效果。[①] 其次中国古代建筑的流动性还通过屋脊及其装饰来表现。秦汉时期屋脊上常常装饰有瑞鸟，展翅欲飞的形象使得建筑上部有了腾空而上的视觉效果。屋脊两端常作成向上起翘的叶状纹或者硕大的柿蒂纹，增加了左右飞扬的艺术效果。东汉以后正脊两端起翘成鸱尾，其与"反宇"的屋面构图成"S"形，增加了"如翚斯飞"的效果。如湖北襄樊三国墓出土的黄褐釉陶楼，进深31厘米、宽33厘米、通高105厘米。正脊和垂脊末端皆有叶状鸱尾（共计18个），顶部正中立有宝刹（相轮），底座镂空，近半球形，为重层覆豆状，顶立一月牙形兽。[②] 宝刹的出现说明当时襄樊地区已经有佛教流传，月牙形兽、宝刹以及叶状鸱尾的存在不仅富有宗教之意蕴，而且形成向上腾飞的艺术效果，给人以仰止之感。

（四）材料质感

建筑明器制作不同于地面建筑营造，不同历史阶段、文化区域、人群

---

① 李泽厚：《美的历程》，天津社会科学院出版社2008年版，第104页。
② 襄樊市文物考古研究所：《湖北襄樊樊城蔡越三国墓发掘简报》，《文物》2010年第9期，第8—14页。

层次使用不同的材料，而不同的材料表现出不同的质感。建筑明器的材料质感主要通过两个方面来体现，其一是材料本身；其二是材料表面的加工处理。不同材料带来的实际功用和艺术效果不同；同一材料运用不同的处理手法也会取得迥异的主观心理和视觉回应。

目前发现建筑明器的材质有陶质、石质、瓷质、三彩、金属质、竹木质、纸质、泥质等。建筑明器多以陶质为主，陶土从石器时代起就是中国人热衷使用的造型材料，这与陶土造价低廉、可塑性强、易于制作，又可根据添加料的不同形成风格各异的造型等材料特性有关。陶质明器包括灰陶、红陶、釉陶等不同的形式，给人以实在、安稳的心理感受。砖瓦质建筑明器主要出现在魏晋南北朝时期，社会动荡使得人们既有沿袭传统的心理，又要受到社会现实的制约，因此以简单的砖瓦雕刻代替专门的制作，给人以急就章式的制作概念。釉陶出现在西汉后期，它的光洁度和色彩远远超出其他陶质，令人有耳目一新的清新亮丽感。

石质建筑明器一般用来制作体型较小的灶类或者外观简单的陶屋，如广州北郊横枝岗出土的干阑式石仓（图3.34）、陕北绥德四十里铺出土的石灶等。石质表面处理有打磨光洁的，也有处理为刻划线纹或保留材质肌理的。与陶质相比较，石质感觉更敦厚、坚固，但是没有了陶质的温馨。

金、银、铜、锡等金属质地的建筑明器，一般用在小型器物的制作上，如1966年西安北郊长安城遗址出土的西汉金灶。长3厘米、宽1.7厘米、高1.2厘米，灶体近椭圆形，灶面上有一釜，釜内盛满粟米，粒粒可见，釜前的两侧原镶两颗绿松石，现仅存留嵌痕，后面的柱形烟囱以金丝"盘筑"而成，烟囱两侧也有两个嵌痕；金灶正侧面为拱形，其上保留一颗绿松石，下面是方形灶口，用金丝和金珠组成流云纹。底面有"日利"两个篆字（图版24）①。这些金属质地的建筑明器通常出土于较高等级的、或特殊人物

图 3.34
广州北郊横枝岗出土干阑式石仓

---

① 西安博物院：《西安博物院》，世界图书出版公司2007年版，第171页。

图 3.35　广州西村皇帝岗出土干阑式木仓

的墓葬之中，以材质体现了身份的差异。

木质建筑明器在汉代、宋元等时期有较多的发现。如广州西村皇帝岗出土汉代干阑式木仓，仓前有回廊，栏杆用木板隔挡；屋顶为木板铺设，顶上有支摘天窗。仓体木纹纹理清晰（图 3.35）。① 甘肃漳县元代墓葬出土木屋，面阔七间，歇山顶，屋顶以墨线绘出宽条瓦楞。角脊头端作云头形。四周共有斗拱 28 朵：正、背面各 11 朵，四角有转角铺作各一，两山各有一朵。两扇门安在墙里，正、背屋门均做悬牙雕刻，正面当心间做壶门，上各绘二站立侍女。② 木质明器一般都保留了木纹肌理，给人以温暖之意。

不同时期出土的建筑明器运用不同的质料，反映了不同时段工艺发展的特殊性，它们带给人们或亮丽、或清新等不同的感官效应。唐代即有纸质明器使用的文献记载，宋以后较多，但因纸质明器一般为焚烧祭奠，所以墓葬内部发现很少。但从有些墓葬出土器物的状况来分析，其原应有纸质部分。如西安金滹沱出土明代房屋，没有屋顶，从出土时的遗迹来看，当时应该有纸质的或者木质的屋顶。这种纸质的建筑明器因纸张颜色可选范围大，制作更为便捷、视觉效果更为丰富等原因，现在已成为祭祀活动中最常使用的材质。

四　仿生象物：意匠之美

仿生象物是中国传统文化的特色之一。《易·系辞下》云："古者包牺氏之王天下也，仰则观象于天，俯则观法于地，观鸟兽之文，与地之宜。近取诸身，远取诸物，于是始作八卦，以通神明之德，以类万物之

---

①　广州市文物管理委员会、广州博物馆：《广州汉墓》，文物出版社 1981 年版，第 59 页。
②　甘肃省博物馆、漳县文化馆：《甘肃漳县元代汪世显家族墓葬》，《文物》1982 年第 2 期，第 1 页。

情。"仿生象物渊源于中国古代的生命崇拜，上古华夏族群的图腾崇拜主要有东夷族的龙崇拜、西羌族的虎崇拜、少昊族和南蛮族的鸟崇拜、北方夏民族的蛇崇拜等，从而产生东方苍龙、西方白虎、南方朱雀、北方玄武这四象的概念。[①] 建筑明器上有许多动物造型，可能都与图腾崇拜或者由其演变的趋吉避凶的圣灵有关，如罗振玉收藏的陶灶，四壁上模印有四灵图案，前后壁为玄武、朱雀；两侧为青龙、白虎，且与人物共同构图；灶面模印有两条大鱼（图3.36）。[②]

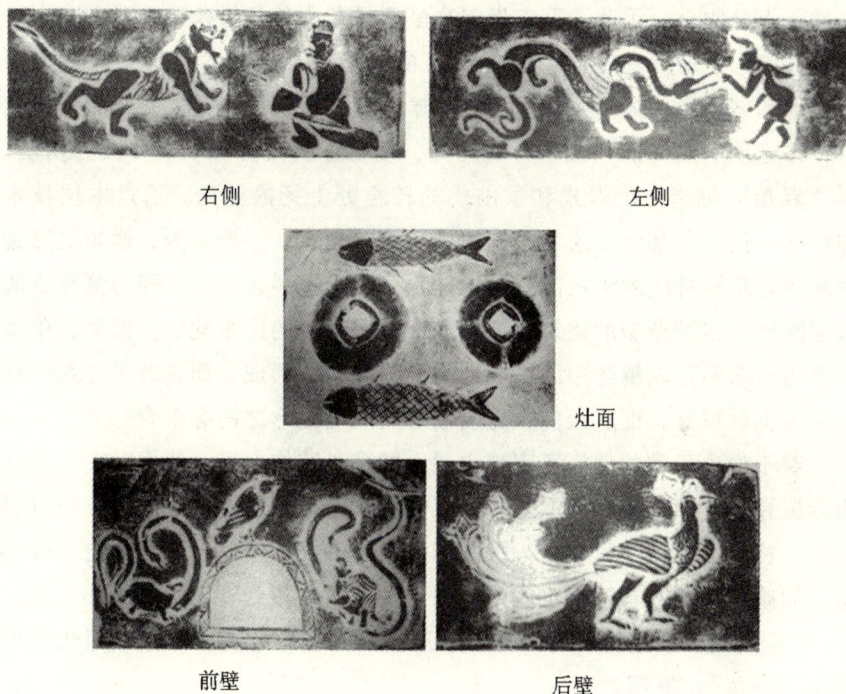

右侧　　　　　　左侧

灶面

前壁　　　　　　后壁

图3.36　陶灶上的四灵造型

（一）凤鸟

《说文》曰"凤，神鸟也"，凤鸟也称朱雀、瑞鸟、凤凰。郭璞注

---

① 陈久金：《华夏族群的图腾崇拜与四象概念的形成》，《自然科学史研究》1992年第1期，第16页。

② 费鸣：《古明器鉴赏图录》，国际文化出版公司1985年版，第75—85页。

《尔雅·释鸟》中凤凰的特征为："鸡头、燕颔、蛇颈、龟背、鱼尾、五彩色、高六尺许。"凤鸟造型在建筑明器中主要出现在楼阁建筑的屋面及陶灶的侧面。陶灶上的凤鸟纹饰主要表达了四神概念，而房屋类建筑上的凤鸟造型则含义多样。

中国古代以鸟之形象比喻建筑造型由来已久。《诗经·小雅·斯干》中描写建筑"如跂斯翼，如矢斯棘，如鸟斯革，如翚斯飞"。把建筑的外观形容为两翼张开站立的大鸟，建筑边线如同飞矢划出流畅犀利的线条，装饰华丽的建筑如同羽毛绚丽的大鸟展开五彩羽翅。这种描述与文献中凤鸟形象十分吻合，因此，可以肯定这是用凤鸟之势比拟建筑之形。

人们为了取得建筑"如翚斯飞"的视觉效果，在实践中逐渐摸索出融技术和艺术为一体的凹曲屋面和飞檐翼角。所谓飞檐是在建筑的檐椽之上，再施用一层叫作"飞子"的构件，使得屋檐处的椽子实际成为两层。而"翼角"则指在庑殿式和歇山式的转角处上扬的屋角，通过木构技术的处理，使这一部分形象与张扬的鸟翅十分相似。一般认为，檐角飞翘是为满足建筑物排泄雨水之需要。但是，从出土资料来看，在降雨量较少的黄河流域，这种造型的建筑明器远多于雨水较多的广东地区，因此，单纯的实用需求不足以解释中国古典建筑飞檐翘角的形成，而是对于建筑外观仿生鸟类的偏好，促成人们在建筑之形与凤鸟之形之间寻求合二为一。

对于仿生鸟类的偏好还表现为屋面的瑞鸟装饰。春秋战国时期，建筑明器屋脊上已出现凤鸟造型，如浙江省绍兴市坡塘战国墓葬中出土的铜屋模型，柱顶上就卧一只大鸟。战国秦墓出土的陶囷上也发现有大量凤鸟造型。如咸阳任家嘴秦墓出土陶囷，圆攒尖顶，尖顶上有两个小斜孔，立一鸟。① 铜川枣庙秦墓出土陶囷，伞形顶，表面有八道直棱，中填绳纹，顶端立一小鸟②，等等。

到了汉代，许多楼阁式建筑明器屋顶正脊中部常有瑞鸟装饰。正脊形制不同，鸟的造型也各异。从出土建筑明器来看，汉代屋脊上的凤鸟造型主要有三种：其一，正脊没有起翘，凤鸟装饰造型为长颈、昂头、卧立状。如河南焦作市马作村出土五层彩绘陶仓楼、五层连阁彩绘陶仓楼等屋

① 咸阳市博物馆：《咸阳任家嘴殉人秦墓清理简报》，《考古与文物》1986 年第 6 期，第 22 页。

② 陕西省考古研究所：《陕西铜川枣庙秦墓发掘简报》，《考古与文物》1986 年第 2 期，第 7 页。

脊上的凤鸟。其二，脊端翘起，凤鸟被塑成展翅欲飞状，与弯曲的脊端呼应，达到腾飞的视觉效果。这类造型数量最多，如东汉司徒刘崎及其家族墓出土绿釉陶楼，四层上有四阿式屋顶，飞檐上有四鸟向四方眺望，屋脊正中塑有凤鸟，展翅欲飞，十分生动。其三，垂脊上的鸟雀较小，鸟头向内，似有百鸟朝凤的寓意。如河南三门峡市刘家渠出土的三层釉陶水榭；灵宝县张湾3号墓出土的三层釉陶水榭；陕县出土的五层釉陶望楼等。

汉代以凤鸟为脊饰曾风行一时，从文献中也可以得到印证。"建章宫……铸铜凤高五尺，饰黄金，栖屋下，下有转枢，向风若翔。"[①] "上起神屋，甍附作金凤，轩翥若飞，口衔流苏，长十丈余。"[②] "长安灵台，上有向风铜鸟，千里凤至，此鸟乃动。"[③] "长安城西有双阙，上有双铜雀，一鸣五谷成，再鸣五谷熟。"[④] 东汉建安十五年（210），曹操在邺西建三台，其中铜雀台"于屋上起五层楼，高十五丈，去地二十七丈，又作铜雀于楼巅，舒翼若飞"[⑤]。东汉王延寿在《鲁灵光殿赋》中描述当时建筑装饰时用"朱鸟舒翼"来形容，"朱鸟"即朱雀。

汉代以朱雀等鸟雀作为瑞鸟，沿袭的是上古以来人们所认同的鸟类自由翱翔于天地之间，拥有沟通天地之神力。同时鸟类卵生现象，在古人看来十分神奇，所以才会有《诗经·商颂·玄鸟》中记载的"天命玄鸟，降而生商"等神异发生。汉代盛行以凤鸟作为屋脊装饰的原因有多方面：

第一，具有吉祥镇邪的作用。《礼记·曲礼上》："行前朱雀而后玄武，左青龙而右白虎。"作为神鸟，朱雀代表前方和南方，把它塑造在坐北面南的屋顶之上，除象征吉祥的寓意之外，还具有驱魔避鬼、保护建筑的作用。从出土汉代陶楼上瑞鸟的整体造型来看，这些瑞鸟都有冠，外观十分像鸡，故也有人把其称为凤凰。在汉代人的心目中，凤凰作为一种神鸟，是百鸟之长，把它作为屋顶装饰，也应该有吉祥镇邪的作用。

第二，是太阳的象征。凤鸟与太阳有关，其本身就是太阳的象征，在

① （东汉）班固：《汉书》。
② （宋）李昉等：《太平御览》卷一八七。
③ （六朝）《三辅黄图》引《述征记》。
④ （六朝）《三辅黄图》卷二，汉宫条。
⑤ （晋）郦道元：《水经注》。

汉代，艺术家们在图解太阳时，常在其中间画一只凤鸟，或者直接用凤鸟代替太阳。

第三，楚人的原始崇拜。汉高祖刘邦乃楚人，楚人是祝融的后裔，《白虎通义·五行篇》中说南方之神祝融"其精为鸟，离为鸾"，鸾即凤。刘邦成为汉王之后，楚人崇火尊凤尚赤的文化使汉代凤类脊饰流行一时。①

第四，神仙的使者。古人把凤视为神仙的使者②，《国语·周语上》记载："周之兴也，鸑鷟（凤的别称）鸣于岐山。"《楚辞·惜誓》王逸注曰："朱雀神鸟，为我先导。"秦汉时期多有乘龙和凤升仙的图画，表达的是随意升降于天地之间的自由之态，如洛阳卜千秋壁画墓的《墓主夫妇升仙图》中就绘有以朱雀等瑞灵之物导引升仙的图景。在建筑上安置凤鸟的做法，使人处于凤的保护之下，把整座建筑之形与凤鸟之状联系起来，不仅给房子以特殊的神圣意义，并且使居住在建筑中的人与凤合二为一，可以使这种特殊建筑的所有者与成仙建立某种特殊的关系。

（二）飞龙

龙是中华民族创造的复合图腾。最早的龙造型可以追溯到辽宁阜新查海发现的两处8000年前的龙图案，河南濮阳西水坡遗址中也发现了距今约6000年前用蚌壳摆成的龙虎图案。先秦乃至秦汉时期，龙成为阴阳思想承托的载体，亦如《管子·水地》所说："龙……欲上则凌于云气，欲下则入于深泉"。

从考古和文献资料来看，龙饰用于建筑之中最早可以追溯到秦汉，然而在汉代及其以前，龙纹饰还未为皇帝所专用，一般贵族也可用龙纹装饰房屋居室。如东汉大将军梁冀"作阴阳殿……刻镂为青龙白虎，画以丹青云气"。③ 从出土建筑明器来看，汉代龙纹饰出现在仓、灶等建筑明器上。陶仓上的龙造型一般出现在仓盖上，常与龟、鱼、鸟等组成复合图案，如西北医疗设备厂出土陶仓（M107：1），仓盖为钵形，有子母口，

① 吴庆洲：《建筑哲理、意匠与文化》，中国建筑工业出版社2005年版，第216—218页。
② 郭沫若注释卜辞云"于帝史凤，二犬"时说："卜辞以凤为风……此言于帝史凤者，盖视凤为天使，而祀之以二犬。荀子《解惑篇》引诗曰：'有凤有凰，乐帝之心。'盖言凤凰在帝之左右。"
③ （南朝·宋）范晔：《后汉书》卷20。

顶上浅浮雕龙虎等纹饰。① 西安市方新村开发公司汉墓群出土陶仓，仓盖中心一龟伸颈爬行，外两鱼追逐嬉戏，再外两龙首尾相接，间饰飞禽、走兽图案（图3.37）。② 陕西省交通学校3号汉墓出土陶仓，仓盖正中有一鸟，两侧各有一条鱼，再外侧为两条首尾相接的螭龙（图3.38）。③ 这些仓盖上的龙造型首尾相接、飞走灵动、矫健神勇，反映了生生不息，昂扬奋发的时代艺术特征。

图3.37 西安市方新村开发公司汉墓出土陶仓盖　图3.38 陕西省交通学校3号汉墓出土陶仓盖

汉代陶灶上的龙纹饰一般为四神组合图案，但也有例外，如广州东山象栏冈第2号木椁墓出土长方形灶一个，长28.8厘米、高18厘米，券形火门，龙首形烟囱。灶面上有甑釜。右壁刻画游龙四条，中间为一只奔跑的野兽，兽尾系着一个环状物；左壁刻划浅杂乱线条，灶门左边刻划一动物（图3.39）。④

由汉至唐宋元，龙逐渐成为帝王的象征，龙纹的使用逐渐受到皇家的限制，但仍未被皇家所专用。到了明清，龙纹成为皇权的代表，以龙为饰也只有在皇室建筑或特殊建筑上可以使用。明代龙纹饰在皇家建筑中大量使用，不仅表现在地面建筑之中，也体现在建筑明器上。从西安金滹沱明秦王墓出土陶房屋来看，龙纹饰主要用在屋脊和彩画装饰上。Ⅰ式房屋装

① 西安市考古研究所：《西安龙首原汉墓》，西北大学出版社1999年版，第172页。
② 西安市考古研究所：《长安汉墓》，陕西人民出版社2004年版，第116页。
③ 西安市考古研究所：《长安汉墓》，陕西人民出版社2004年版，第535页。
④ 广州市文物管理委员会：《广州东山象栏冈第二号木椁墓清理简报》，《文物》1958年第4期，第58页。

饰中三个地方出现龙纹饰：其一是在斗拱之间红色壁面上用白彩描绘有带翼升龙图案；其二是阑额正面枋心底色之上以墨线勾描出白色二龙图形；其三是门框内牙板上白色彩绘带翼二龙戏珠图案，龙周围绘云纹。Ⅱ式陶房屋正脊为龙吻，大口紧咬正脊、两眼圆瞪、龙尾卷起，吻背有孔，原应插有物；垂脊兽鬃毛飘起，双唇紧闭、凝视前方。长安县博物馆藏明秦王墓陶房屋形制与金滹沱大致相同，只不过在门框内牙板之上绘龙穿牡丹图案，相比而言，龙形显得比较庞大、臃肿。

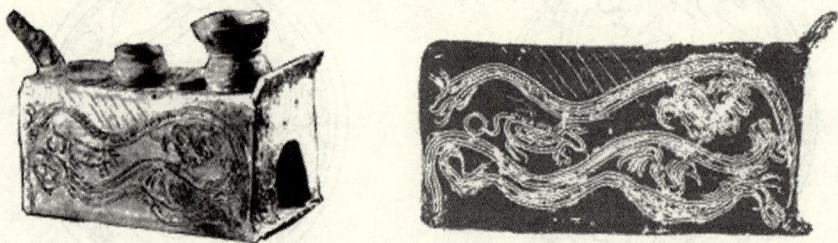

图3.39　广州东山象栏岗出土陶灶

（三）熊

熊是上古瑞兽，《穆天子传》中曰："春山百兽所聚，爰有熊罴，瑞兽也。"从新石器时代起，熊就成为中华民族崇拜的对象，这种现象也延伸至艺术创作之中，民间谚语"老鹰俯冲，狗熊人立"就包含着华夏民族仿生学的智慧。从红山文化、仰韶文化、马家窑文化等出土的熊形雕塑、装饰艺术品，到殷墟妇好墓出土的玉熊雕像，一直到清代乃至当代的艺术品都表明，在人类眼中，直立的熊和人之间有着其他动物所不具有的相似点。叶舒宪通过出土文物和文献研究得出结论：后世所使用的英雄、枭雄等词语应该是上古开始就流传的关于熊的各类造型中鹰熊、鸮熊形象认知的延续[1]，是有一定道理的。

在中国传统文化中，熊首先是男子之祥、威武之形的力量象征。传说大禹化熊通山、涂山氏受惊化石、石破启生。《史记·五帝本纪》曰："（黄帝）教熊、罴、貔、貅、貙、虎，与炎帝战于阪泉之野。"由于熊是帝师之兆，男子之祥，也是威武的象征，所以汉代公卿、列侯出行都乘坐

---

① 转引自叶舒宪《鹰熊、鸮熊与天熊》，《民族艺术》2010年第1期，第91—100页。

有熊饰的车子。斗熊成为当时一种勇士的游戏，成为彰显男子力量与勇敢的运动，霍去病墓前人熊相搏石刻应是这种场景的真实再现。其次，熊是辟邪驱魔、生命转化、永恒神性的吉祥象征。[①]《后汉书·礼仪志中》记载："方相氏黄金四目，蒙熊皮，玄衣朱裳，执戈扬盾，十二兽有衣毛角；中黄门行之，冗从仆射将之，以逐恶鬼于禁中。"《太平御览》（卷九八〇）引《抱朴子》云："熊寿五百岁，五百岁则熊化。"再次，熊是图腾崇拜的对象。[②] 我国北方一些少数民族非常崇拜熊，认为熊是非常神圣的动物，带有图腾崇拜的某种遗迹。

在中国传统文化中，熊不仅是"祥瑞"、"力量"的象征，而且更多地与生命再生相关联，被赋予了"永生"的意蕴。这种象征性意蕴满足了丧葬文化中人们渴望生者与死者生命旺盛以及在彼岸世界永生的愿望，所以常出现在汉代随葬器物中。汉代以后，熊作为"瑞兽"的形象逐渐弱化，熊造型器物减少。

建筑明器上熊造型主要出现在两个地方，其一是仓体上浮雕的熊造型。一般位于仓体下部，如西北医疗设备厂陶仓上的熊浮雕；富县黄釉陶仓上的熊浮雕，等等。这类造型出现较少，应当表现了熊的祥瑞和永生之意。其二是仓（房）下的熊形足造型。这类熊造型一般前蹄高举上托仓（房）体，下腹做用力支撑状，这样就把动物形象人格化，如咸阳市文物考古所藏陶仓足上的熊造型；西安理工大学壁画墓出土陶仓足上的熊造型（图 3.40）。其三是楼阁上的熊立柱或其他装饰造型。湖北襄樊三国墓出土黄褐釉陶楼从下到上共有熊造型 9 个，分别为：门楼廊柱下熊形柱础 2 个；门楼大门右侧前墙花窗下有熊造型 1 个；楼阁一层上有熊造型 4 个，托起平座，平座上承第二层楼阁；楼阁顶部镂刻有母子熊斗虎造型。[③] 宁夏吴忠关马湖汉墓出土三层灰陶楼（标本 M17：1），三层楼面布局各不相同。第一层刻划门的两边各有一熊形角神支撑；第三层被熊形角神支撑的三架斗拱隔为两间，每间各有一扇长方形

① 李立：《汉墓神话研究》，上海古籍出版社 2004 年版，第 119 页。

② 叶舒宪依据红山文化考古研究成果认为，熊图腾是龙图腾的起源（参见叶舒宪《熊图腾》，上海锦绣文章出版社 2007 年版）。刘庆柱认为熊图腾学说在当前的考古体系中尚缺乏实证，甚至图腾崇拜学说本身也是舶来品（《中国学者新理论称龙的形象来源于熊》，《新京报》2006 年 8 月 14 日）。

③ 襄樊市文物考古研究所：《湖北襄樊樊城蔡越三国墓发掘简报》，《文物》2010 年第 9 期，第 8—14 页。

棂窗①，熊应是力量的化身。此外，在陕西省博物馆藏晋代釉陶楼阁上也出现熊立柱造型，等等。

熊的瑞祥形象一般通过外在视觉展示出来，因此对熊造型研究和探讨的关键是对这一艺术形象进行个性分析。建筑明器上熊的艺术形象具有两个方面的特性：其一，"熊"构图的最大特点，不是突出大型动物所表现的凶猛之象，而是温良憨呆、丰满浑厚、活泼可爱；其二是线条圆润、形体肥大，洋溢旺盛的生命情感。比如熊形足，腹部厚实、饱满，上肢肩臂粗壮、强劲，显示了无穷的力量。这种造型与汉画像石、壁画等中的熊造型的视觉艺术有相似之处，均表现出壮健、肥硕、蓬勃等构图特点。

咸阳文物考古所藏陶仓立足　　　　　　西安理工大学壁画墓熊立足

图 3.40　陶仓下的熊立足

五　器以藏礼：意蕴之美

意境是中国古典美学的一个主要范畴，其"不停留于个别审美意象的局部的、浅显的、感性的深度，具有深邃的艺术底蕴"②。作为一种审美对象，建筑之美不仅包括建筑本身的外在美感，而且包含建筑间接地、抽象地表达或投射出的某种意蕴，即建筑意。梁思成、林徽因早在1932

---

① 宁夏博物馆关马湖汉墓发掘组：《宁夏吴忠县关马湖汉墓》，《考古与文物》1984年第4期，第28页。

② 侯幼彬：《中国建筑美学》，黑龙江科学技术出版社1997年版，第261页。

年就已经认识到了建筑的表"意"效能,他俩在《平郊建筑杂录》中说:
"这些美的存在,在建筑审美者的眼里,都能引起特异的感觉,在'诗意'和'画意'之外,还使他感到一种'建筑意'的愉快。……他们所给的'意'的确是'诗'与'画'的。但是建筑师要郑重声明,那里面还有超出这'诗'、'画'以外的意的存在。"① 作为地面建筑的替代物,建筑明器包含有建筑的元素,必然蕴含这种"建筑意";作为随葬用品,建筑明器不仅是"形下"之物,还属于中国古代丧葬文化的话语系统,具有更多的象征意义。

(一)时代烙印的体现

任何艺术形式,在人类文明进程中都留有时代的烙印。从先民的陶屋模型中我们能够发现原始艺术的萌芽,推测出先民们简约的生活方式,甚至想象出在漆黑的长夜里,圆屋内那一盆篝火……

先秦之前,礼乐文化占据社会文化主流,所以随葬品以代表社会地位的礼器为主,地位较低的士大夫们由于经济原因,只能用陶制礼器代替青铜礼器。秦起源于西部小邦,务实是其最基本的思想理念,这种理念不仅表现在典章制度中,也体现在丧葬文化里。从秦开始,随葬物品开始由礼器向生活用器转变,出现了仓和灶的组合建筑明器。仓的出现解决了逝者在另一世界的吃饭问题,而灶则将粮食变为实实在在的一日三餐。早期的仓为圆形小仓,后来慢慢演变为方形房仓,储藏量明显增加。

西汉初年,由于休养生息政策的贯彻,生产很大程度得到复苏。到汉武帝时期,国力达到鼎盛,由此给人们带来了安居乐业、富足生活。表现在丧葬文化上就是随葬品世俗化的进一步增强,除了秦代出现的仓、灶组合普及到更大地区之外,生活必需品中的水井也加入到随葬行列。现实的惬意使得人们期望自己能够更为长久地活着,因此,追求长生、升仙不死成为社会风尚,这种文化心态反映在随葬品艺术风格上,就形成了一种质朴深沉、"崇实尚趣"的审美取向。人们将更多反映现实美好生活的物品带到了黄泉世界,屋院、田地、奴仆、交通工具……所有日常生活中与人有关的器用和场景都以器物、绘画等形式表现出来。

东汉时期,建筑明器不仅包括居住类,以及仓、灶等附属类,而且增

① 梁思成:《梁思成文集》(一),中国建筑工业出版社 1982 年版,第 343 页。

加了台榭、百戏楼等娱乐建筑。这些建筑明器的大量出现表明这一时期审美文化主旨已经从关注精神的、人伦的和神秘色彩的外部世界，逐渐转入关注当下的、日常的、实在的、凡俗的现实世界。这一时期，建筑明器上的装饰也表明当时审美文化已经从宏伟雄大、深沉凝重之美向刚健俊逸、生意灵动之美转变，多了些亲切、自由的韵味，透露出优美的端倪。东汉中后期，由于外戚专权、宦官乱政、官僚党争，社会矛盾空前尖锐，建筑明器也随之增加了坞堡这种防御性更强的建筑形式。

魏晋南北朝时期，社会动荡、经济萧条，国家长期处于分裂状态，而且北方多为游牧民族政权，生活方式和风俗习惯与汉族不同，加之当时流行薄葬，风靡一时的建筑明器种类逐渐减少，制作工艺也日趋粗糙。但是，在有的地方尤其是南方地区也出现了一些精美的建筑明器，这也说明中华文化的绵绵瓜瓞。

隋唐时期，社会经济再次重振，中国古代建筑基本定型，随葬品上出现了清新亮丽的三彩器物，表现在建筑明器上就是三彩四合院的出土。从西安中堡村出土三彩院落来看，唐建筑群布局开朗，院落空间变化丰富，房屋造型饱满浑厚、遒劲雄放，木构件条理明晰，装饰端丽大方而不纤巧，完全摆脱了汉以来线条方直、端严雄强的古风，进入新的境界。西安灵沼出土的三彩院落，人物俑和建筑做成基本等高的比例尺度，可能是为了实现拉大院落摆放尺寸，从而在视觉上形成近大远小的概念，以表现院落面积之大。

到了五代，随着纸质明器的广泛使用，以及墓室建筑的变化，建筑明器使用逐渐减少，只是在一些中大型墓葬中零星出现。但是作为一种社会丧葬制度，建筑明器并没有退出历史舞台，而是被作为礼制传承下来。例如，目前发现的明代建筑明器基本上都出土于中级以上官吏墓葬之中，形制、规格基本一致，与文献记载明代明器使用制度相契合，明器上反映出的建筑技术和艺术也基本符合明代建筑的特色。

(二) 建筑内外的和谐

生老病死是人类面临的永恒问题，不同民族不同时期对此有着不同的思考，由此体现着不同的民族性和时代性，但其中也有着某种不变的人文情愫。具体到建筑明器，从新时期时代的房屋模型到明代的宽宅大院，虽然时代不同，品类不同，制作材质和装饰手法不同，但相同的是人们附着于其上的思想内涵和人文寄托，表现为建筑内外的和谐。建筑明器既是随葬给逝者在黄泉下使用的器物，也是生者内心对于美好生活的期盼，承载着生命轮回不止、美好生活生生不息的愿望，寄托着自己对自然、生命、社会、家庭的思考。

1. 建筑与人的和谐

《黄帝宅经》曰："宅者，人之本。人因宅而立，宅因人得存。人宅相扶，感通天地。"所以人是建筑的内核，建筑是人的建筑。这种人本原则体现在建筑空间布局上就是一切要以人为中心，围绕人的活动展开，符合人的舒适度。比如房屋建造的位置、台基的高度、墙体的砌造、每一间房子的位置，等等，都要经过深思熟虑的规划。人们首先考虑将自身与周围环境安排妥当，之后考虑在建筑之内构建一种非常和谐的人伦关系，进而希望按照自己的意志来安排这个世界。中国建筑最大的审美感受乃是对象世界与主体心灵之间达到的一种默契，正所谓"借彼事物，抒我心胸"，由强调技术、艺术与意识形态的统一性，获得心灵的自由、精神的放松、自然的和谐，进而达到无我、无私、无欲的物我同一境界。

人之所以需要建筑是为了使身体和灵魂安顿下来，正如德国著名哲学家海德格尔所说："建筑的本质是使人安居下来"，美国学者哈里斯进一步说："不只是身体，灵魂也需要一个栖息地"①。如果说建筑是身体的居所，世俗建筑使人们生活安居下来，那么在中国文化史上，灵魂安顿也是人们努力寻求的永恒主题。人活着时寻求灵魂安顿的"精神家园"可以是佛教寺庙，死后灵魂的安顿则是墓室建筑，以及墓内随葬的建筑明器。世俗建筑以一种物化的形态演绎着建筑的文化性格，也以现实的心情实践着人生居住的梦想；墓室建筑和建筑明器则超越现世的生活处境，将生与死、灵与肉联系起来，架设起一道由此岸到彼岸的灵魂通道，并赋予它宗教般虔诚的精神安慰，这一切不仅从物质层面书写了建筑与装饰的文化品格，也从精神层面架通了放飞灵魂的生命通道。

2. 建筑与自然的和谐

中国古代建筑不仅要对风土人文和生活方式作出回应，更要对自然条件和气候地形作出适应；不仅是"宜人"的，而且是"和自然"的。这

---

① 秦红岭：《建筑的伦理意蕴——建筑伦理学引论》，中国建筑工业出版社 2006 年版，第 1 页。

种空间环境观，看重的是人、建筑、自然三者的和谐统一，无论是建筑布局还是建筑本身构成，都与自然和人是统一存在的。这种三位一体的宇宙观，始终贯彻着"人为万物之灵"的人本意识，追求着人间现实的生活理想和艺术情趣；且通过建筑与自然，房屋与庭院，室内与室外的有机结合，表现出人和天地自然的无比亲近，达到"我以天地为栋宇"的融合境界。①

建筑明器不同于地面建筑，可以在三维立体中表现建筑与环境的关系。但是人们在塑造建筑明器时通过一些艺术符号的使用，达到表现建筑同环境与人和谐相处的关系。建筑明器中仓房及楼阁上出现的树木造型，既是人们对未来生活的希冀，也是现实空间布局的平面化，展示的是一个树木葱茏的场景；建筑明器中出现的建筑布局、生活设施、人和动物造型，反映的是人对居所环境的选择，展现的是一个生生不息的生活状态；有的院落模型旁边还有田园、水井以及运输的小船等，反映了当时庄园经济的特色。在建筑明器中，还出现后世园林式建筑的雏形，汉代大量水榭的出现说明了当时人们对于自然环境的欣赏，唐代宅院中假山、凉亭的建造则说明史书中记载的"山池"宅邸的真实性。

3. 建筑与社会的和谐

建筑与社会的和谐不是通过建筑直观地表现出来，而是通过人来完成，通过礼制来表现。在中国古代文献记载中，一般把"宫室"和"车骑"、"衣服"、"礼仪"相归属，关于建筑形制的讨论都记载在"礼制"中，成为国家典章制度的基本组成部分。例如周代的建筑等级制度是国家的根本制度之一，它对建筑的类型、营造物的尺寸、建筑的数量、建筑的色彩等，都有严格的限制。虽然战国时期"礼崩乐坏"，但是建筑等级制度却没有废弃，而是从礼制向亦礼亦法的形态转化。唐代"宫室之制"自天子至庶人各有等级，但与商代的"礼不下庶人"有很大不同。《新唐书·志第十四·车服》记载："王公之居，不施重拱、藻井。三品堂五间九架，门三间五架；五品堂五间七架，门三间两架；六品、七品堂三间五架，庶人四架，而门皆一间两架。常参官施悬鱼，对凤，瓦兽，通栿，乳梁。"

中国古代礼制思想在丧葬文化中表现为身份不同、级别不同，则随葬

---

① 汪正章:《建筑美学》，东方出版社1991年版，第151—152页。

物品组合和数量不同。以建筑明器为例，不同等级墓葬中出土建筑明器的数量、品类、材质、体量、装饰程度等是不同的。汉代虽然是建筑明器的蓬勃期，但在较小级别墓葬中只能看到陶仓、陶灶、陶井的组合，而中型墓葬中则增加了陶屋、陶圈厕等组合，到了中大型墓葬就可看到高等级的庭院组合、水榭、百戏楼等。西安中堡村出土唐代三彩住宅模型的样式，应是唐代京城内官宦人家宅第的基本布局。从大门三间来看应是五品以上官员的规格；从附有二座亭子和山池看，还可能更高一些；但正堂只三间，又作悬山顶，规格稍低。当时礼制规定，低级别者不许冒用高等级规格，而高等级别者则可以使用低的规格，因此从亭子、山池和三间大门看，它应该是当时较高级别宅邸的模型。明代建筑明器目前发现相对较少，但从现有出土资料来看，大多出土于五品以上官员墓葬之中，其他墓葬中基本不见，这应该是社会礼制的约束。

（三）象征意义的蕴含

一切民族的建筑文化，其精神意义往往在于象征。卡斯滕·哈里斯在论述古代建筑之所以伟大时说：古代建筑拥有一整套象征系统，他们随时从中取舍，无须临时拼凑。[①] 中国古代建筑不仅是一种人居环境，而且内含着丰富而深邃的精神意蕴，其精神因素沉积在物质载体之中。作为随葬物品，建筑明器不仅包含"建筑意"，而且其本身就是象征的标志，它以象形、比喻等方式表达着人们对死亡、来生、社会、伦理等问题的理解和诠释。通过对这一丧葬文化现象进行透视，人们可以发现更为丰富、深邃的象征意蕴。

1. 数的象征

数的艺术审美化就是中国古代建筑文化数的象征，它蕴含着一定建筑文化和数的关系，是对"建筑意"的暗示。中国古代关于"数"的概念，源于阴阳学说。《周易·系辞下》："阳卦奇、阴卦偶。"奇为单，偶为双；奇表阳，偶表阴。中国古人喜阳恶阴，故房屋的开间常为一、三、五、七、九间，极少用偶数。修造阁楼或佛塔，其层数也以单数居多，以寓属阳。成书于明代的《鲁班经》云："台阶的步数宜单不宜双，唯一步、三步、五步、七步、十一步吉，余凶。"故宫殿、庙宇的室内外踏步多为单

---

① 卡斯滕·哈里斯：《建筑的伦理功能》，华夏出版社 2001 年版，第 132 页。

数。作为摹仿地面建筑的建筑明器，虽然只是替代的象征物，但是对于建筑的开间多少、面阔、台基等建造细部问题，基本也都做到了不随便处理，而是按照实际建筑的标准模拟制作，体现了对传统思想文化的尊重和敬畏。

2. 音的象征

通过谐音手段构成象征，以取得吉祥之寓意，也是中国传统文化的重要组成部分。

（1）鹿谐音禄

在中国古代，鹿是吉祥动物，有关鹿的图案常常出现在青铜器、漆器、玉器、瓷器、铜镜、画像砖（石）、瓦当等上面。这些图案造型，有的是将鹿形作为艺术品来装饰，反映了热爱生活的艺术美感；有的是将鹿作为猎物和家畜来刻画，反映了古代狩猎生活和畜牧生产的画面；有的是将鹿作为祥瑞之物来装饰，反映了人们对吉祥、幸福的追求；有的是将鹿作为神灵之物来描绘，反映了人们对神灵的敬仰并祈求保佑；有的是把鹿作为人们求神访仙的"脚力"，李白就有"且放白鹿青崖间，须行即骑访名山"的诗句；有的是将鹿作为本氏族的图腾来用，祈求鹿给予庇护，以纪念和炫耀本族的武功煊赫，等等。

汉代以青鹿、白虎为辟邪之瑞兽："白虎、青鹿，辟非辟邪之怪兽"[1]。青鹿、大鹿皆为"天鹿"，"天鹿"也为"天禄"，为鹿型瑞兽。以天鹿作为驱鬼辟邪的瑞兽来自楚文化，后为秦汉所继承，汉代天鹿和麒麟成为宫廷之瑞兽。东汉时期，墓前已出现有石天鹿的雕刻。据《水经注·沔水》记载："其南有蔡瑁冢，冢前刻石，为大鹿状，甚大，头高就尺，制作甚工。"

作为瑞兽的天鹿造型在建筑明器中一般出现在陶仓上，如仓体上的鹿头浮雕、鹿身线雕等图案，做工精细、工艺精湛，应该是把鹿作为祥瑞之兽，引导墓主升仙之意。

（2）龟谐音贵

龟是动物中寿命最长的，也是"四灵"之一。刘向《说苑·辨物》云："灵龟文五色，似玉似金，背阴向阳，上隆象天，下平法地……千岁之化，下气上通，能知凶吉存亡之变。"人们不仅把龟当成尊贵、安闲、

---

① 刘宝楠录：《汉石例》卷三，大飨碑文，商务印书馆 1937 年版。

健康长寿的象征，还认为它具有预知未来的灵性。人们称龟为"神龟"、"灵龟"，"龟一千年生毛，寿五千岁，谓之神龟。寿万年曰灵龟"①。神龟在中国曾经受到过极大的尊敬，在古代帝王的皇宫、宅院和陵墓里，都有石雕或铜铸的神龟，用来象征国运久远。用龟形做器物之寓意也很明显，即表达古人渴望长寿、长久的美好愿望。

　　建筑明器中的龟造型多出现在仓和灶之上，蕴含着人们祈求长生、富贵的美好愿望。龟造型出现在灶上主要有两个方面：其一是模印或堆塑在陶灶灶面上的龟造型，它不仅寓意祥瑞，还可能是食物的象征；其二是制作精美的龟形铜灶，更多表现的是祥瑞之意。龟造型出现在仓上也有两个方面：其一是与鱼、龙等组成复合构图，如西安出土的几组陶仓仓盖上的图案；其二是单独构图，如陕西兴平西郊北宋墓出土的陶仓，仓顶盖上模制有龟造型。② 此外在其他建筑明器中也出现有龟造型的图案，如1977年襄阳东汉墓出土一座绿釉二层陶楼，屋面上塑有蛇、龟造型。③

　　（3）鱼谐音裕

　　鱼和先民们的生活密切相关，因此从远古时期的陶器到现代的金银制品，各种质地的鱼造型出现在人们生活的方方面面。鱼是人们的食物，鱼是子孙繁衍的象征，鱼是富裕生活的表征……人们赋予鱼各种美好的寓意。因此在建筑明器中鱼的造型也是不可缺少的。

　　在建筑明器上，鱼一般模印在陶灶灶面上，与龟、鸡、肉等代表着厨房场景的再现，同时也寓意着"日日有余"、"年年有余"衣食无忧、丰衣足食的生活，表达着古人对美好生活的向往与憧憬。此外鱼造型还出现在陶仓之上，如西安市方新村开发公司汉墓群出土的陶仓仓盖④、陕西省交通学校3号墓出土的陶仓仓盖⑤等，都出现鱼、龟、龙的组合图案，更多表达精神层面的意蕴。

　　（4）鸡谐音吉

　　鸡是人类最早饲养的家禽之一，但是鸡在人类生活中扮演的角色远远

　　① （梁）任昉，《述异记》，台湾商务印书馆1986年版。
　　② 陕西省文物管理委员会：《陕西兴平西郊清理宋墓一座》，《文物》1959年第2期，第39页。
　　③ 张光忠：《襄阳出土绿釉陶楼》，《文物》1979年第2期，第94页。
　　④ 西安市考古研究所：《长安汉墓》，陕西人民出版社2004年版，第116页。
　　⑤ 同上书，第535页。

大于其他家禽和家畜。古人认为公鸡和太阳有直接的关系，因此公鸡常常成为太阳的化身、阳性的代表，与墓葬的"阴"相比，其必然被赋予了驱邪的神力，即可以"逐阴导阳"。现在民俗中依然保留有送葬之时以一只大公鸡放置于棺木上方，引领亡魂前往极乐世界的习俗。鸡与灵魂相关的民间信仰还表现在婚嫁过程中，如陕西关中地区流行着迎娶新娘时，必须由男方家平辈的堂兄弟怀抱一只大公鸡到女方家迎亲的习俗，表现的就是相信鸡能将人的灵魂引导到想要达到的地方，开始新的生活。

在建筑明器中，鸡造型一般出现在陶仓的顶部，寓意可能有三个方面：其一是生活场景的模拟。粮仓是鸡活动的场所之一，仓上的鸡以立体画面，真实地反映当时生活的实景；其二逐阴导阳之用。鸡的祭祀之用使得其具有驱邪的神力，这也许是随葬品中鸡造型出现的重要原因。其三是吉祥的象征。鸡通"吉"，鸡在中国古代被认为是珍禽之物，有吉祥、诚信之义。人们认为金鸡报晓，万物就会复苏，展现一片生机；秋天金鸡啼鸣就会粮食丰收，哪里有金鸡出现，哪里就会一派繁荣，生机勃勃。汉代陶仓上出现鸡的造型，正是这种对吉祥幸福生活期盼的蕴含。

（5）猴谐音侯

猴通"侯"，"朝为田舍郎，暮等登天子堂"是草根百姓的梦想，这一奢望不仅表现在地面装饰之中，也表现在建筑明器之上。西安张家堡薛家寨出土汉代黄褐釉陶仓1座，仓体上部开一长方形小窗，窗旁一侧模印一鹿头，另一侧模印一走猴，仓体下部相对应的位置，模印有一人面、一熊、一鹿。陕西甘泉出土黄褐釉绿彩陶仓1件，由仓身和仓盖组成，仓盖为仿木四角攒尖顶，上塑动物四只，中间及左侧为一对公鸡，右侧为一四足长颈长尾兽，正前方蹲立一猴；酱红釉绿彩仓1件，由仓身和仓盖组成，仓盖上并立动物三只，中间为四足撑地的猴，左侧为垂冠翘尾的公鸡，右侧为尖喙垂尾的母鸡，猴、鸡背部皆施绿釉（图版25）。① 这种仓体和仓盖上的猴造型，体现的就是子孙昌盛，代代封侯的美好愿景。

（四）科学与迷信的杂糅

中国建筑特别讲究风水，所以中国建筑文化也是一种风水文化。"风水"一词，最早见于托名郭璞所作的《葬经》："气乘风而散，界水而止，

---

① 王勇刚等：《陕西甘泉出土汉代复色釉陶器》，《文物》2010年第5期，第67—72页。

古人聚之使不散，行之使有止，故谓之风水。"风水术又称堪舆术，作为
一门相地的学问，起初仅涉及宅邑的选址定向，相对理论和方法比较简
单，主要是地理气候等环境因素与人们居住环境如何协调的经验总结和运
用。① 两汉时期兴起的阴阳五行学说、谶纬学说都为风水术提供了充足的
理论和方法，出现了以相宅看风水为业的堪舆家。唐代，风水理论日臻完
善，出现了司天监，监里的官员都懂风水术。明清时代，风水术开始在社
会上广泛流行，不仅帝王之家注重风水，民间也普遍讲究风水。

　　中国古代不仅重视阳宅风水，也重视陵墓风水，这与古代流行的祖先
崇拜及有神论观念有关。人们认为不仅肉体需要一个寓所，而且灵魂也需
要安息，否则便会成为"孤魂野鬼"，所以陵墓的风水和住宅的风水同样
重要。"汉代对于墓葬的要求有双重意义，既要对死者负责（安宁、快
乐、早入仙界），又要对生者负责（福佑、子孙昌隆）"。② 在墓室砌砖或
随葬器物上常见"太吉宜子孙"、"常宜子孙"等字样，希望能福庇子孙
过上好日子。"太"通"泰"，吉就是吉祥，这种思想与商周以来的"子
子孙孙永保用"思想是一脉相承的。如勉县红庙汉墓中出土陶灶釜上有
铭文"大吉"。1987 年，洛南县博物馆在该县张河乡征集了一件汉代双鱼
纹绿釉陶鼎。顶盖正中凸棱圆圈内饰有双鱼纹浮雕，浮雕周围隶书"用
此器葬者后世富贵宜子孙"③。西安东北郊出土陶灶，右侧有"宜子孙"
三字，左侧有"大吉利"三字。中间模印有一只展翅的凤鸟和一只小鸟、
一枚"大泉五十"及 1 件方壶图案，壶中有一"楹"字（图 3.41）。④

　　建筑风水与中国古代的阴阳五行思想有很大关系。比如中国的房屋
建筑以方形为主，这种形制与古代社会文化观念结构的内向性有关，方
形保证了房屋的每一面墙都对应着一个基本方位，再加上人们脚下的大
地，就构成了中国文化的"五行"。天是圆的，自然的混沌是由圆形代表
的，中国古代建筑的方形设计是人类创造出的规则，象征着人类的智慧，
可以说从一开始，中国人就将一种人为制造的秩序强加在这片土地上
（图 3.42）。

　　① 程建军：《燮理阴阳——中国传统建筑与周易哲学》，中国电影出版社 2005 年版，第 155
页。
　　② 顾森：《汉画像艺术探源》，《中原文物》1991 年第 3 期，第 3 页。
　　③ 刘合心、吕宝玲：《华县两汉陶器纹饰选粹》，《文博》2005 年第 6 期，第 46 页。
　　④ 陈直：《关中秦汉陶录》，中华书局 2006 年版，第 774 页。

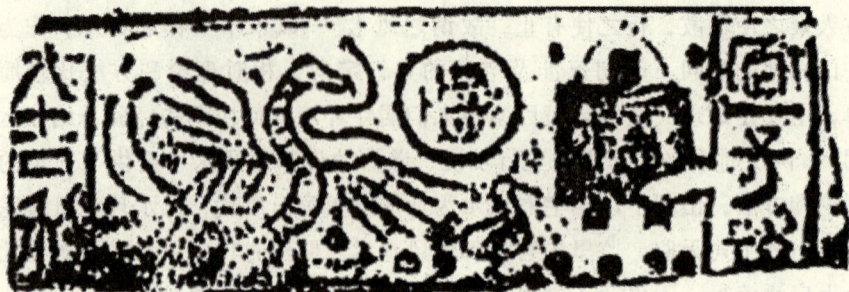

图 3.41　西安北郊出土陶灶壁纹饰拓本上的"宜子孙"

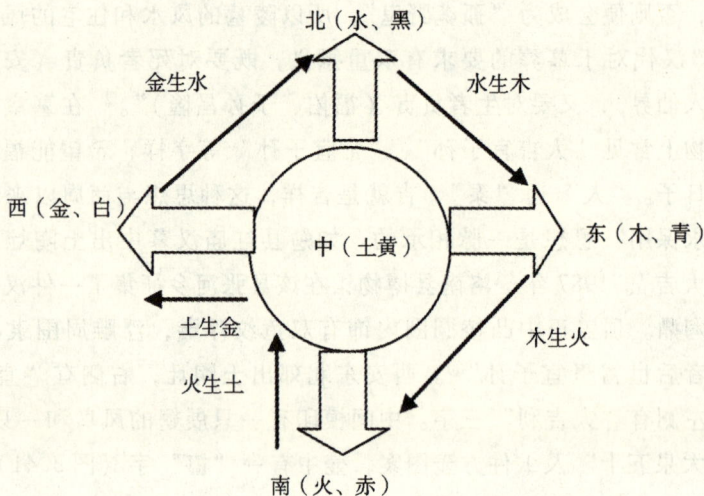

图 3.42　建筑风水与阴阳五行

　　《黄帝宅经》记载："宅者，人之本。人因宅而立，宅因人得存。人宅相扶，感通天地，故不可独信命也。"风水注重天、地、人三者之间的关系，企图选择一种适宜人类生存与繁衍的生态环境。在这种选择中，它格外看重地形、地势、地貌，看重山、水、林木等自然环境的和谐统一，追求建筑物与周围环境的和谐融洽。因此，风水术中包含着显著的美学成分，它使得人们在设计家居环境时已兼顾到从庭院到乡村、城镇，彼此之间的和谐共处，天人相依。

　　建筑明器是灵魂的寓所，在设计理念中也必然包含着祭祀和风水的内容。建筑明器上刻划的植物、雕塑的动物、彩绘的云气纹以及在墓室中的摆放组合等都有一定的规定性。所以有学者认为汉代建筑明器中的仓、灶、井、厕等，并非是单纯为人死后生活提供方便而配备的，而是与传统的五祀内容相符，应与当时流行的社会信仰和祭祀有密切关系。比如陶仓是与宗庙祭祀活动有关的祭祀用品；由于灶火所具备的自然威力和神秘性而产生的灶神信仰以及对厨房的安排，要体现"坐煞向生"方位；水井是一种通天贯地的神物；厕是驱赶恶灵、辟邪镇凶的灵物，等等。① 这就是丧葬文化中理性与非理性交织的成分。

---

① 黄晓芬：《汉墓的考古学研究》，岳麓书社 2003 年版，第 225—227 页。

第 四 章

建筑明器审美特色及其传承

　　建筑明器是建筑和明器的糅合，它既包含建筑之美，也囊括明器之美，形成了自身独特的审美文化因子。"器以藏礼"、"器以蕴美"，因此对建筑明器研究应该从器、道、美三个维度进行，只有这样才能准确把握建筑明器的固有属性、精神实质和审美特色；也只有这样才能合理继承其蕴含的建筑基因，并应用于现代建筑之上。

一　审美特色

　　建筑艺术属于艺术的重要范畴。黑格尔在《美学》中把建筑作为艺术的第一载体，梁思成认为建筑艺术与其他艺术一样，都是经济基础的反映，是一种上层建筑。但建筑艺术又不同于其他艺术门类，"其他艺术完全是艺术家思想意识的表现，而建筑的艺术必须从属于适用经济方面的要求，要受到材料、结构的制约"。[①] 建筑明器继承了地面建筑部分的艺术元素，但建筑明器艺术又不同于建筑艺术，它不完全是建筑艺术的整体、真实形态，而是建筑艺术在地下的影射（图4.1），所以对建筑明器艺术特色的研究应该从建筑和明器两个维度来进行。

（一）器、道、美：三层意蕴

1. 貌而不用

　　明器的存在首先是作为器物的概念。《周易·系辞》曰："形而上者谓之道，形而下者谓之器"，可以说是中国古人对于"器"所作的最广泛定义。在这里，"器"是与抽象的、不可见的"道"对立共存的概念，是

------

　　① 梁思成：《拙匠随笔》，百花文艺出版社2005年版，第114页。

有着特定形式和功能，可以被感知的物品实在。基于此，对建筑明器的分类和诠释都必然在"器"的范畴内进行。

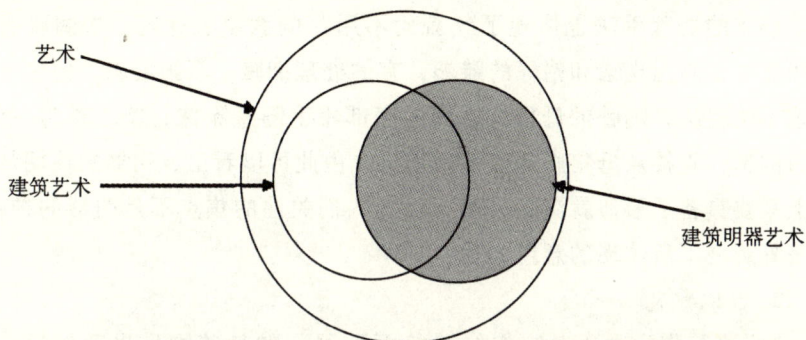

图 4.1　艺术、建筑艺术和建筑明器艺术的关系

　　早在新石器时代，明器就出现在墓葬之中，那时的明器更多地表现为钵、罐、壶、杯等人们生活中离不开的日常用具。这些用具常与实用器一起随葬，但能明显看出它们的区别，表现在陶质、火候、形制、大小、装饰等方面。比如舞阳贾湖遗址中出土的部分陶器，因烧制火候不匀，陶色多不纯正，出现一器多色，器表和内胎颜色不一致；部分有叠烧和套烧形成的"灰顶"现象；器壁薄厚不匀，或歪扭不对称，有的器壁有明显的手抹痕迹，有的器内壁颈、肩、底转折处有明显的粘接痕迹，鋬、把、耳、足等是分制后粘接上去的。因拍打不坚实，常见器壁表皮脱落，因烧制火候低，使得陶器质地疏松。① 半坡遗址中出现了用于随葬的泥质陶钵，它显然没有钵所应该具有的实用功能。因此，明器只是人们寻求心理安慰的替代品，而不是按照实用标准制作的日常用具。

　　建筑明器完全继承了作为替代物的明器制作原则，徒具其形，而不追求实际之功用。在楼屋类明器上，大量的门窗、楼梯、栏杆、斗拱等部件都是刻划而成，而不是细心雕琢的，但是这些刻划的部位、纹饰的使用等又是根据实际建筑而来，做到一丝不苟。陶灶的制作也体现了这一特点，如河南新乡武陟县出土的一件陶灶，灶的左壁后半部分有双檐顶灶墙，灶

————————————

　　① 河南省文物研究所：《河南舞阳贾湖新石器时代遗址第二至六次发掘简报》，《文物》1989 年第 1 期，第 7 页。

后端是一长方形壁橱与灶墙相连,壁橱的上部也做成屋檐状。① 这种造型表现的主体是灶,因此在制作手法上以简化形式营造了房屋的存在,表达陶灶处于屋内建筑庇护之下。在建筑明器制作中,对于一些与建筑相关的生活场景的处理手法也体现了"貌而不用"的意象表达观。如圈厕类建筑明器中常常出现猪和猪仔的雕塑,有的处理细腻,摹画准确,但也有的处理手法粗疏,躺卧的母猪与圈厕的底部用手随意涂抹,使之连为一体,身边的猪仔直接从母猪腹部以手指划出。由此可以看出,明器的使用从外观上只要具备了形似就满足要求,因为人们关注的焦点不是明器的神似,而是外观之下所体现的意愿表达。

2. 器以藏礼

"明器"作为为死者制作的"貌而不用"的特殊物品出现较早,而"明器"这个词,在西周和春秋时期的文献和铭文中并没有见到,其最早出现于战国时期。明器的开始和流行反映了人们的一种特殊丧葬观念,表现了生者对于逝者所持有的一种丧葬礼仪,因此"器"的背后应该存在着一个更高层次的解释系统。基于此,建筑明器研究不仅要以器物学为具象材料,更要深究器物之外的意蕴。

中国古代思想家和礼仪家讨论的"器"既非抽象的原理,也非偶然的历史遗迹,而是当时社会生活中的实物。他们对器物的渊源、类别和象征意义进行了深入的思考,对约定俗成的社会行为进行了阐释和升华,对中华文化中某种根深蒂固的传统进行了综括和说明,发展出一套完整的器物学阐释理论。这种理论虽然有理想化和概念化倾向,但对现实生活则发生一定的作用,有时甚至被当做正统礼仪加以崇拜。《荀子》和《礼记》是对明器进行系统阐释的重要文献,它们不仅对明器的实际功能和象征意义进行论述,而且对明器进行哲理和道德的阐释。在荀子看来,丧礼的本质是"以生者饰死者",以表示生者对死者一以贯之的态度,表达"象其生以送其死"的观念。荀子强调的是明器的象征意义,通过这种象征物,儒家的丧礼得以用"比喻"的方式传达生者对死者的感情,可以避免同样是强调物质性的薄葬和杀殉两个极端,既表达了"儒家制礼者对周礼

① 郭灿江:《河南出土的汉代陶灶》,《中原文物》1998年第3期,第65页。

的眷恋，也包含了他们对新兴潮流的回应"。①

"厚葬以明孝"，大量随葬明器的出现与中国传统社会的厚葬观念有关。从蒙昧时期到三代，人们关注更多的是先祖、灵魂，在这种思想观念影响下，随葬的多为礼器，表达了社会对精神领域的关注。春秋战国时期，战争、动乱使得人们慢慢地由关注精神世界转而关注人自身，儒家"事死如生，事亡如存"、"慎终追远"等思想不仅是对春秋战国以前厚葬观念的总结，更把它推到礼制的高度。明器代替礼器用于随葬，表达了人们认为死亡是转向另外一个世界生活的心理，满足了人们对于来世生活的美好祈愿，这在很大程度上也对春秋战国及以后的厚葬之风起到推动作用。秦汉时期，厚葬达到了无以复加的地步，这一时期丧葬制度不仅受到儒家"孝"的学说影响，而且与当时的升仙思想相配合，共同造就了一个富丽的神仙时代。东汉时期，丧葬文化更加世俗化，人们把庄园生活中的一切皆模印到了阴宅里，肉体安顿和精神归宿的宅院、登高远眺的望楼、休闲娱乐的百戏楼、储藏粮食的仓楼、排泄污物的厕所、圈养禽畜的鸡舍、猪圈，等等，可以说地面建筑的一切形制在建筑明器中都得到体现。唐代，社会安定、经济繁荣，厚葬之风再度兴起，这一时期出现了独具唐代风格的三彩建筑明器，这些建筑明器包含了地面建筑的一些元素，但更多具有的还是象征意义。"器以藏礼"，不同时期的建筑明器表达了不同社会的生活场景，同时也凸显了不同社会的思想观念。

3. 美品再现

明器不仅是"道"和"器"的统一，更是现实生活用器的模拟，是生活中的美品，寄托生者希望逝者享受美好生活的愿望。明器中模拟的物品应是逝者生前所用、所爱，或者是人世间的美品，这些物品代表了当时社会发展的水平，或者包含人们想象的、超越于这一历史时期的元素。因此，明器在自身延续的同时，也把各个时代的文化保存了下来。

作为时代精品的模拟，建筑明器反映了当时人们的审美意匠。秦汉开始，中华民族走向政治、经济、文化"大一统"，确立了文化规则和权威，形成了"大美"之气象。这种"大美"不仅表现为高大、博大、宏大之壮美，也表现为气魄、气势、气概之神韵；不仅表现在政治、经济、

---

① 巫鸿：《"明器"的理论和实践——战国时期礼仪美术中的观念化倾向》，《文物》2006年第6期，第72—81页。

文化上，也蕴含在建筑里，浓缩在建筑明器中。从秦汉建筑明器中可以看到楼阁建筑的兴盛、装饰部件的精美、乐舞场面的宏大，以及具有升仙思想的瑞鸟、祥云、珍禽等，并以此遥想当年建筑的"壮丽"，人们生活的惬意、富足。唐代三彩建筑明器空间变化丰富，布局开朗；大殿恢宏大气，层次分明；房屋造型饱满浑厚，遒劲雄放；斗拱结构鲜明，粗壮有力；鸱吻稳健端庄、轻盈流动；木构件条理明晰，举重若轻；装饰端丽大方，简洁明快，进入新的境界，成为"唐风唐韵"的重要组成部分。

现今秦、汉、唐各代及其以前的地面建筑基本上不存在了，中国传统建筑中的工艺美、装饰美在实际生活中无法实体再现。依靠壁画、画像石等资料得到的是平面表现；依靠文献得到的是抽象描述；只有通过建筑明器表现出来的建筑工艺、建筑形制、建筑装饰才是三维的、立体的、具象的。可以说，明器是古代文化的一个代表符号，是人类社会的一种文化现象，是中国古代美学思想的载体。基于此，中国传统建筑实体的复原和建筑美学的研究应借助于建筑明器。

（二）基本审美特色

建筑明器是地面建筑的模拟，直接反映了当时的建筑形态和构建技术，必然内含着建筑之美，所以对建筑明器进行美学研究不仅可以了解建筑明器的审美特色，而且可以了解建筑明器所蕴含的中国古代建筑基因；建筑明器又不是建筑模型，它属于明器的范畴，是丧葬文化的载体，必然内含着祭祀之意，所以对建筑明器进行研究又可以了解中国古代的丧葬文化和丧葬思想。正是基于对建筑明器的二维思考，本书从建筑艺术和丧葬文化出发对建筑明器的审美特色进行阐释。

第一，自由与法则。作为审美对象，建筑明器必须有一定的法则和规范才能够得到普及和推广。法则和规范的形成过程，既是该艺术种类发展和完善的过程，又是违背自由本性而僵化和衰老的过程。于是有了从"自由"到"规范"，然后再打破"规范"，重新获得自由的过程。先秦时期，秦人在墓葬中随葬的建筑明器主要是关乎生活的仓和灶，大多表面朴素，没有过多的装饰，反映了秦人现实的品格。到了汉代，经济复苏、文化发展，人们的精神追求也增多，于是建筑明器也随之发生了变化，出现了地面建筑中几乎所有的门类，而且装饰繁华富丽，囊括了建筑、装饰、精神等各种元素，表达了汉代人们对现实生活的眷恋，对来世生活的期盼以及对长生不老、羽化成仙的渴望。此时建筑明器表现出来的就是在模拟地面建筑技术的基础上，发挥更大想象力的自由发展空间。唐代国力鼎盛，三彩器的出现使得建筑明器变得清新亮丽，加之中国古代木构建筑在此期基本成熟，因此建筑明器脱离汉代的自由奔放之态，回归到建筑的本性，表现出"规范"之态。所有这一切，不仅符合各门艺术否定之否定的发展规律，而且适应了审美趣味不断更新的辩证需求。

第二，立体与平面。建筑明器是立体的建筑模型，是空间构建艺术，但是它不可能将外部空间完全摹写到建筑明器之中。为了容纳更多来世美好生活的信息，建筑明器在制作中充分运用了立面和平面相结合的表现手法。秦汉时期，建筑明器中有时出现把一个空间单位完整填塞在平面造型之中的现象，实现了平面与立体的统一。如东汉出土的陶灶灶面上一般模印出瓢、铲、钩、刷、箅、勺等烹调用具，以及鱼、龟、肉、馒头等食物，还有反映生活气息的鼠、猫等动物；前壁模印出烧火人、水瓶、风箱、案几以及建筑构件。通过陶灶上的这些装饰，提供给人们的不只是灶的简单造型，而是包含灶房建筑、灶房环境、生活物品以及生活在其间的人，这样就充满了家庭生活的气息。再如有的仓楼空白之处，常常刻划有常青树，模印有马匹，有的还彩绘有收租图等，这样既可填充墙面空间构图，做到疏密对应，又可实现立体构图平面化，再现建筑周围的场景。

第三，写实和写意。从原则上讲，单纯的主观表现和单纯的客观再现都不易成为审美对象，真正的艺术品应该是写实和写意的辩证统一。不同时代，不同地区，不同艺术品，不同艺术个体，写实和写意的成分往往是不同的。建筑明器是当时地面建筑的摹写，所以具有写实的成分，但是也包含人们对未知世界的向往，以及丧葬文化特有的表现符号，所以又包括写意的内容。如在汉代陶楼上，瑞鸟、瑞兽或翱翔、或栖息于屋檐房顶之上；各种几何形的装饰图案遍布楼身和栏杆；通身鲜艳的彩绘，等等。这些都不会是建筑本身所具有的，但在建筑明器中，它们的存在是合理的、必要的。正是因为建筑明器具有的写实技法，人们可以从中发现当时地面建筑的形制，继承其合理性的符号；正是因为建筑明器具有的写意技法，人们从中可以发现丧葬文化的元素，丰富中国传统文化的研究视野。当然，不同时代，不同建筑明器写实和写意的构成比例不同，对此要做具体分析。

第四，体量与均齐。在建筑历史上有两种不同的扩大建筑规模的方式，一种是"体量"，另一种是"均齐"。中国古典建筑想要形成体形高大、雄伟壮丽的气势，不可避免地出现以众大巨丽为贵的倾向，很大程度上是因为这些形式特征容易打动人们的知觉系统的缘故。① 中国古典建筑不仅讲"体量"更讲"均齐"。均齐就是将各种不同用途的部分，由一座变多座，小组变大组，以建筑群为基础，一个层次接一个层次地广布在一个空间之中，从小到大，从有限到无限，构成了一个有组织的人居环境。中国古代建筑是体量和均齐的统一体，表现的是中国式的建筑美，这种建筑美也体现在建筑明器之中。汉代建筑明器中的楼阁类体量都十分大，如河北阜城桑庄东汉墓出土陶楼，通高216厘米，是目前我国发现最高的陶楼阁，在同比例体量上并不亚于今天的高层建筑，反映了"仙人好楼高"的社会风尚。均齐主要体现在组合的庭院类建筑明器之中，如河南郏县出土的明代灰陶院落，三进式四合院，除主楼外，前后三座房屋和左右六座房屋形制基本相同，体现出均齐之美。

第五，宜人与教化。中国古代居住类建筑不是以体量宏大而是以宜人为准则。这种宜人性首先表现在居住的房屋以人为尺度，不宜过大、过高，以舒适为原则；其次这种宜人性表现在房屋与周围环境的和谐融洽上。中国古代建筑讲究建筑与人的和谐，建筑与环境的和谐，寻求建筑在天、地、人之间的一种和谐之态，而不追求一种凌空向上、孤傲屹立的感觉。中国古代建筑不仅是身体的居所，以宜人为准则，还是礼制的主要组成部分，是精神的归宿，具有教化的功能和伦理意蕴。建筑明器是地面建筑的摹写，是灵魂的寓所，所以也以宜人为标准。这种宜人性不仅体现在建筑的尺寸和比例关系要以人为尺度，而且体现在建筑明器都是为人所用的，如阖家居住的房屋、储藏粮食的仓、烧火做饭的灶、饮水灌溉的井、排泄污物的厕、饲养禽畜的圈，等等。建筑明器的教化功能大于宜人准则，它不但反映了死者对今世的留恋和对来世的希冀，也对后人具有很强的教化作用，使得他们能够推崇孝道、安于现状、寄托来世。

第六，变化与永恒。中国古代建筑的永恒性建立在"易"的基础之上，是求形式的永久而不是实体的永恒。建筑毁坏了可以按照原样建造，千秋万代，直到永远，这正是古代"易"的思想。在一定程度上，建筑

---

① 陈炎主编，廖群著：《中国审美文化历史·先秦卷》，山东画报出版社2000年版，第10—13页。

明器是地面建筑的缩写，它必然也随着地面建筑的发展而不断变化，所以不同时期出土建筑明器的形制有所不同。正是基于这样的发展流变，人们可以从出土建筑明器的形制特点来判断墓葬的大致时代。但是建筑明器又是人们对虚拟世界的向往，包含墓主人及工匠充分的想象力和超现实主义的浪漫情怀，这种对未来世界的希冀是永恒的。正是基于这样的"不变"理念，人们才可以从出土建筑明器的装饰特点来研究中国古代丧葬文化的内容和范畴。

二　蕴含的建筑基因及传承

建筑明器是随葬的"建筑模型"，是对地面建筑的立体摹写，因此对建筑明器的研究可以为继承和发展中国古代建筑的技术成就，提供新的实体资料；"器以藏礼"，明器是中国古代丧葬礼仪的主要载体，因此对建筑明器的研究可以扩充丧葬文化的研究视野；"器以蕴美"，建筑明器是当时地面建筑的美品再现，造型中包含着人们对于美好生活的期望，因此对建筑明器的研究可以填补艺术考古学的空白。本书从建筑明器是地面建筑的模拟出发，结合明器制作特点，分析建筑明器蕴含的建筑技术和艺术基因，探求建筑明器合理元素的现实意义和传承途径。

（一）传统与现代的悖论

中国古典建筑因其内含的独特元素而屹立于世界东方，是世界建筑园林中的一朵奇葩。但是随着全球化的发展，出现了"西式楼房"的流行和现代材质的大量运用，中国成为西方建筑的实验场，社会上对中国固有的建筑及其附属工艺多加鄙弃，导致的结果就是文化的趋同和个性的消失。正如吴良镛在国际建协 20 周年大会的主旨报告中所指出的："技术和生产方式的全球化，带来了人与传统地域空间的分离，地域文化的特色渐趋衰微；标准化的商品生产，致使建筑环境趋同。设计平庸，建筑文化的多样性遭到扼杀。"[①]

在一定时期建筑是社会综合因素的晴雨表，建筑的历史总是与人类的历史发展同步，正如法国著名雕塑家罗丹所说的："整个法兰西就包于巴

---

① 吴良镛：《世纪之交展望建筑学的未来》，《建筑学报》1999 年第 8 期，第 6 页。

黎的大教堂之中。"① 一个东方古国的城市，在建筑上如果完全失去自己
的特性，无论是在文化表现还是观瞻方面，都是大可痛心的，因为这代表
着民族文化的衰落，乃至消亡。但是"谁也不能否定中国传统建筑文化
作为历史和民族的文化积淀，具有某种超越时代的人文性。诸多建筑文化
的科学原则与人文原则，并不因时代的发展而从正确走向谬误，古建筑的
美也不会因时代流渐而分文不值。它只会因时代的发展而发展"。② 所以
中国古代建筑存在于今天，也许其技术已经黯然，然而作为文化艺术的元
素却可以影响到现代建筑，成为中国建筑的"基因库"。

可喜的是随着时间流逝、审美稳定，人们对于民族文化的自觉性又日
益回归。中国传统建筑延续了两千余年的工程技术，本身就是一个独特的
艺术系统，许多建筑物便是这种艺术系统的再现，是艺术的大宗遗产。建
筑物的新陈代谢虽然是不可避免的，但是在建筑技术及艺术的进步中，依
然包含有传统建筑的符号和精神。正是基于这样的认识，许多城市在拆毁
大量历史建筑之后，又提出恢复历史街区，提倡传统建筑，或者在西式建
筑之中增加中式装饰，在采用现代建筑材料和技术的基础上，努力发扬民
族建筑技艺的特性。但是在借鉴古代建筑元素的过程中，又存在许多
问题。

第一，中国古典建筑与现代建筑如何衔接，即如何使中国古典建筑符
号更好地融入现代建筑之中。在现代城市建设中更多应用的是几何构图的
西方建筑形式，传统的建筑样式正在日益消失，形成了千城一面的城市景
观。但是历史的风貌不可能彻底退却，现代建筑形式如水立方、鸟巢等如
何更完美地嵌入城市的印记中？如何与周围环境相协调？如何凸显城市的
历史文化积淀，等等，就值得深入思考。目前对于这些问题的反思和解
决，导致的是大量复古建筑的出现，但在复古过程中又出现了很多不协调
的例子，甚至出现最丑的建筑。基于此，在传统和现代的对接中，既要认
识到随着建筑的技术进步和艺术演变，以及人口密度的增大，纯粹的古典
建筑已经不能适应现代社会的需要；又要认识到中国式现代建筑需要注入
传统建筑的基因，但传统基因的选择一定要有理有据，运用得恰如其分。

① 王绍森：《透视"建筑学"——建筑艺术导论》，科学出版社 2000 年版，第 11 页。
② 王振复：《中国传统建筑的文化精神及当代意义》，《百年建筑》2003 年第 Z1 期，第 14
页。

既要继承民族建筑的精华，又要避免文化的自恋情节，防止在追求民族化的过程中走向极端，出现身穿西服，却头戴瓜皮帽的不伦不类现象。

第二，在对历史文化名城或者历史建筑进行维修、复建、改建的时候，如何准确地体现历史建筑的风貌。中国木构建筑的特性决定了留存于世的古建筑大多是明清以来的，更早的建筑已经在岁月的洗礼中消失了踪迹，现存的古建筑或者是明清的，或者是经过了历代不断维修而存在于原址的所谓更早以前的建筑。目前越来越多的学者意识到城市独特的个性是城市文化的彰显，于是，如何恢复城市的文化品位，使之融入城市建设之中就成为当务之需。但是中国古代建筑的发展不是"同质"的，用明清建筑去推断以前的建筑显然不符合建筑发展的历史逻辑，因为不同时代的建筑具有不同的特质，秦汉、隋唐、宋元、明清建筑风格不同、各具千秋。如果在同一个仿古建筑中出现不同时代特质的建筑元件，显然不符合历史发展的图景。

第三，如何实现传统建筑功能和装饰的统一。如果说建筑装饰是建筑物的"文"，一定建筑的功能则是建筑的"质"，"文"与"质"的和谐，才是古代建筑装饰最高的审美境界，所以孔子在两千年前就提出了"文质彬彬"的美学主张。《孔子·雍也》认为："质胜文则野，文胜质则史"，野是粗野，史是矫饰，"文质彬彬"强调了实用和审美的完美结合。中国古代建筑是雕刻、绘画的艺术，是有着深厚人文积累的技术与艺术的混合体，但是明清以前的建筑装饰现在几乎不可能再看到全貌，甚至零星的存留也是稀世珍宝，它们已经随着木构建筑的毁坏而毁坏，甚或建筑装饰的毁坏比建筑的毁坏更快。现代人们在复古的过程中如何发掘、认识传统建筑装饰的基因，实现传统建筑功能和装饰的有效契合，值得进一步思考。

建筑明器作为缺乏实用功能的随葬品，对于室内建筑技术和装饰艺术的表现是粗略的，但是对于室外的描摹却是精细的、繁复的，是地面建筑最好的模拟。建筑明器表达的是人们对于逝者生前生活场景的描述，或者希望达到的生活状态，倾注了当时人们对于美好生活的向往，因此，它在装饰和技艺方面表现的是生活中的美品。"器以藏礼"，建筑明器是传统文化积淀的载体表现，这种对建筑形象的立体描摹是现代人们理解和提炼传统文化最好的载体，是最直接、最客观、最准确的经验提供物。基于此，要在历史和区域相结合的"时空框架"之中继承中国古典建筑的基因，就需借助建筑明器，掌握不同历史阶段、不同区域建筑的审美特色，提炼中国古代建筑风格的特质，使传统建筑的精华更好地融入现代城市建设之中。

（二）建筑基因及传承

目前我国现存的木构建筑主要是明清以后的遗物，明清以前的数量很少，而且主要是庙宇和宗祠。人们在恢复传统建筑时往往是通过明清建筑推导以前的建筑形态，但是不同时代建筑风格相异，秦汉的体量高大、隋唐的疏朗大气、明清的繁复俊秀，在审美特色上各不相同。人们对于明清以前建筑的仿建，大多是参考绘画、雕塑、画像石、壁画等资料中对于建筑的描摹，但是这类题材中的建筑形象是二维的、平面的，不能全方位展现当时建筑的全貌。建筑明器是立体的建筑模型，相对于同时代的壁画、画像石艺术题材等中表现的建筑形象来说，它是三维的、立体的、具象的，更能全面地反映当时地面建筑形态、建造技术以及蕴含的美的元素。所以应该对建筑明器中具有中国符号和中国气派的元素进行梳理，从中发现历代建筑的基因，组建中国古代建筑的"基因库"，以服务于现代建筑营造。

在对建筑明器所蕴含历代建筑基因进行继承的过程中，人们既面临发掘、提炼传统建筑中那些具有现代价值的"看得见的东西"，准确捕捉历代传统建筑的灵魂；又要将"看不见的东西"用抽象的方法加以表现，形成当代建筑实践的文化资源。从具象和抽象两个维度剖析中国古代建筑的基因，对于建造具有中国元素的现代建筑具有十分重要的意义。

1. 具象继承：对建筑明器反映建构之美的传承

建筑明器所蕴含的基因首先是它所表现的中国古代建筑的框架结构、构件和布局。如翚斯飞的大屋顶、硕大壮丽的斗拱、雄壮有力的立柱、内向布局的四合院，等等，这些元素和符号已经成为中国建筑的特质，乃至中国建筑形象的代表，也是现代公共建筑和民居热衷仿建的对象。

（1）如翚斯飞的大屋顶

大屋顶是中国古代建筑最精华的部分，不仅符合实用功能，而且符合美学原则。黑格尔对房屋的尖顶做了专门的说明，他说："屋顶是整座房屋上部的终点。这个终点界限可以有两种形式，一种是成直角的平顶，另一种是成钝角或锐角的尖顶"。"房屋上部的顶不再起支撑作用，而只是被支撑。这一特点也必须从屋顶本身上显现出来，这就是说，它必须造成不能再起支撑作用的形状，因此，必须形成一个角，无论是锐角还是钝角。"①

中国古代建筑的大屋顶通过一系列与功能、技术和谐统一的美化处理，创造了极富表现力的形象，消除了庞大屋顶很容易带来的笨大、沉重、僵拙、压抑的消极效果，造成了雄伟、浑厚、挺拔、高崇、飞动、飘逸的独特韵味。这种对建筑笨重下沉感的反制和超越，也寓意对现世生活的一种超越和提升，是中国传统美学中，动静交替、虚实相济等对比法则在建筑艺术中的表现，与中国人的传统审美心理是完全吻合的。正如梁思成、林徽因所指出的："历来被视为极特异神秘之中国屋顶曲线，其实只是结构上直率自然的结果，并没有甚么超出力学原则以外的矫揉造作之处，同时在实用和美观上皆异常的成功。这种屋顶全部的曲线及轮廓，上部巍然高崇，檐部如翼轻展，使本来极无趣、极笨拙的实际部分，成为整个建筑美丽的冠冕，是别系建筑所没有的特征。"②

大屋顶造型是中国古代建筑的"上分"，也是最能体现中国古代建筑建构之美的元素，所以继承中国古代建筑的基因，首先应该继承大屋顶造型。但是不同时期、不同地区，大屋顶造型不尽相同，这些都可以从建筑明器中得到体现。例如两汉时期，屋面建筑形式还没有严格的要求，最基本的形式为四阿式和悬山式，歇山式、硬山式、攒尖式、平顶式也有出现，但不是主流。再如大屋顶正脊两端的鸱尾造型，汉代一般为两端起翘，或者用瓦当叠砌起翘，还未形成后世正规的鸱尾造型；南北朝出现鸱尾造型；唐代鸱尾造型成熟，其起翘的造型与凹曲屋面和"反宇"屋檐共同构成屋顶美丽曲线，形成向上腾飞的气势；宋元以后，鸱尾向鸱吻转变；到了明清时期就出现不同的龙吻造型。所以在仿建中要区分不同时期大屋顶的造型特点，合理继承大屋顶造型。

（2）人居其中的屋身

屋身造型是中国古代建筑的"中分"，在建筑中起承上启下的作用，是中国古代建筑的核心。屋身中起主要承重作用的是立柱，而两柱之间的墙壁只是像"帷幕"一样，用以隔断内外，或者划分空间而已，并不负

---

① 黑格尔：《美学》第 3 卷上册，朱光潜译，商务印书馆 1991 年版，第 71—72 页。
② 梁思成：《清式营造则例》，中国建筑工业出版社 1981 年版，第 12—14 页。

重。中国建筑在三千年前具备的这个特点，和现代建筑的钢筋混凝土构架或钢骨架的结构原理相同，恰好可以为新建筑在使用新材料与技术的问题上提供可参照的实例。① 现代有些建筑大胆地利用传统柱式，但是对柱式的形制又不甚了解，所以出现一些看起来很不和谐的柱式造型。歌德在《论德国建筑艺术》中对柱子很是赞扬，认为"柱子在本质上是自由地站着"，但是他也告诫大家："不要乱用柱子。"② 研究建筑明器，了解不同历史阶段柱式的类型、特点、装饰，体会不同历史阶段柱式所具有的不同特点，观察立柱与梁枋、斗拱之间不同构造技巧，就能有效克服现代建筑对古典柱式的胡乱应用现象。

斗拱是中国建筑技术和艺术的杰出创造，是独具风韵的美的构件。斗拱之美首先体现在功能上，它加强了立柱与梁、枋、檩的结合，对立柱、梁架的重载具有一定的承托与分力作用，使木结构榫卯连接处不因承力过重而受到损害。随着建筑技术和艺术的发展，斗拱在建筑力学上不单是承重构件，在视角上也是审美构件，所以斗拱既是艺术化了的技术，又是技术化了的艺术。从建筑明器中可以看到，在汉代，斗拱已经普遍使用，有一斗二升、一斗三升、一斗四升等多种模式，造型朴拙，尤其转角斗拱的使用还处在摸索阶段，颇具时代特色。观察西安中堡村出土唐三彩院落堂屋的斗拱，结合同时代壁画、实物，可以看出唐代斗拱简洁、敦实、清晰，补间斗拱多使用人字拱，斗拱使用技术娴熟，合理，走向理性化、规范化，契合唐人雄放的文化心理。明代木构建筑技术成熟稳定，建筑的结构处理臻于完善，因此，斗拱在建筑中的力学因素减弱，艺术性增强。斗拱层层累加、结构复杂，变得硕大无比，而且装饰华丽，补间辅作增多。这些斗拱使用的实例都在建筑明器中清晰呈现。因此，对于斗拱这一建筑构件的仿造必须区分不同时代斗拱的不同特点，一定要尊重时代特色，符合时代风貌。

窗户不仅是采光通道和通风口，也是装饰的重点。从两汉出土建筑明器来看，当时的窗户形式多样，有洞窗、直棂窗、卧棂窗、菱形窗、组合几何纹窗……窗体以外嵌式为多，凸出墙体之外，有的窗户上面建造窗檐，遮风避雨。广州出土的建筑明器还出现有极个别的支摘窗造型。到了

---

① 梁思成：《梁思成谈建筑》，当代世界出版社 2006 年版，第 309 页。
② 黑格尔：《美学》第 3 卷上册，朱光潜译，商务印书馆 1991 年版，第 73—74 页。

唐代，窗户以直棂窗为主，且嵌在墙内，与起翘的鸱尾、沉稳的斗拱、雄壮的立柱构成唐代建筑的主要特征。可能出于防盗需要，唐以前的窗户一般不能开启，宋以后出现了集实用功能和审美功能于一体的格扇窗，它不仅扩大了采光空间，使得房屋更加明亮，而且通过窗户可以欣赏窗外的景色，达到人与自然融为一体的境界。所以要继承中国古代窗户的造型和功能，就要注意区分不同历史阶段窗户造型的特色及与其他构件和框架的关系。

（3）内向布局的四合院

四合院是中国古代民居建筑的主体，早在西周时期就出现了四合院造型的宅院。从出土建筑明器可以看到，汉代四合院已基本按照"前堂后寝"的原则布局，主室往往为楼阁式建筑，也是宅院中最雄伟的建筑，有的还兼有瞭望和守卫的功能，这是汉代四合院最显著的特色。但是汉代四合院形制还处于摸索阶段，类型比较多样，没有形成后世固定的格局类型。唐代开始，四合院完全按照中轴对称的原理来布局，主要建筑布局在中轴线上，两厢对称，这从唐以后出土建筑明器中可以得到印证。

"天人合一"的传统文化，使得中国人对自然具有内在的亲近感，这种感觉表现为面对自然时的愉悦与舒适，如花香鸟语、柳阴雨声，更涉及中国人的生存意识和心理观念。四合院最大的文化意蕴就是内向性，这也是农耕文明在建筑上的体现。一道围墙的隔离，让院墙内的空间变得独立、宁静、封闭、自成系统，在这个对外封闭的小世界里，其内部的各个部分却是相互融合、紧密联系的，彰显了这种封闭独立空间对内的亲和力。生活在庭院中的每一个人，都会寻求一处属于自己的小天地，虽足不出户，亦可感知四季花木更迭，晴雨晨昏变化。

2. 抽象继承：对建筑明器美的元素的传承

德国著名史学家 W. 沃林格（W. Worriger）认为所谓"抽象"就是艺术中所要表现的对象要"异于其原型"。"抽象"的形式，如原始陶器纹饰、中世纪图案、哥特式教堂，等等，与写实性的形象移情不同，是直接与心灵对应的"抽离"[①]。"抽象继承"表现在建筑中就是要从表面的形式与符号中认知与体悟其深层结构，如精神价值、审美意识与思维方式等。在抽去了具体的、特殊的历史内容与形式后，保留下来的就是符合时

---

① W. 沃林格：《抽象与移情》，王才勇译，辽宁人民出版社 1987 年版，第 23 页。

代要求的某种精神特质，而这些精神特质有可能恰是现代建筑最缺乏的因素。① 所以对建筑明器所蕴含建筑基因的继承不是将某些固定的外在格式、手法、形象进行复制，不是对前人的形式、风格和原型的简单模仿、拼贴与借用，而是传承一种内在的精神，一种审美的特色。

有些仿古建筑仅仅模仿传统建筑的框架和构件，而没有真正领会传统建筑所蕴含的美的元素，所以仅仅是形似而不是神似，以至于在现代建筑群中显得不伦不类，所以"不要浮夸，庸浅地模仿过去，应以哲学真谛为基础，从感性到理性全面继承传统，但不要简单地全面再现传统建筑的形象特征。要从传统中吸取灵感，而不是复制"。② 从表象上看，中国古代建筑具有如翚斯飞的大屋顶、硕大壮丽的斗拱、雄壮有力的立柱等具象特征，还有建构之美、适居之美、愉悦之美和寄托之美等审美理念，所以抽象继承首先要汲取中国古代建筑审美理念的精华，这是继承的根本。

（1）适居之美：宜人

西方古典建筑是神的建筑，而中国古典建筑是人的建筑，人是建筑的灵魂，在建筑中处于核心地位，一个富丽堂皇的建筑，如果没有人也是毫无意义的。同样正是有了"原始茅屋"，肉体才有了寓所，灵魂才有了皈依，正如《黄帝宅经》所云："故宅者，人之本，人以宅为家居，若安即家代昌吉，若不安即门族衰微。"中国古代建筑讲究人是宅之魂，宅是人之本，"人因宅而立，宅因人得存"，最后达到"人宅相扶，感通天地"的人宅同一意境。

建筑是人的建筑，适居即是美。中国古代建筑讲究以人为尺度的适居之美，无论什么类型，都很少建造像西方大教堂那样超出人体尺度的庞大建筑。中国古代建筑是以人为中心的建筑，不但人和建筑是和谐的、美的，而且建筑与建筑、建筑与自然也是和谐的、美的，这也是中国传统中庸文化在建筑中的体现。中国古代建筑的宜人性不仅体现在地面建筑是人的建筑，要以人为尺度，而且体现在墓室建筑和随葬的建筑明器里。尤其是建筑明器，表明了人们在墓室建筑之外，还企图为逝者建造一些更为适居的居住环境。这种专门建造的"住所"等同于或者超越于逝者曾经所居的地面建筑，因此，它是更适居、更宜人的。在这些建筑里，可以看到

① 秦红岭：《建筑的伦理意蕴》，中国建筑工业出版社 2006 年版，第 133 页。
② 转引自蔡德道《中国建筑理性传统与哲理的现代意义》，《建筑师》第 34 期，第 18 页。

各类家居场面的表现：宴饮、乐舞、游园、日常起居、家务劳作……一幅幅兴旺的日常生活图景。而现代有些建筑一味追求体量宏大、空旷，而忽视了建筑是人的建筑，是肉体的寓所，是精神的家园，而使建筑变为纯粹的技术性堆砌物，失去了人性的温馨，从而也就失去了中国古代建筑最基本的功能和审美意匠。基于此，现代建筑的营建要吸取中国古典建筑的精华，将传统建筑文化崇尚天人合一、崇尚自然美和人性文化所演绎的悟性共鸣相糅合，使得现代建筑更具适居之美。

（2）愉悦之美：欣赏

中国古代建筑不仅是遮风避雨的功能性物体，更融合了人们对天地自然的认识，表达着人们的家园感情，是人们的欣赏对象。"美只能在形象中出现"①，建筑物本身美的造型、美的比例、美的色彩，更能激起人们"愉悦性"的美感。

首先，这种愉悦感来自美的造型。中国古代建筑由屋顶、屋身、台基三部分组成的"三段式"外观造型，有着独特的审美风格，在整体上产生一种和谐的美感。在"三段式"中最具中国元素的是大屋顶，它造型飘逸优柔、如鹏展翼，呈现出强烈的向上腾起之动势，是中国建筑的美丽冠冕和古典建筑形态的绝对主角，也是中国古代建筑最显著的民族特色之一。无论单个屋顶或是屋顶群都充分展示了中国建筑艺术构图的辉煌成就。屋身部分的柱式、斗拱作为力学构件，承载着大屋顶，但它们在完成自身使命的同时，也被做成或方、或圆、或多边、或异形……一踩、两踩、三踩……的姿态，迎合着屋顶的阔大、深远。稳定感是建筑首要的视觉追求，下压的屋顶必须要有宽阔的底部承托才能形成安稳的状态，台基便充当了这样的角色。安卧屋身之下的台基周围会有砖、石等材质围砌，高等级建筑还配有栏杆等装饰，这些材质和装饰不能有视觉纤细的感觉，而是要让人感到踏实、实在，产生依赖的心理感受。虽然每个建筑依照级别和功用差异，会选择合适的形式互相搭配，但每个建筑部位带给人们的视觉感受不同，这些共同构成了建筑外观的欣赏之美。

其次，中国古典建筑的美不仅在于造型，还在于建筑内外绚烂的装饰。一座建筑本体建构起来之后，会依据建筑的等级功能，选择配以和玺彩绘、旋子彩绘、苏式彩绘等，共同组成一幅壮丽巍峨的立体工笔画，形

————————

① 黑格尔：《美学》第1卷，朱光潜译，商务印书馆1991年，第161页。

成大地上的新景观。这种景观愉悦感来自建筑形体以及附着于形体之上的装饰。这种基于建筑功用性之上的"美"的最后成"形",有赖于人的意匠、加工和创作。如果没有装饰,建筑就会失去生机。建筑师的任务就是建造这样一种实体,它在满足功能的同时还要看起来舒服,这就需要通过装饰来达到对建筑"打扮"的效果。中国人除了爱用绘画和色彩去美化建筑之外,还喜欢用雕刻去美化建筑,用于建筑的雕刻包括木雕和砖雕等,它们是彩画的有效补充。中国古代建筑装饰纹样多样,题材广泛,包括几何图案、动物造型、人物造型,以及民间传说等,可以说深入社会的各个层面,给人以生活的乐趣和美的享受。

建筑明器是地面建筑中美品的摹仿,其功能首先在于供逝者在黄泉之下居住、生活、娱乐,因此在外观上也应有视觉上的美感,能勾起人们对于美好生活的赞叹和向往。基于此,在梳理中国古代建筑之美时,应充分参考制作建筑明器时匠人们所使用的表达手法和审美意匠,使建筑无论从造型上,还是装饰上均能唤起人们的愉悦之美。

(3)寄托之美:移情

建筑不仅是工程技术对象、艺术对象,更是一种社会文化对象,反映了一定社会历史时期的文化精神和社会制度。首先中国古代建筑在一定程度上反映了中华民族的文化精神。农业文明不仅使人产生恋土亲地的情结,而且产生了"君子务实"的实用精神,并形成了古代建筑的美学精神。这种美学精神不仅表现在对土木偏爱的材质意识;以人为尺度,坚持有节制的人本主义造型原则,而且表现在内向一体、中轴对称的群体布局上。当然中国建筑的美学精神不是纯粹的理性,而是情理相依,在理性的主导中渗透着一种浪漫,体现了理性和浪漫的交织。

《黄帝宅经》开篇曰:"夫宅者,乃是阴阳之枢纽,人伦之规模",也就是说建筑既是肉体居住的寓所,也是社会关系的载体,在某种程度上蕴含着社会制度的规范。中国古代建筑是标志等级名分,维护等级制度的重要载体,一般表现在间架结构、组群规制、装修装饰等方面。如斗拱、鸱尾等特殊建筑部件往往用于较高等级的建筑之中,一般民居建筑是不能使用的;建筑的"间"一般为奇数,民居建筑只能用"四梁三间",最高规格的建筑是宫殿和庙宇,有时可以用到九间,乃至十一间;再如四合院按照"北屋为上,两厢次之,倒座为宾"的位置秩序排列,完全是一种"礼制"精神的反映。推而广之,为解决社会上超越"家"的范畴、更加复杂的人际关系，出现了多个四合院相套而成的组群建筑，这是从"家"到"国"礼制的转变。

抛却建筑的社会伦理承载身份，人们还通过建筑表达自己的情感和思想，建筑明器在更大程度上承载着建筑的这种功能。建筑明器是随葬用品，它的出现本身就是情感的寄托，所以从丧葬文化的寓意来看，建筑明器表达的移情功能远远大于地面建筑。不仅如此，人们还通过附着于建筑明器上的建筑构件、装饰纹样等元素，拓展了更为广阔的情感寄托空间。

总之，抽象继承不是简单的照搬照抄，而是在继承前人的基础上综合创新，"这样的继承，并非形式的抄袭或旧零件的排列组合，既有创作原理的继承与发展，又有形象的借鉴和创造"[①]，这也是学习和借鉴中国古代建筑技术和艺术的根本所在。近年来，在仿建和复原古代建筑中，出现了很多很好的范例，如黄帝陵轩辕庙山门为仿汉风格的石质建筑，由花岗岩建成，五开间布局，庑殿屋顶，外形敦厚朴实；4.8 米高的 8 根立柱，壮硕有力。整个建筑群相合于桥山的山川形胜，疏朗大气、庄严雄伟，又承继了汉代木构建筑的风貌，它和汉阳陵南阙门的复原工程或多或少都借鉴了明器中汉代建筑的形象，体现了特殊建筑所需要的庄严、肃穆的氛围。被联合国教科文组织确立为世界一流博物馆的陕西历史博物馆，作为"新唐风"建筑的代表，已成为古都西安的标志性建筑。它的设计体现出浓厚的民族传统和地方特色，将传统建筑形式和现代功能进行了完美对接，又充分融合了历史文脉和城市环境。建筑整体依据唐代风格，采取了宫殿式简约构图，是现代建筑中模仿古典建筑的典范。因此，许多建筑在复古的时候都自觉不自觉地借鉴了同时代建筑明器造型的特点。

建筑明器是丧葬文化由礼制转向世俗过程中的产物，正是这种人们创造的、具有特定形制和功能的"形下之器"，为现代遗存下来不同历史时期的建筑模型；"器以藏礼"，建筑明器还包含有中国古代文化的话语体系，反映了中国古代礼仪美术的观念化倾向；"器以蕴美"，建筑明器又是对同时代地面建筑美品的摹写，所以人们对建筑明器的阐释和强调不仅要仿其形，还要追其意、寻其美。

---

① 吴良镛：《广义建筑学》，清华大学出版社 1989 年版，第 65 页。

建筑明器的存在丰富了人们对中国古代建筑、文化、艺术、审美流变等的认识和研究，积淀了中国古代建筑建构技术和建筑艺术的精华，也使得在现代建筑中对于民族元素的应用有了更多的具象参考和实证，从而使中国建筑在"回家"的路上走得更好！

参考文献

文献典籍

1. （春秋）《考工记》。
2. （西汉）司马迁：《史记》。
3. （东汉）班固：《汉书》。
4. （北魏）郦道元：《水经注》，时代文艺出版社 2001 年版。
5. （晋）郭璞：《葬书》。
6. （南朝·宋）范晔：《后汉书》。
7. 《黄帝宅经》。
8. （宋）宋敏求：《长安志》。
9. （宋）李诫著，梁思成注释：《营造法式注释》，中国建筑工业出版社 1983 年版。
10. （清）孙诒让：《周礼正义》，中华书局 1996 年版。

参考书目

1. 陈明达：《营造法式大木作研究》，文物出版社 1981 年版。
2. 陈明达：《陈明达古建筑与雕塑史论》，文物出版社 1998 年版。
3. 陈炎：《中国审美文化历史》，山东画报出版社 2000 年版。
4. 陈华文：《丧葬史》，上海文艺出版社 2007 年版。
5. 陈志华：《外国古建筑二十讲》，三联书店 2002 年版。
6. 程建军：《甐理阴阳——中国传统建筑与周易哲学》，中国电影出版社 2005 年版。

7. 长安博物馆：《长安瑰宝》，世界图书出版公司 2002 年版。

8. 重庆博物馆：《四川汉代石阙》，文物出版社 1992 年版。

9. 丁祯彦、吾敬东：《春秋战国时期观念与思维方式变革》，湖南出版社 1990 年版。

10. 房厚泽：《凝固的历史——中国建筑故事》，北京出版社 2007 年版。

11. 冯岁平：《汉中博物馆》，三秦出版社 2003 年版。

12. 费鸣：《古明器鉴赏图录》，国际文化出版公司 1985 年版。

13. 傅熹年：《中国古代建筑十论》，复旦大学出版社 2004 年版。

14. 傅熹年：《中国古代建筑史》第二卷，中国建筑工业出版社 2001 年版。

15. 潘谷西：《中国建筑史》，中国建筑工业出版社 2001 年版。

16. 潘谷西：《中国建筑门文化》，河南科学技术出版社 2003 年版。

17. 高巍等：《四合院——砖瓦建成的北京文化》，学苑出版社 2003 年版。

18. 广州市文物管理委员会：《广州出土汉代陶屋》，文物出版社 1958 年版。

19. 广州市文物管理委员会、广州市博物馆：《广州汉墓》，文物出版社 1981 年版。

20. 侯幼彬、李婉贞：《中国古代建筑历史图解》，中国建筑工业出版社 2002 年版。

21. 侯幼彬：《中国建筑美学》，黑龙江科学技术出版社 1997 年版。

22. 黄晓芬：《汉墓的考古学研究》，岳麓书社 2003 年版。

23. 河南博物院：《河南出土汉代建筑明器》，大象出版社 2002 年版。

24. 河南省文物考古研究所：《舞阳贾湖》，科学出版社 1999 年版。

25. 河南省文物研究所：《民和阳山》，文物出版社 1990 年版。

26. 何清谷：《三辅黄图校注》，三秦出版社 1995 年版。

27. 湖南省博物馆：《湖南省文物图录》，湖南人民出版社 1964 年版。

28. 靳之林：《生命之树》，广西师范大学出版社 2002 年版。

29. 纪宇：《雕塑大师刘开渠》，山东美术出版社 1984 年版。

30. 翦伯赞：《秦汉史》，北京大学出版社 1999 年版。

31. 梁思成：《中国古代建筑史》，百花文艺出版社 1998 年版。

32. 梁思成：《梁思成文集》（1—3），中国建筑工业出版社1982—1985年版。

33. 梁思成、刘致平：《中国建筑艺术图集》，百花文艺出版社2007年版。

34. 梁思成：《建筑文章》，三联书店2006年版。

35. 梁思成：《梁思成谈建筑》，当代世界出版社2006年版。

36. 梁思成：《凝动的音乐》，百花文艺出版社2006年版。

37. 梁思成：《拙匠随笔》，百花文艺出版社2005年版。

38. 梁思成：《清式营造则例》，中国建筑工业出版社1994年版。

39. 乐嘉藻：《中国建筑史》，团结出版社2005年版。

40. 刘敦桢：《中国古代建筑史》，中国建筑工业出版社1984年版。

41. 刘敦桢：《中国住宅概说》，百花文艺出版社2004年版。

42. 刘叙杰：《中国古代建筑史》，中国建筑工业出版社2003年版。

43. 刘凤君：《美术考古学导论》，山东大学出版社2002年版。

44. 刘育东：《建筑的涵意》，百花文艺出版社2006年版。

45. 刘华：《灵魂的居所》，百花文艺出版社2006年版。

46. 刘致平：《中国建筑类型及结构》，中国建筑工业出版社1987年版。

47. 刘枫：《门当户对：中国建筑·门窗》，辽宁人民出版社2006年版。

48. 李允鉌：《华夏意匠》，天津大学出版社2005年版。

49. 李金龙：《识别中国古建筑》，上海书店出版社2008年版。

50. 李卫、费凯：《建筑哲学》，学林出版社2006年版。

51. 李立：《汉墓神话研究》，上海古籍出版社2004年版。

52. 李泽厚：《美的历程》，天津社会科学出版社2008年版。

53. 李德喜、郭德维：《中国墓葬建筑文化》，湖北教育出版社2004年版。

54. 罗哲文、王振复：《中国建筑文化大观》，北京大学出版社2001年版。

55. 马晓：《中国古代木楼阁》，中华书局2007年版。

56. 马承源：《中国青铜器》，上海古籍出版社2003年版。

57. 南京博物院：《四川彭山汉代崖墓》，文物出版社1989年版。

58. 秦红岭：《建筑的伦理意蕴》，中国建筑工业出版社 2006 年版。

59. 钱正坤：《中国建筑艺术史》，湖南大学出版社 2007 年版。

60. 容小宁：《超越·崛起——广西文物考古发掘研究十大精品》，广西人民出版社 2007 年版。

61. 沈福煦、沈鸿明：《中国建筑装饰艺术文化源流》，湖北教育出版社 2002 年版。

62. 沈福煦：《建筑概论》，同济大学出版社 1994 年版。

63. 沈福煦：《中国古代建筑文化史》，上海古籍出版社 2001 年版。

64. 沈福煦：《中国建筑简史》，上海人民美术出版社 2007 年版。

65. 陕西省考古研究所：《西安北郊秦墓》，三秦出版社 2006 年版。

66. 陕西省考古研究所：《白鹿原汉墓》，三秦出版社 2003 年版。

67. 陕西省考古研究所：《西汉京师仓》，文物出版社 1990 年版。

68. 陕西省博物馆、陕西省文物管理委员会：《陕北东汉画像石刻选集》，文物出版社 1959 年版。

69. 《三秦瑰宝》，陕西人民出版社 2001 年版。

70. 史岩：《中国雕塑图录》（一），上海人民美术出版社 1983 年版。

71. 孙立人：《游移与转移——对建筑艺术的思考》，广西师范大学出版社 2006 年版。

72. 孙祥斌、孙汝建等：《建筑美学》，学林出版社 1997 年版。

73. 唐星明：《装饰文化论》，重庆大学出版社 2006 年版。

74. 汤德良：《屋名顶实：中国建筑·屋顶》，辽宁人民出版社 2006 年版。

75. 王世仁：《理性与浪漫的交织：中国建筑美学论文集》，百花文艺出版社 2005 年版。

76. 王世仁：《中国古建探微》，天津古籍出版社 2004 年版。

77. 王世仁：《王世仁建筑历史论文集》，中国建筑工业出版社 2001 年版。

78. 王鲁民：《中国古典建筑文化探源》，同济大学出版社 1997 年版。

79. 王振复：《中国建筑艺术论》，山西教育出版社 2001 年版。

80. 王振复：《建筑美学笔记》，百花文艺出版社 2005 年版。

81. 王绍森：《透视“建筑学”——建筑艺术导论》，科学出版社 2000 年版。

82. 王其钧：《中国民间住宅建筑》，机械工业出版社 2003 年版。

83. 王其钧：《中国古建筑语言》，机械工业出版社 2007 年版。

84. 王其亨：《风水理论研究》，天津大学出版社 1992 年版。

85. 王铮、李成岗：《中国建筑继承与发展》，科学出版社 2006 年版。

86. 王蔚：《不同自然观下的建筑场所艺术》，天津大学出版社 2004 年版。

87. 汪正章：《建筑美学》，东方出版社 1991 年版。

88. 汪国瑜：《建筑——人类生息的环境艺术》，北京大学出版社 1996 年版。

89. 吴庆洲：《建筑哲理、意匠与文化》，中国建筑工业出版社 2005 年版。

90. 吴良镛：《广义建筑学》，清华大学出版社 1989 年版。

91. 武志远：《陶建筑明器》，文物出版社 1985 年版。

92. 萧默：《建筑意》（1—6 册），清华大学出版社 2006 年版。

93. 萧默：《中国建筑艺术史》，文物出版社 1999 年版。

94. 《西安半坡》，文物出版社 1963 年版。

95. 西安市文物保护考古所：《西安南郊秦墓》，陕西人民出版社 2004 年版。

96. 西安市文物保护考古所：《西安龙首原汉墓》，西北大学出版社 1999 年版。

97. 西安博物院：《西安博物院》，世界图书出版社 2007 年版。

98. 西安市文物保护考古所、郑州大学考古专业：《长安汉墓》，陕西人民出版社 2004 年版。

99. 咸阳市文物考古所：《咸阳十六国墓》，文物出版社 2006 年版。

100. 杨鸿勋：《建筑考古论文集》，文物出版社 1998 年版。

101. 杨树达：《汉代婚丧礼俗考》，上海古籍出版社 2000 年版。

102. 袁镜身：《建筑美学的特色与未来》，中国科学技术出版社 1992 年版。

103. 阎存良：《古陶珍宝——唐三彩》，百花文艺出版社 2005 年版。

104. 张驭寰：《中华古建筑》，中国科学技术出版社 1990 年版。

105. 张驭寰：《中国古代建筑文化》，机械工业出版社 2007 年版。

106. 张道一：《汉画故事》，重庆大学出版社 2006 年版。

107. 张欣：《苏州博物馆藏出土文物》，文物出版社 2009 年版。

108. 赵广超：《不只中国木建筑》，三联书店 2006 年版。

109. 赵国华：《生殖崇拜文化论》，中国社会科学出版社 1990 年版。

110. 周学鹰：《徐州汉墓建筑》，中国建筑工业出版社 2001 年版。

111. 周学鹰：《解读画像砖中的汉代文化》，中华书局 2005 年版。

112. 周晓陆，王保平：《千年故都——西安》，世界图书出版西安公司 2008 年版。

113. 郑德坤、沈维钧：《中国明器》，上海文艺出版社 1992 年影印本。

114. 宗白华：《美学散步》，上海人民出版社 1981 年版。

115. 朱杰勤：《秦汉美术史》，商务印书馆 1957 年版。

116. 中国科学院自然科学史研究所：《中国古代建筑技术发展史》，科学出版社 1985 年版。

117. 中国社科院考古研究所、河南文物考古研究所：《灵宝西坡墓地》，文物出版社 2010 年版。

118. 中国社会科学院考古研究所：《新中国考古发现与研究》，文物出版社 1984 年版。

119. 中国社会科学院考古研究所：《汉长安城未央宫》，中国大百科全书出版社 1996 年版。

120. 中国社会科学院考古研究所：《西汉礼制建筑遗址》，文物出版社 1990 年版。

121. 中国艺术研究院编写组：《中国建筑艺术史》，文物出版社 1999 年版。

122. 《中国大百科全书》（考古卷），中国大百科全书出版社 1986 年版。

123. 《中国大百科全书》（美术·画像砖），中国大百科全书出版社 1986 年版。

124. ［美］卡斯滕·哈里斯：《建筑的伦理功能》，申嘉、陈朝晖译，华夏出版社 2001 年版。

125. ［美］巫鸿：《中国古代艺术与建筑中的纪念碑性》，李清泉、郑岩等译，上海人民出版社 2009 年版。

126. ［美］巫鸿：《黄泉下的美术》，施杰译，三联书店 2010 年版。

127. ［英］斯蒂芬·加得纳:《人类的居所:房屋的起源和演变》,汪瑞、黄秋萌、任慧译,北京大学出版社 2006 年版。

128. ［英］李约瑟:《中国之科学与文明》第 2 册,台北商务印书馆 1977 年版。

129. ［英］罗杰·斯克鲁顿:《建筑美学》,刘先觉译,中国建筑工业出版社 2003 年版。

130. ［俄］弗拉基米尔·谢苗洛夫:《史前艺术》,彼得堡精典知识出版社 2008 年版。

131. ［俄］普列汉诺夫:《普列汉诺夫美学论文集》,曹葆华译,人民出版社 1983 年版。

132. ［意］路易吉·戈佐拉:《凤凰之家——中国建筑文化的城市与住宅》,刘临安译,中国建筑工业出版社 2003 年版。

133. ［德］黑格尔:《美学》第 3 卷上册,朱光潜译,商务印书馆 1991 年版。

134. ［德］W. 沃林格:《抽象与移情》,王才勇译,辽宁人民出版社 1987 年版。

135. ［古罗马］维特鲁威:《建筑十书》,高履泰译,中国建筑工业出版社 1986 年版。

136. ［日］笠原仲二:《古代中国人的审美意识》,魏常海译,北京大学出版社 1987 年版。

137. ［韩］具圣姬:《两汉魏晋南北朝的坞壁》,民族出版社 2004 年版。

插图目录

绪　论

第一章

物》1986 年第 5 期。

图 1.21　西安市新筑镇三里西村出土陶水榭。中国国家博物馆藏。

图 1.22　河南淅川县李官桥出土绿釉陶百戏楼。《中原文物》1987 年第 1 期。

图 1.23　安徽涡阳县大王店出土百戏楼。中国国家博物馆藏。

图 1.24　重庆巫山出土东汉陶戏楼。《考古学报》2005 年第 2 期。

图 1.25　湖北云梦东汉晚期砖室墓出土陶楼。《考古》1984 年第 7 期。

图 1.26　河南灵宝出土绿釉水榭。《文物》1975 年第 11 期。

图 1.27　西安中堡村出土唐三彩院落中的亭子。《考古》1960 年第 3 期。

图 1.28　广西合浦出土西汉铜屋。容小宁：《超越·崛起——广西文物考古发掘研究十大精品》，广西人民出版社 2007 年版。

图 1.29　广东出土青铜干阑式房屋。广东博物馆藏。

图 1.30　唐长乐公主墓出土陶房屋。《文博》1988 年第 3 期。

图 1.31　西安雁塔区曲江乡金滹沱村出土明代陶屋。《考古与文物》2001 年第 6 期。

图 1.32　河北阜城明代廖纪墓出土厅堂。《考古》1965 年第 2 期。

图 1.33　河南南阳沼气公司出土褐釉陶楼院。《河南出土汉代建筑明器》。

图 1.34　湖南常德市三中 M1 出土陶楼。湖南省博物馆：《湖南省文物图录》，湖南人民出版社 1964 年版。

图 1.35　广州市南郊大元岗出土的干阑式宅院。广州市文物管理委员会：《广州出土汉代陶屋》，文物出版社 1958 年版。

图 1.36　广州市出土的曲尺式宅院。《广州出土汉代陶屋》。

图 1.37　广西梧州市云盖山 M5 出土陶屋。广西壮族自治区博物馆藏。

图 1.38　河南灵宝张家湾 M2 出土绿釉陶院。《河南出土汉代建筑明器》。

图 1.39　广州东郊十九路军坟出土汉代三合式宅院。《广州出土汉代陶屋》。

图 1.40　广西贵县粮食仓库 M19 出土东汉三合式宅院。广西壮族自

治区博物馆藏。

图 1.63　陕西投资策划服务公司汉墓出土陶仓。《考古与文物》2006年第 4 期。

图 1.64　西安市潘家庄世家星城秦墓出土陶仓。《西安南郊秦墓》。

图 1.65　咸阳机场秦汉墓出土陶囷。《考古与文物》1992 年第 2 期。

图 1.66　广州出土汉代干阑式陶囷。《广州出土汉代陶屋》。

图 1.67　汉代方形仓。西安博物院藏。

图 1.68　广州出土汉代干阑式陶仓。《广州出土汉代陶屋》。

图 1.69　临潼刘庄 M3 出土陶灶。《考古与文物》1989 年第 5 期。

图 1.70　凤翔高庄 M7 出土陶灶。《考古与文物》1981 年第 1 期。

图 1.71　富县出土汉代黄釉灶。《三秦瑰宝》陕西人民出版社 2001年版。

图 1.72　长方形灶。西安博物院藏。

图 1.73　西安净水厂出土梯形灶。《考古与文物》1990 年第 6 期。

图 1.74　广西贵港市总仓库 M36 出土红陶灶。广西壮族自治区博物馆藏。

图 1.75　广州南郊大元岗出土陶灶。《广州出土汉代陶屋》。

图 1.76　咸阳铁一局三处院出土"凸"形灶。《考古》2005 年第6 期。

图 1.77　北周宇文俭墓出土陶灶。《考古与文物》2001 年第 3 期。

图 1.78　唐康文通墓出土三彩灶。《文物》2004 年第 1 期。

图 1.79　广州市先烈路汉墓出土陶灶。《广州出土汉代陶屋》。

图 1.80　江苏江宁下坊村西晋墓出土青瓷堆塑灶。《考古》1998 年第 8 期。

图 1.81　不同造型的铜质灶。A：《青海文物》；B：西安博物院藏；C：《超越·崛起——广西文物考古发掘研究十大精品》；D：《三秦瑰宝》。

图 1.82　广州出土汉代陶井。《广州出土汉代陶屋》。

图 1.83　山东枣庄出土陶仓。《农业考古》2006 年第 1 期。

图 1.84　北京平谷 M1 出土绿釉陶厕所。《考古》1962 年第 5 期。

图 1.85　广州动物园东汉墓出土陶灶和陶屋。《文物》1959 年第11 期。

图 1.86　广州象栏冈 M2 出土汉代陶楼房。《广州出土汉代陶屋》。

图 2.18　河南淮阳县采集人形柱绿釉陶榭局部。《河南出土汉代建筑明器》。

图 2.19　战国铜匜、铜鉴上的建筑图像。《中国古代建筑历史图说》。

图 2.20　勉县老道寺灰陶院落中的斗拱。《考古》1985 年第 5 期。

图 2.21　西安白鹿原汉墓 M41：7 陶灶上的斗拱。《西安南郊秦墓》。

图 2.22　三门峡刘家渠 4 号墓出土陶水榭。河南省博物院藏。

图 2.23　西安中堡村出土三彩院落中的斗拱。陕西历史博物馆藏。

图 2.24　安阳隋墓出土房屋模型。《考古》1992 年第 1 期。

图 2.25　辽宁辽阳南郊街东汉壁画墓出土泥质灰陶房屋。《文物》2008 年第 10 期。

图 2.26　西安雁塔区金滹沱村出土明代陶房屋模型中的格扇门。西安博物院藏。

图 2.27　南阳县王寨画像石墓出土黄绿釉陶仓楼。《河南出土汉代建筑明器》。

图 2.28　重庆市云阳县复兴乡出土陶仓房。四川博物院藏。

图 2.29　唐永泰公主墓出土陶房屋。《文物》1964 年第 4 期。

图 2.30　咸阳织布厂 M8：2 灶前壁。《考古与文物》1995 年第 4 期。

图 2.31　东汉灰陶猪圈模型。北京大学塞克勒博物馆藏。

图 2.32　山东淄博金岭镇出土厕所猪圈模型。《考古学报》1999 年第 1 期。

图 2.33　西安金滹沱村出土明代Ⅱ式房屋上的砖形纹。《考古与文物》2001 年第 6 期。

图 2.34　山东淄博金岭镇出土东汉陶享堂。《考古学报》1999 年第 1 期。

图 2.35　山东台儿庄区滕楼出土汉代高台式陶仓。《农业考古》2006 年第 1 期。

图 2.36　四川忠县涂井蜀汉墓出土陶屋。《文物》1985 年第 7 期。

图 2.37　河南南阳出土黄绿釉楼院。《河南出土汉代建筑明器》。

图 2.38　扶风县出土陶四合院俯视图。《考古与文物》2001 年第 5 期。

图 2.39　勉县老道寺出土汉代陶四合院平面图。《考古》1985 年第 5 期。

第三章

图3.12　华阴县岳庙公社东汉司徒刘崎及其家族墓出土绿釉陶楼。《考古与文物》1986年第5期。

图3.13　广州红花岗出土曲尺式宅院。《广州出土汉代陶屋》。

图3.14　西安三爻村出土绿釉陶楼中的人物俑。西安博物院藏。

图3.15　西安市方新村汉墓群出土陶仓上的人形足。《长安汉墓》，陕西人民出版社2004年版。

图3.16　陶仓上的人面仓塞。A、B.《长安汉墓》；C.《考古与文物》1991年第4期。

图3.17　陶井栏模型。陕西历史博物馆藏。

图3.18　汉代陶灶前壁上的人物组图。

图3.19　河南出土陶灶的人物组合图案。《古明器鉴赏图录》，国际文化出版公司1985年版。

图3.20　广州出土陶屋。《广州出土汉代陶屋》。

图3.21　陕西靖边县张家坬西汉墓出土彩绘陶灶、陶仓。《考古与文物》2006年第4期。

图3.22　陕西省交通学校汉墓陶仓上的纹饰。《长安汉墓》。

图3.23　西安北郊枣园汉墓出土陶仓上的纹饰。《考古与文物》1992年第5期。

图3.24　西延铁路甘泉段汉墓出土彩绘灶、囷。《考古与文物》1995年第3期。

图3.25　陕西横山县黑石克村出土陶仓。《三秦瑰宝》。

图3.26　河南密县后士郭汉墓出土仓楼。《文物》1966年第3期；《华夏考古》1987年第2期。

图3.27　西北医疗设备厂M2出土陶仓。《西安龙首原汉墓》。

图3.28　陕西省第一纺织机械厂西汉墓出土陶仓。《考古与文物》1984年第5期。

图3.29　陕西靖边县张家坬西汉墓出土彩绘囷。《考古与文物》2006年第4期。

图3.30　长安县出土明代房屋牙板上的龙穿牡丹图案。长安博物馆藏。

图3.31　潘家庄世家星城秦墓陶仓上的纹饰。《西安南郊秦墓》。

图3.32　广州汉墓出土异形井。《广州汉墓》，文物出版社1981

第四章

彩版目录

明器》。

图版 18　宜宾市山谷祠 2 号汉墓出土红陶楼。宜宾市博物馆藏。

图版 19　河南内乡县山口镇采集绿釉陶望楼。《河南出土汉代建筑明器》。

图版 20　湖北襄樊樊城菜越三国墓 M1 出土黄褐釉陶楼。《文物》2010 年第 9 期。

图版 21　河南南乐县宋耿洛村 1 号汉墓出土黄绿釉望楼。《河南出土汉代建筑明器》。

图版 22　山东高唐固河出土绿釉望楼。山东省博物馆藏。

图版 23　陕西富县出土赭釉陶囷。《三秦瑰宝》，陕西人民出版社 2001 年版。

图版 24　汉长安城遗址出土金灶。西安博物院藏。

图版 25　陕西甘泉出土陶囷。《文物》2010 年第 5 期。

后　记

　　本书是在我的博士毕业论文基础上修改而成的。

　　1992 年，我误打误撞进入西北大学考古学专业学习，迄今已近二十载。从开始接到录取通知书的一脸茫然，到现在粗通考古原理，期间凭借的是各位老师们的谆谆教诲，是自己对考古学的一份热爱。硕士研究生毕业之后，基于自己对考古学的兴趣，2006 年我又进入西安美术学院开始艺术考古方向博士阶段的学习。

　　我的导师周晓陆先生从本科开始就是我的授业老师，周老师学识渊博，为人谦和，在学术和做人方面的指导和点拨是我终生的财富！一路走来，不论是学业还是工作我虽一直没有脱离考古领域，但由于自己天生愚钝以及懒惰，取得的成果连本人都感到汗颜！更有负于老师的教诲！

　　我的博士学业是在边工作边学习中完成的，这期间得到了众多师长的关怀和帮助。程征老师每次见面的叮嘱和启发；彭德老师、李青老师精彩的讲授和开题时的指导；李淞老师带领的豫、鲁、苏考察；王宁宇老师、程征老师的西部考察以及关中十八陵的采风……这些都是我终身受益的财富。在这里我要对各位老师说声"谢谢"！

　　在搜集材料的过程中，陕西历史博物馆、西安市博物院、南京博物院、苏州博物馆、汉中博物馆、韩城博物馆、徐州博物馆、镇江博物馆等文物单位的同志们为我提供了无私的帮助，尤其是陕西省文物保护研究院王保平先生在图片方面给予了很多支持，勉县博物馆郭清华先生在材料方面给予很多帮助。在写作过程中，我还借鉴了许多专家学者的观点和方法，尤其南京大学周学鹰教授在此领域的研究对我启发很大。还有我众多的师兄师姐们在选题、立论、资料等方面给予很多建议。论文外审和答辩中，各位评委老师也给予了中肯的意见和建议。他们的真诚帮助，我将铭记在心，并深表感谢！

书稿最终能够付梓出版，要感谢西安美术学院主管学科建设的副院长郭线庐教授、研究生处处长石村教授，以及中国社会科学出版社的罗莉老师，没有他们的支持和帮助，就没有拙著的出版。本书写作和出版过程中，还得到西安美术学院重点学科建设项目优秀博士论文出版基金、教育部青年基金项目、陕西省哲学社会科学规划项目、西安美术学院 2010 年度科研项目资助，在此表示感谢。

最后，还要感谢我的家人一直以来对于我工作和学习的支持和理解，这些都是鞭策我不断探索和前行的动力。

从毕业答辩到书稿最终完成，其间经过了将近两年时间，一方面是其他事情羁绊了论文的完善；另一方面是因为建筑明器美学研究对于我是新的研究领域，可参照的研究成果也是有限的。我的博士论文是以陕西为主要地域展开研究的，答辩之后出于总体上的关照，我又将研究地域扩展到全国范围，在资料搜集的过程中，可能还会有一些代表性的素材出现遗漏。另外，明器毕竟是貌而不用的器物，象征意义远远大于实际功用，所以附着在其上的艺术性究竟有多大？建筑类明器表现出的丧葬文化艺术性大一些还是建筑文化艺术性大一些？等等，这些问题都需要深入思考和多方探究。

由于我的理论水平和学识所限，本书论述还不全面、不周到、不深入，其中有些问题的阐释还存在缺憾甚至错讹，有些观点还稍显粗糙。恳请各位专家、同行雅正赐教！我相信在大家的帮助和鼓励下，自己会在这条道路上走得更好、更远……

周俊玲
2012 年初春完稿于
西安美术学院